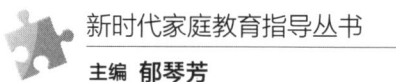

教师家庭教育指导实务

（初中版）

郁琴芳 徐 群 主编

图书在版编目(CIP)数据

教师家庭教育指导实务:初中版 / 郁琴芳,徐群主编. —上海:上海社会科学院出版社,2017
 ISBN 978 - 7 - 5520 - 2043 - 4

Ⅰ.①教… Ⅱ.①郁… ②徐… Ⅲ.①初中生—家庭教育 Ⅳ.①G782

中国版本图书馆 CIP 数据核字(2017)第 166838 号

教师家庭教育指导实务:初中版

主　编:郁琴芳　徐　群
责任编辑:杜颖颖
封面设计:黄婧昉
出版发行:上海社会科学院出版社
　　　　　上海顺昌路 622 号　邮编 200025
　　　　　电话总机 021 - 63315947　销售热线 021 - 53063735
　　　　　http://www.sassp.org.cn　E-mail:sassp@sass.org.cn
排　版:南京展望文化发展有限公司
印　刷:镇江文苑制版印刷有限责任公司
开　本:710 毫米×1010 毫米　1/16
印　张:12
字　数:214 千
版　次:2018 年 9 月第 1 版　2022 年 7 月第 4 次印刷

ISBN 978 - 7 - 5520 - 2043 - 4/G・684　　　定价:48.00 元

版权所有　翻印必究

"新时代家庭教育指导"丛书编委会

主任　汤林春　江伟鸣
主编　郁琴芳
成员　（以姓氏拼音字母为序）
　　　戴耀红　贾永春　李金瑞　李正刚　刘景旭
　　　刘　静　王君瑶　王　萍　温剑青　吴叔君
　　　徐　群　杨　静　尹蓉蓉

《教师家庭教育指导实务（初中版）》编委会

主编　郁琴芳　徐　群
编委　（以姓氏拼音字母为序）
　　　葛琛静　林君飞　刘　静　倪　萍　邵世开
　　　王国平　王君瑶　杨　静　张　清

代序

学校家庭教育指导须把握"四个第一"

伴随着经济增长与社会转型,我们以往教育的"顺序模式"——即家庭教育、社会教育和学校教育先后分别在个体成长过程中发挥各自作用——正在转变为一种新的"重叠模式",即在儿童和青少年成长的每一个阶段,家教、家长、学校、教师、社会越来越呈现为相互联系、共同影响着孩子的成长发展。如何将上述不同的教育因子有机结合在一起,形成一种整合优势,已成为当前"家校合作""校社共育"的一个重要课题。

一、家庭,是儿童人生的"第一所学校"

教育是衡量一个国家文明传承和经济社会发展水平的重要指标。习近平总书记在 2015 年新春团拜会上讲话中指出:"家庭是社会的基本细胞,是人生的第一所学校。不论时代发生多大变化,不论生活格局发生多大变化,我们都要重视家庭建设,注重家庭、注重家教、注重家风"。

从社会结构而言,家庭作为社会的最基本单元,营造良好的家风、弘扬家庭美德是构建和谐社会最为重要的基础,更是社会文明程度的重要标志。从人的发展序列而言,家庭是个体生命成长的最初始的场所。从教育的环境而言,家庭教育作为一切教育的基础、教育的重要组成部分,既是学校教育的重要支撑和有益补充,又与学校教育、社会教育共同构成了"三位一体"的综合育人格局。

无独有偶,2015 年 10 月国家主席习近平在伦敦出席全英孔子学院和孔子课堂年会开幕式致辞中,再次提到了家庭教育的重要性。他指出:"由英国广播公司制作的纪录片《我们的孩子够强吗?》,该片对比了英式教育和中式教育,在中国网络播出,使中国广大家长认识到张弛有度于子女成长的重要作用,但中国孩子玩得太少了,要让他们多玩一玩"。

客观地说,改革开放近四十年来,中国的教育取得了举世瞩目的成就,为社主义现代化建设培养了一亿多大学毕业生。当然,我们学生的学习压力,尤其是升学竞争方面的压力仍相当大。高考、中考指挥棒,经层层放大,最终将压力传递到了每一个家庭,导致学生学业负担始终得不到减轻。一方面,我们天天喊"减负",另一方面,我们的家长又一直被迫给孩子"施压",这是一个悖论,这仍是需要我们学校、家庭乃至全社会共同努力、不断破解的一个社会难题。

记得知名教育家吕型伟先生曾这样感叹:"今天我们的教育能到愉快这个水平吗?我说过我们的'小皇帝'顶多只能享受到6岁,6岁一上学,就从皇帝变成了'奴隶'。过去讲溥仪是从皇帝到平民,我们的孩子比不上溥仪这个末代皇帝。中国的传统文化中最突出的两个字就是'听话'。稍稍懂事就教育孩子要听话,小时听爸爸妈妈的话、上学听老师的话、工作了听领导的话,似乎听话是中国人的为人之本……"中国家长一边在生活上过分疼爱自己孩子,一边又在学业上无休止地"催逼"孩子。

其实这与中西方家庭代际传递文化有关,中国代际关系是"反哺模式",西方是"接力模式"。前者对子女几乎是无限责任,所以才会有"啃老一族"。在西方个体主义文化下,成年子女与父母同住就表明子女没有独立生存的能力。而我们的教育观念是受了所谓"木桶理论"影响太深。中国家长喜欢告诉孩子,去补最短的一块"知识",家长不停地督促孩子改正其不足,弄得孩子一点自信也没有。而我们参观过的荷兰,该国的教育,不管是学校考试也好,公司培训也罢,首先是问孩子擅长什么?特别问你最感兴趣什么?即便有弱点和缺点也没关系,因为还有"团队合作"训练等着你,你不擅长之处有另一个擅长此道的同事来互补,与你共同完成。

好在如今越来越多的中国70后、80后家长,开始更多关注孩子的良好习惯与人格培养。最近上海社会科学院青少年研究所一项有关家庭教育代际比较的研究显示,家长和学生均认为最重要的排前三位品质是责任感、独立和宽容尊重他人;家长最看重责任感,学生则最看重宽容、尊重他人。尤其是一些国外留学回来的年轻父母,越来越多关注如何让孩子真正为了兴趣在学习、为自己而学习。这说明经过多年家庭教育的科学普及,广大家长、尤其是年轻父母的育儿观念开始有了改变,这是令人喜悦与欣慰的转变。

二、家长,是孩子健康成长的"第一责任人"

教育始于家庭。家长的教育理念、教育方法、教养方式深深影响着孩子。父母是孩子生命中第一任老师,孩子降生到这个世界最先看到的人,也是最关注孩子的亲人。在一个人的教育中，父母的家庭教育是成功的关键，对一个人起着举足轻重的作用。

1. 父母对孩子的教育进行得最早、时间最长。胎儿在体内就受到母亲"体内环境"的直接影响，胎儿的健康与否与母亲有着密切的关系。比如孕妇愉快的情绪，平静的心境，可减少胎儿躁动，有利于其健康发育。即使日后入托、入园，以及入小学、中学，孩子大部分时间仍生活在家庭中，受父母的潜移默化影响最大。父母的教育是在孩子模仿性最强的幼小年龄进行的，不但占其"先入为主"的便利，而且父母的形象示范，言传身教也给孩子以终身影响。如果父母语言、行为、习惯不良，那就较难保证孩子在这些方面能做到优良。因此，做家长首先自己要学习，学习家庭教育的科学理念与新知，不断提高自身素养与育儿能力。做父母的应明白，教育并不只是认字、读书、数数等，教育也包括孩子的举止行为、感知认知等各方面。家长在平时生活中应成为孩子潜移默化的行为示范。比如父母相亲相爱关系融洽，脾气各方面都很好，那孩子在以后的人生道路上也会平易近人。总之，父母理所当然地应该担负起教育孩子的第一责任。

2. 让孩子在规则与自由中健康"成人"。"自由过度"会导致孩子任性放肆。婴幼儿有以自我为中心的思维特点，如果一切都顺应他的本性，会导致为所欲为的倾向。如不服管教、攻击性强都与父母过度顺应孩子的自由需要有关。自由过度实际上就是放任纵容，对培养孩子的社会性和责任心是不利的，使孩子"长"不出个性却"长"出任性。而"规则过度"又易于致使孩子缺乏个性。有的父母认为听话的孩子让人省心，少惹出麻烦事儿来，这种观念多表现在控制欲望比较强的父母身上，长期生活在这种环境中的孩子，做事和思维的依赖性比较强，害怕尝试新事物，而且调整情绪变化的灵活性比较弱，这将影响孩子的创新意识与个性成长。因此，应倡导让孩子学会规则又拥有自由的平衡教育策略。没有规则的自由是放任，没有自由的规则是遏制，都是家庭教育不得法的表现，理想的状况是把握好规则与自由的张力，这样的孩子将来将发展出既有责任心、又有开拓性的健康人格。

3. 培养孩子自信、悦纳，爱思考、善表达之品性。爱因斯坦早就预言，一个人提出问题的能力比解决问题的能力重要。想象力远比知识重要。爱因斯坦说这个话的时候，人们还不能够切身感受到这些话里蕴藏的奥秘，但在现在互联网时代，这一道理已经成为了生动的现实。网络时代对于青少年而言，更重要的是具备如下能力：知识迁移与学习力、独立思考与表达力、承诺坚毅与执行力、自我悦纳与抗逆力。这些与知识和文凭无关。但在当代快速变化、变动、变革的社会特别重要。我蛮欣赏北京十一中李希贵校长的一句话：教育最大的成功是培养出自我悦纳、充满自信的学生。每个人都有优点和不足，关键在于自己如何看待。既要看到自己的优势，还要了解自身的弱点。

作为家长对于孩子的培养，重要的不在于孩子能考多少个 100 分，而在于把他培养成为一个"完整"的人，让孩子对生活和学习充满热情。一项关于儿童兴趣与幸福感的调查显示，如果有一件事情是孩子最喜欢做的，而大人又创造条件让他做这件事，那么他一定会很有幸福感。人有先天的基因，孩子的学习能力不完全是与生俱来的，但也不完全由后天的训练形成，而是由先天基因给出了某些能力和许多能力发展的框架，需要后天的经验来启动和发展。

其实，所谓"开发智能"的说法并不太科学。智能有多种，对人的智能多元化的理解，澳大利亚人认为土著人只有音乐和体育才能。而中国现在流行的是，每个人都有多元智能，什么都可以学好，唱歌跳舞都去发展。但事实上，一个人不可能样样都好。其实，人一生中一定有一件事情他做起来最省力、学得最快。如果有一件事情是孩子最喜欢做的，而且他最擅长，而你又创造条件让他做这件事，那么他一定会很有成就，也会很有幸福感。

三、学校，要帮青少年"扣好人生第一粒扣子"

2016 年习近平总书记在会见第一届全国文明家庭代表时强调："广大家庭都要重言传、重身教，教知识、育品德，帮助孩子扣好人生的第一粒扣子，迈好人生的第一个台阶"。并指出家庭教育要从小处着眼，家长要做好示范，有关部门和专业机构要共同"科学有序"地大力推动家庭教育工作。

"人生的扣子从一开始就要扣好。"习近平总书记在不同重要场合多次强调要引导和帮助青少年学生扣好人生的第一粒扣子。总书记用十分通俗、形象、准确的语言强调了对青少年进行正确人生观教育的重要性。所谓"扣好人生第一粒扣子"，实际上包含了以下几个内涵：一是学校要帮助学生从小树立正确的人生观、价值观。观念是行动的指南，正确的观念才能引导出正确的行动，正确的行动才能产生好的结果，人才能走好圆满幸福的人生。二是学校要通过"家校共育""校社共建"帮助青少年树立远大的理想。观念重在当下，理想关注未来，要引导学生胸怀大志，放眼世界，脚踏实地，成就未来。三是学校要积极组织实施丰富多样的家校合作、校园文化与社区公益活动，让孩子在集体生活中培养能力，在社会实践中增加才干，"扣好人生第一粒扣子"。

"扣好人生第一粒扣子"是十分重要的，衣服的扣子扣错了可以重来，而人生第一粒扣子如果扣错了,要想纠正将会相当困难,一旦错误的观念形成,要想改变它,要花费很大的力气。古人曰"入门须正,立志须高",意思就是要走好人生开始最关键的几步。如何才能帮助学生"扣好人生第一粒扣子",习总书记为我们学校德育提出了一个重大命题。

引导孩子首先知道自己将来"需要"什么这一点非常重要。这是因为如何走好未来生活道路的每一步,都是由人生目标与信仰决定的。孩子12岁到18岁的时候,是树立理想的关键时期。尤其是我们学校老师要创造条件让他自由选择,他自己会做决定,但你需要提供环境,引导他,并且尊重他的决定,帮助他去实现。

人生目标选择为什么重要?哈佛大学对一群智力、学历相似的人进行了25年的跟踪调查。3%有清晰且长期目标的人,大都成了顶尖成功人士;10%有清晰短期目标的人,大都成为专业人士;60%目标模糊者,能安稳工作生活,无特别成绩;27%无目标的人,经常失业,生活动荡。尽管我们孩子中绝大多数终将成为普通人,因此,扣好人生"第一粒扣子",培养孩子具备走向社会之"核心素养",应成为我们学校家庭教育指导之首要任务。

四、教师,应成为学校家庭教育指导的"第一实施者"

当前家庭教育应突出"核心素质"培养,"主战场"无疑是学校,而具体指导则应由经过家庭教育理论与实务培训的教师来担任。2013年2月,UNESCO发布报告《走向终身学习——每位儿童应该学什么》。该报告基于人本主义的思想提出核心素养,即从"工具性目标"(把学生培养成提高生产率的工具)转变为"人本性目标",使人的情感、智力、身体、心理诸方面的潜能和素质都能通过学习得以发展。在基础教育阶段,尤其要重视身体健康、社会情绪、文化艺术、文字沟通、学习方法与认知、数字与数学、科学与技术等七个维度的核心素养。上述素养是未来个人终身发展和社会发展所需要的"必备"品格与"关键"能力。

众所周知,队伍建设是家庭教育指导的核心要义,而教师群体在学生眼中最具影响力,理应成为学校家庭教育指导的主力军。而师资队伍建设首先离不开教材建设。呈现在各位读者面前的这套《教师家庭教育指导实务》丛书,正是由上海市数十位中小学德育、学科教育、学前教育和家庭教育专业人员、研究专家合作完成。本套丛书的创新与特色在于:

第一,作为国内第一套适用于在岗中小幼教师、家庭教育指导者的开展家庭教育指导的通俗读本,具有较好的实验性、实务性与示范性。丛书在征求、听取中小学、幼儿园校长、园长、教师以及广大家长对家庭教育需求基础上,首次提出教师作为家庭教育指导者应该完成的四大任务和必须具备的四大能力。

第二,丛书是目前国内第一套分学段(分学前版、小学版、初中版、高中版四册)的家庭教育指导者实务读本。首先,读本对在岗教师家庭教育指导的基本任务、基本能力做了较为系统的梳理。其次,读本按照青少年儿童年龄、心理发展特点,分层递进,在对家庭教育指导一般理论归纳梳理基础上,凸显了不同学段的家庭教育指导重点和难点问题,便于不同学段的教师对本教材的自学与使用。

第三,丛书既有对家庭教育基本问题的理论阐释,又有来自一线教师提供的大量真实案例,可帮助教师厘清家庭教育的基本概念、核心理念,在家庭教育情景、案例教学中掌握科学指导的方法、技巧。

第四,丛书又是多方合作、共同协同的科研成果。在编写过程中受到了市教委德育处的大力指导,得到了市教科院家庭教育研究与指导中心专业支持,同时也获得了基层校长、教师热情参与。理论与实践较好结合是本套丛书的一个特色。使得它成为本市在岗教师开展家庭教育指导、提升教师自身指导能力的培训教材。

以上是遵郁琴芳主任之嘱、阅读《教师家庭教育指导实务》丛书后的一些思考与感想,是为序。

中国教育学会家庭教育专业委员会副理事长
上海社科院青少年研究所所长　　　杨　雄
2017 年 12 月于上海社会科学院

目 录

第一章　教师与家庭教育指导 ·· 1
　一、家庭教育与家庭教育指导 ·· 3
　　（一）家庭教育指导≠家庭教育 ·· 3
　　（二）家庭教育指导的价值意义 ·· 8
　二、教师与家庭教育指导的关系 ··· 10
　　（一）家庭教育离不开教师的指导 ··· 10
　　（二）教师工作无法游离于家庭教育之外 ································· 11
　三、教师的家庭教育指导能力 ·· 12
　　（一）学校开展家庭教育指导的问题 ····································· 12
　　（二）教师家庭教育指导能力的不足 ····································· 14
　　（三）初中教师家庭教育指导的常见问题 ······························· 15
　　（四）初中教师家庭教育指导的主要原则 ······························· 17

第二章　教师家庭教育指导的基本任务 ······································ 19
　一、全面了解初中生身心发展规律 ··· 21
　二、专业引领初中生家长的教育需求 ······································ 22
　　（一）促进学生习惯养成，指导学生学习方法 ······················ 22
　　（二）提高教学质量，减轻学业负担 ·································· 22
　　（三）关注学生心理，培养学生健康人格 ····························· 23
　　（四）培养学生核心素养，提高学生道德水平 ······················· 23
　　（五）加强学校管理，促进家校沟通 ·································· 23
　三、深刻把握初中家庭教育指导重点 ······································ 23
　　（一）青春期心理指导 ··· 23
　　（二）生命教育指导 ·· 24
　　（三）信息素养指导 ·· 24

（四）遵纪守法和道德修养指导 …………………………… 24
　　（五）学习能力和生涯指导 …………………………………… 24
四、科学理解新中考改革的内涵 ……………………………………… 25
　　（一）问题背景 ………………………………………………… 25
　　（二）初中教师开展家庭升学指导基本原则 ………………… 25
　　（三）给家长的建议 …………………………………………… 27

第三章　教师家庭教育指导的基本能力 ………………………………… 31
一、沟通与交流 ………………………………………………………… 33
　　（一）日常沟通 ………………………………………………… 33
　　（二）家访 ……………………………………………………… 42
二、策划与组织 ………………………………………………………… 53
　　（一）家长会 …………………………………………………… 53
　　（二）家校活动 ………………………………………………… 72
　　（三）班级家委会 ……………………………………………… 94
三、指导与引领：家庭开展青春期教育 …………………………… 114
四、应对与干预 ……………………………………………………… 137
　　（一）常见突发事件 ………………………………………… 137
　　（二）处理突发事件技能要求 ……………………………… 138
　　（三）突发事件的预防措施 ………………………………… 160

第四章　不同教师群体的家庭教育指导 ……………………………… 161
一、学科教师 ………………………………………………………… 163
　　（一）家庭教育指导的理念与意识 ………………………… 163
　　（二）如何发现学生的问题 ………………………………… 164
　　（三）如何与班主任合作 …………………………………… 167
二、职初教师 ………………………………………………………… 169
　　（一）职初教师家庭教育指导的常见问题 ………………… 169
　　（二）职初教师如何提升家庭教育指导素养 ……………… 169
　　（三）职初教师如何尽快与家长建立互信关系 …………… 171
　　（四）职初教师如何与不同需求的家长打交道 …………… 174

后记 ………………………………………………………………………… 179

第一章

教师与家庭教育指导

《教师法》规定:"教师是履行教育教学职责的专业人员。"每一位老师都深知,教书育人是自己天然的职业使命。学校是专门从事教育的组织机构,为人民大众提供教育公共服务,而教师则是学校组织中最重要的专业人员。那教师是不是只需要在学校里站稳三尺讲台？他们需要熟悉家庭教育,开展家庭教育指导吗？毕竟,众所周知,家庭是私生活的场所,而家庭教育是私人领域的教育活动。

要回答上述问题,我们首先需要了解什么是家庭？什么是家庭教育？什么是家庭教育指导？在厘清概念的基础上,进一步明晰家庭教育指导的价值与意义所在,从而深刻理解教师与家庭教育指导的关系。

一、家庭教育与家庭教育指导

(一) 家庭教育指导≠家庭教育

1. 何为家庭？

每个人都有自己的家庭,每个人也都熟悉我们所谓的家庭指的是什么。不过真正用学术语言来定义它,还是有点难度。来自学术界的专家会从不同的学科背景出发给家庭下各种定义,比如著名的社会学家费孝通先生认为:"父母子形成的团体,我们称作家庭。"[1]教育学家陈桂生认为:"家庭是以一定的婚姻关系、血缘关系或收养关系组合起来的初级社会群体。"[2]

综合众多专家的观点,我们需要理解关于家庭的几个基本要义:

第一,家庭是人生最重要的场所。

家庭是人类社会最基本的组成单位,它保证了人类的生存、繁衍和发展的需要,同时它也是人生最重要的场所。朱永新教授认为,人的一生实际上生活在四个地方,分别是:子宫、家庭、学校和职场。而在这四个场所中最长久、最重要的还是家庭,因为家庭在这四个阶段一直存在,这四个阶段与家庭都有着非常密切的关系。

第二,家庭是以婚姻关系形成的社会组织。

家庭是由婚姻构成的,血缘关系是姻缘关系派生出来的。婚姻是社会为双方约定的共同担负抚育子女责任的契约。一旦婚姻结束,正常的家庭随之解体。一个没有孩子的家庭解体要相对简单,而社会对有了孩子而准备离异的夫妻,总是首先明确双方对抚育孩子具有不可推卸的责任,然后才慎重地用法律的手段确定孩子的监护人。随着时代的变迁和社会的发展,中国家庭的离婚率从2002年开始就一路走高。由于婚姻变动而引起的单亲家庭、离异家庭、重组家庭都是影响儿童成长的重大环境因素。

第三,家庭是亲子两代(也可以超过两代)以血缘关系或收养关系形成的社会组织。

父母的姻缘关系自然会带来亲子的血缘关系或者收养关系。无论在哪种关系中,孩子都是家庭中重要的成员。因此,亲子关系也是家庭关系重要的组成部分。

第四,家庭是人,特别是未成年人精神和物质生活的寄托。

对于儿童青少年而言,家庭是他们的出生地,是一个温柔的港湾,是他们最早生活和成长的地方,更是他们的第一所学校,所以父母就是他们的第一任老师。家庭对儿童来说发挥着不可替代的教育功能。儿童正是在家庭学习各项技能才完成了他们社会化的第一步,在家庭中他们学会如何表达、如何自理、如何交往等,原生家庭生活阶段是他们能步入社会独立生活前的重要阶段。

2.何为家庭教育?

社会学家邓志伟在《家庭社会学》中把家庭的功能归类为:生物功能(生育等)、心理功能(情感慰藉等)、经济功能(生产、分配、交换和消费)、政治功能(小型政府、家长权力)、教育功能(社会化、家庭教育)、娱乐功能、文化功能(习俗、宗教学习)。

谈到家庭的教育功能,自然就引出家庭教育这个概念。在现代社会,家庭教育已成为一个独立的学科,并且已经成为教育系统的重要组成部分。与家庭的概念一样,众多学者对家庭教育有不同的理解和定义。一般来说,家庭教育有狭义与广义之分。狭义的家庭教育概念是众人耳熟能详的,即父母或者其他年长者在家庭内自觉地、有层次的对子女进行的教育(《中国大百科全书·教育学》),这个解释也通常是我们普遍认可的解释。在日常的谈资中,我们提到家庭教育就会自觉地认为是长者对其子女的教育。但是随着时代发展,家庭教育内涵并不只有这些,所以目前家庭教育的概念更多地从狭义走向广义。

马和民教授认为,家庭教育不仅要关注家庭成员之间的影响,还要关注家庭环境因素所产生的教育功能。[3]另外我们还要关注子女在父母教育中对父母的影响以及对父母教育的反馈过程。因为父母和孩子是两个相对的又互为存在条件的概念,父母作为养育者,他们的教育目的、教育内容、教育方法和手段,都要考虑孩子的年龄特点与个性特点。[4]也就是说家庭教育要了解教育对象的特点,因材施教,否则教育效果就会大打折扣。这也可以理解为什么"天才"不可复制,成功的家庭教育只能学习或模仿,而不能照搬照抄。

深刻理解家庭教育,还必须认识家庭教育的三大特点:

(1) 家庭教育是私密教育,是基于血缘与情感的教育。

家庭是在婚姻与血缘的基础上建立起来的组成的,没有婚姻也就没有子女,没有子女也就无所谓家庭教育。我们知道有了婚姻才能诞生孩子,子女与父母有着天然的血缘关系,因此家庭教育还有血缘的基础。当然现今社会,出于某些原因个别家庭会通过领养的方式有自己的子女,那么他们就存在法律上的血缘关系。血缘关系是一种天然的关系,就像动物会保护幼崽一样,父母会出于本能保护自己的孩子,爱护自己的孩子,孩子对自己的父母有着天然的依恋和爱慕,在最初几年孩子完全不能离开自己的养育者。这也是家庭教育区别于社会教育与学校教育的最大的不同。家庭教育可能从孩子还未出生就已经开始发生,并与养育同行,比如胎教。长大之后,即使参与了学校教育以及社会教育,家庭生活仍是儿童生活的重要组成部分,所以家庭教育仍然会是儿童教育的重要内容。因为血缘的维系,家庭教育会持续终生,只要血缘没有断,情感没有断,家庭教育就会一直持续。所以在这个意义上,家庭教育不单单指0—18岁儿童的家庭教育,而是终身教育。

(2) 家庭教育是生活教育,与家庭的日常生活不可分割。

家庭教育不是严肃的学校教育,它是一种存在于父母与子女之间的教育关系,它的发生不受空间、时间的限制,更没有固定的方法或者模式,因此有父母与子女存在的地方就可以发生家庭教育。家庭教育可能发生在全家一起吃饭的时候,也有可能发生在全家一起在游乐场排队游玩的时候;有可能发生在睡觉前,也有可能发生在上学的路上,这些场景既是家庭生活的场景也是家庭教育的情境。家庭教育可以贯穿于家庭生活的各个方面。

随着时代的发展,家庭生活水平的提高,家庭生活的内容开始越来越丰富,家庭教育的内容也随之开始丰富多样。例如亲子阅读、亲子游戏、出国旅游等家庭生活的形式开始出现并流行。这些看似简单的家庭生活的内容,其实有很深的教育隐喻。如一些父母会希望通过亲子阅读提高孩子的识字能力和文学功底,亲子游戏中加入了更多的智力因素,让儿童在游戏中发展智力,提高反应及思考力,出国旅游更是如此,家长希望带领孩子一起开拓视野,学习不同国家的民俗风情以及地理知识。随着父母文化水平的提高,父母会单独安排有教育意义的家庭生活内容,并赋予很高的教育期望和教育目标。从这种意义上,家庭教育何尝不是"在生活中感悟教育,在教育中提升生活"。

(3) 家庭教育是自然过程,潜移默化且影响深远。

家庭教育是会对儿童一生都有重要影响的教育,深入到孩子血液和骨髓里。每个孩子在走上社会时都带着自己原生家庭的影子。儿童天然会模仿自己的父母,会沿袭家庭环境对自己的影响,或许有些儿童到了青春期开始叛逆,开始反对自己的父母,开始试图挣脱家庭的束缚,开始"做自己",但是他们仍然不能去除自己身上的家庭烙印,再独立创造一个完全不同的自己。

家长的行为不仅给孩子创设了环境,更给孩子树立了学习的榜样。环境与家长行为本身就有潜在的教育意义。因此家庭教育的发生是潜移默化的。而且这种潜移默化可能影响孩子的一生,人的性格和行为习惯一旦树立,改变就变成很困难的事。有学者提出在家庭教育概念中,涉及三个有关亲子互动的概念——影响、培养和教育。[5]"教育"显示它的目的性与规范性;"培养"看重的是儿童身体和心理的发展;"影响"则是最最关键的,父母对孩子可以产生积极的影响,也可以产生消极的影响,潜移默化、影响深远。

3. 何为家庭教育指导?

家庭教育是教师熟悉的概念,但家庭教育指导这个概念则对于教师而言相对陌生。学者胡杰指出:家庭教育指导的含义,有广义和狭义之分,主要是以教育对象来区分。狭义的家庭教育指导是指:"由社会通过大众传媒或社会机构以儿童家长为主要对象,以提高家长的教育能力和水平、改善教育行为为直接目标,以促进儿童身心健康成长为目的的一种教育过程。"狭义的家庭教育指导实际上就是我们传统意义上的"家长学校"的概念,简而言之,就是教会家长如何教育孩子。广义的家庭教育指导则是在教育的对象上给予了发展,它符合现代意义上的家庭教育理论,因为家庭教育的双向互动性,决定了家庭教育指导的对象不仅是家长或者长辈,更应该包括子女。从现实意义上来说,指导子女如何孝敬长辈,接受长辈的教育,在家庭生活以及其他家庭活动中需要遵循的思想和行为准则,乃至如何与家长或者其他长辈沟通,这些都需要家庭教育方法的指导。[6]

在基层学校的一线工作中,我们通常取家庭教育指导的狭义概念,即:由家庭外的社会组织、机构组织的,以家长为对象,以提高家长的教育素质、改善教育行为为直接目标,以促进儿童身心健康成长为目的的一种教育过程。[7]家庭教育指导完全有别于家庭教育,我们用一张图来直观感受家庭教育与家庭教育指导的不同。学者李洪曾老师将家庭教育指导从家庭教育中剥离出来,提出了"4421"的家庭教育指导理论框架。即:在家庭教育指导工作的全过程中涉及4类对象,就是儿童、家长、作为指导者的教师和作为组织管理这项工作的分管领导;包括4个具体过程,即儿童的发展过程、家长对儿童的教育过程、指导者对家长的指导过程和组织管理者对指导者的组织管理过程。任一个具体过程都在2种环境下进行,即物质环境和精神环境;以上全部的要素都会受到外部社会大背景的制约。

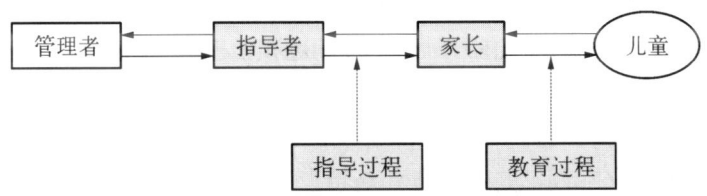

我们来分析这个概念的时候,必须明确以下几点:

第一,家庭教育指导是家庭以外的组织实施的活动和教育过程。

家庭教育指导显然是在家庭外部,而不是在家庭内部。众所周知,学校是家庭教育指导的主阵地。但需要提醒教师的是,家庭外部开展家庭教育指导的组织,不单单是学校,可以是妇联、居委、非政府组织乃至企业等其他组织。

第二,家庭教育指导的主要对象是成人,而非儿童。

由于家庭教育指导的主要对象是作为儿童监护人的成人,指导一般在家长工作之余的时间内进行,指导是为家长的家庭教育服务的,因此我们可以把家庭教育指导看作是一种带有师范性的、业余的成人教育。

第三,家庭教育指导有明确的目标。

有学者认为,家庭教育指导目标由直接目标和间接目标两部分组成。直接目标:通过多元化的指导措施,帮助家长建立现代的教育观念,端正自身对子女的教养态度,掌握科学的教养知识,提高自身的教育素养。间接目标:以培养青少年良好道德品质、个性品质为主导,促进青少年全面、和谐发展。指导的具体目标由改进目标与发展目标两部分组成。改进目标是从问题出发,施予必要的教育干预,以达到应有的状态;发展目标是从应有的状态出发,进行必要的教育调整和主体整合,以达到状态的理想化。[8]

第四,家庭教育指导有多样的指导形式与方法。

家庭教育指导形式多样,杨宝忠老师在《大教育视野中的家庭教育》中将家庭教育指导的形式分为个别指导和集体指导两大类。个别指导形式包括:家庭访问、在校接待、单独咨询、电话联系、信件来往、家校联系册和电子信箱等;集体指导形式包括家长会、讲座与报告会、经验交流会、专题讨论会、大众传媒教育开放活动、亲子活动等。[9]

第五,家庭教育指导有固定的内容要求。

站在学校立场,家庭教育指导内容一般包括:(1)向家长介绍、提供有关儿童发展、本学段的教育和家庭教育的基本规律、理论知识和实际情况;(2)介绍孩子所处年龄段在生活和学习中以及家长在家庭教育中容易出现的问题,并提出供家长参考的处理意见和建议;(3)围绕社会热点问题和学校中心的工作与家长交流。

《上海市家庭教育指导大纲》是我国第一部针对家庭教育指导工作的大纲,其中对家庭教育指导的内容进行了明确的规定:"家庭教育指导的内容应体现时代性,体现新形势下家庭教育的新起点和新特点,反映21世纪知识经济社会对人才的要求。要向家长宣传素质教育的思想,宣传现代儿童观、教育观、人才观,加强家庭美德教育、职业道德教育、社会公德教育,讲授不同年龄段儿童和青少年身心发展的一般规律和个体差异等。""应具有阶段性。根据不同年龄段儿童家庭教育的特点和容易发生的问题,确定重点指导的内容。"同时上海市还于2009年出台了《上海市0—18岁家庭教育指导内容大纲(试行)》,大纲中按照不同年龄阶段的划分详细规定了家庭教育指导的内容,具有很好的可参考性和执行性。

(二)家庭教育指导的价值意义

1. 家庭教育指导对儿童成长的意义

虽然家庭教育指导的对象是家长,但是不管是家庭教育还是家庭教育指导,它们的终极目标均是指向儿童发展的。因此家庭教育指导对于儿童成长来说,是帮助儿童在不同的阶段能更好地渡过难关,更健康地成长为一个全面发展的人。特别是现代社会呼唤学校,努力培育出全面、独立、主动、创新的儿童。家庭教育指导就担负着提高家长教育素养,帮助家长了解不同年龄段儿童的发展特点,提供家长合适的方法去对待不同阶段的儿童,与家庭共同承担培养全面发展儿童的重要使命,与家长携手帮助儿童度过不同阶段的成长难关。

2. 家庭教育指导对家长的意义

既然家庭教育指导的直接对象就是家长,那么积极有效的家庭教育指导对家长的意义更为重大。

第一,家庭教育指导有助于提升家长的教育素养

家长是儿童成长最初也是最直接、最主要的教育者,而家长的教育素养对儿童的发展有着至关重要的意义。一般而言,家长的教育观念、教育能力、教育方法等等,都属于教育素养范畴之内。在育儿过程中,无论是正确的教养观念还是具体的有效行为,都不是天然赋予父母的。任何成人,为人父母都是在"学"为长,哪怕是面对自己的第二个孩子。因此,家长需要外界的专业的家庭教育指导以更好地提升自身的教育素养。

第二,家庭教育指导有助于家长更了解自己的孩子

学校是联系家长和孩子之间的桥梁,帮助家长了解群体中孩子的发展情况,指导家长正确处理亲子关系,是学校家庭教育指导的重要价值。

一方面,从理论上来说,最了解孩子的应该是孩子的家长,但是"当局者迷"的现象有很多,有时候因为接触太密切,目标比较单一,家长反而不能从整体上了解孩子的发展。尤其对于初高中的孩子来说,更多的秘密不愿意对家长说,甚至会"家长面前一套,背地里一套",让家长更加不能全面了解儿童的发展。而教师则可以从更高的角度、群体的层面全面了解孩子的发展情况,从与不同儿童的对比中来判断儿童发展水平的高低,对家长给出正确的教育建议。

另一方面,有些年轻的家长自身是独生子女,爱子之心人皆有之,血浓于水的亲情使很多家长有溺爱、否定、过分保护、放任、干涉孩子等习惯,亲子关系不和谐。教师如果能够适时地介入开展家庭教育指导,对于改善亲子关系有极大的益处。

第三,家庭教育指导有助于家长与儿童一同成长

现代社会,特别是上海的小学生在校接收的信息量远远超过家长这一代当年的受教育水平,家长的教育能力远远不能满足孩子发展的需要。实践研究表明,家长学习家庭教育知识的程度,远不能满足对子女教育的实际需求,因而导致其教育能力不高,直接影响亲子之间的沟通,影响家庭教育的效果。正如有些家长反映,孩子前段时间还好好的,这段时间突然特别难相处。就是因为家长没有将孩子看成是不断发展的儿童。还停留在原来对孩子的了解之上,教育方法没有跟随孩子的成长进行更新。儿童阶段是人这一生生长与发育最快的阶段,如果家长没有跟随孩子一同成长,那么教育就会滞后,发生矛盾在所难免。家庭教育指导帮助家长不断成长,在不断学习教育知识的同时与儿童一同成长。

3. **家庭教育指导对学校的意义**

第一,家庭教育指导让家校合作更深入、更高效

在学校寻求的众多合作力量中,家长是最重要的一个,家庭和学校是并肩作战的合作者的角色。随着家庭教育重要性被认可,越来越多的学校重视家校合作。开展家庭教育指导的首要任务是教育家长,从教育观念、教育能力、教育行为等方面采取多元化渠道对家长进行教育。与教育学生的不同之处在于,学校对家长的指导不仅是"传道授业",更是帮助家长解惑,提升家长的教育素质。通过学校主动的家庭教育指导与服务,家庭与学校联系更紧密,联系内容更丰富,有助于拓宽家校合作的内容,进一步加深家校合作的效果。

第二,家庭教育指导有助于提高学校的教学质量

家庭教育指导的"家长主体"原则,增强了家长参与学校教育的主动性和积极性,为学校提供了丰富的教育资源,有些高级知识分子或有特长的家长可以作为家长教师、志愿者将自身的知识带给学生,让学生拓宽视野,让学校整体受益。多元的家长教育素质层次所发出的不同声音和需求,为学校的发展提供了丰富而宝贵的建议。学校真诚地帮助家长提升教育素质的同时,学校自身的教育效能也得到了增强。家长教育素养的提高最直接的好处就是促进学生的发展,学生的发展与水平的提升也在不断提高着学校的整体办学水平。

二、教师与家庭教育指导的关系

厘清教师与家庭教育指导的关系是有效开展家庭教育指导的前提。帮助教师定位好自身在家庭教育指导中的角色,对于提高家庭教育指导工作的效率与水平有很大帮助。

(一)家庭教育离不开教师的指导

家长的家庭教育理念和方法基本来源于两个方面。其一,大多数家长的教育方法、教育理念来自世代相传,即他们的父母如何教养他们,他们就会沿袭父辈的教养理念和方法,并用之来对待自己的孩子。其二,中国社会的信息化使得各类教育信息和资讯异常发达,相当一部分家长工作之余将从教育书籍、杂志、网络上学来的教育知识,使用在自己的孩子身上。一般而言,从网络上学习育儿往往存在一些问题,比如缺乏科学性、系统性,面对纷繁复杂的育儿信息家长往往无从下手,同时他们也容易被各类媒介中的错误信息、模糊信息和虚假信息所误导。

教育是一件系统而专业的工作,家庭教育指导帮助家长从更专业的视角了解教育,了解孩子。帮助家长从具体的教育细节中抽身,站得更高一点来看孩子的表现和自己的教育行为。例如面对初中生的叛逆与对抗,许多家长认为是孩子太不听话,甚至有些归结在自身太宠孩子,但从专业角度讲初中生的叛逆与对抗正是他们这个年龄段的重要特征,是他们走进青春期的重要表现,对其独立性与发展自我意识有重要帮助。一旦家长从更专业的视角了解了孩子的发展与表现,在应对孩子的时候就不会措手不及。

儿童进入学龄期后,特别是初高中阶段,与其他媒介相比(杂志、网络等),家长与学校的关系更为密切,家长对学校的信任度也更高,因此,学校从现代教育理念出发开展家庭教育指导,有利于帮助家长转变观念,确立现代教育观,真正理解教育不是把孩子培养成为应付考试的"两脚书橱",而是尊重孩子的个性发展,适应社会主义市场经济的竞争性、开放性、创造性。

(二) 教师工作无法游离于家庭教育之外

首先,家庭教育指导工作亦是教师重要的工作内容。

能够承担家庭教育指导者重任的人员众多,包括一些教育专家、家长领袖。但不可否认的是,那些接触孩子较多的专业人士(教师、社会工作者、医护人员等)则是当仁不让的家庭教育指导者。其中与孩子接触最紧密,家庭教育指导条件最便利的非教师莫属。

从国家政策看,2012年教育部颁布《幼儿园教师专业标准(试行)》《小学教师专业标准(试行)》和《中学教师专业标准(试行)》。这三个专业标准是国家对幼儿园、小学和中学合格教师专业素质的基本要求,是教师实施教育教学行为的基本规范,是引领教师专业发展的基本准则,是教师培养、准入、培训、考核等工作的重要依据。教师专业标准分专业理念与师德、专业知识和专业能力三个维度。在幼儿园、小学和中学的三个学段的专业标准中,"与家长进行有效沟通合作""协助学校与社区建立合作互助的良好关系"这两条都明确归属于教师的"沟通与合作"能力。

从教育实践看,柳华在《如何正确处理教师与家长的关系》中指出,指导家长是教师的责任,处理好与家长的关系是做好家长工作的前提条件。中小学教师中尤其是班主任教师在家庭教育指导工作中应承担更多。教师是承担家庭教育指导工作的主要角色,首先源于教师是家长在教育方面最信任的人,信任让家长更乐于接受老师的意见与建议,这是教师家庭教育指导的"特权"。其次教师在每日的教学工作中了解每一个学生,在做家庭教育指导工作时有较强的针对性与持久的关注度,在工作中可以根据需要随时联系家长,这是教师在做家庭教育指导工作时得天独厚的条件。最后教师在多年的教育工作中积累了丰富的教育经验,了解各年龄段的孩子的特点,指导方式也更专业,更真实可信。

其次,教师不能越过家长做家庭教育。

家庭教育是在血缘基础上,以亲子关系为基本关系的一种教育,实施教育的主体是儿童的父母或者长辈,而教师要做的是帮助家长提升家庭教育的水平,所以家庭教育指导的对象是家长而不是儿童。上海市教科院李洪曾老师的文章《家庭教育指导的目的、任务、性质、渠道》中,对家庭教育指导的性质作了阐述:家庭教育指导是整个国民教育体系中的一个组成因素,它是主要以家长为对象的一种成人教育,但必定又是一种业余教育,作为为家长提供对子女进行有效教育知识和方法的家庭教育指导又带有师范教育的性质。教师不能越过家长直接实施家庭教育,因为家长的教育角色是不可替代的。教师在做家庭教育指导时有必要提醒家长重视家庭教育的重要性。

最后,学校教育与家庭教育相互配合才能取得最好的育人效果。

培养健康、快乐的儿童是学校教育与家庭教育共同的育人目标。而实现这样的培养目标,需要学校、家庭、社会三位一体合力育人。

教师在做家庭教育指导时要注意儿童所在家庭的家庭教育状况,采取有针对性的措施进行指导,这样才能事半功倍,例如一位儿童的家庭是一个重视家庭教育的书香世家,那么给予家长教育方法上的多样化指导是合适,否则一直从观念上强调家庭教育如何重要,让家长如何关注孩子的成长就非常不合时宜了。家庭教育也应配合教师的家庭教育指导,积极汲取教师在家庭教育方式及方法方面的指导与建议,并根据实际情况具体应用在自己的家庭教育中。

三、教师的家庭教育指导能力

与教师的看家本领——教育教学能力相比,家庭教育指导能力较容易被教师所忽略。同时,由于家庭教育指导是面向家长的成人教育,教师开展工作面临着许多不可控的因素,因而目前教育实践中也的确存在着一些共性的问题,针对教师群体的家庭教育指导专业培训的量也较少、质也不高。从学校有效推进家校合作的角度,提升教师家庭教育指导能力是亟待解决的教师专业发展新问题。

(一) 学校开展家庭教育指导的问题

学校教育与家庭教育有本质区别。家庭教育独立而有个性,而学校教育集体性较强。学校家庭教育指导多从学校教师的立场出发,从帮助儿童成长的角度提升家长素质。

1. 指导对象缺少针对性和层次性

家庭教育指导的针对性,是指教师针对儿童的具体情况而对家长的个别化指导。家庭教育指导的层次性,则是指教师根据家长及家庭的特点,对家长分层分类进行指导。

目前,学校教育在班级教学的现实条件下,无法完全做到面对家庭的"因材施教"。学校家庭教育指导是"集体指导"与"个别指导"相结合,并以"集体指导"为主。每次的集体指导都有一个共同的主题,主题内容由班主任及学科老师决定,家长集体参与学习研究共同的话题。集体指导便于组织,也有助于家长相互之间交流经验,却由于缺少针对性,家长的实际教育问题不能得到很好地解决。

家长的教育背景、文化程度等都有差别,不同的家长对自身教育能力的信心不同,不同的家长对学校家庭教育指导的需求也不同。比如,文化程度低的家长以学习接受者的角色迫切需要学校的指导,而文化程度高的家长以教育合作者的角色需要学校教育的开放和支持。因此,学校的家庭教育指导者对家长的指导较泛化,缺少层次性,没有照顾到不同教育素质层次家长的不同需求。

2. 指导观念与指导实践不合拍

从改革开放至今,上海市家庭教育指导的观念随着社会的发展与时俱进。上世纪末,上海市编制并发布了《上海市0—18岁家庭教育指导内容大纲(试行)》,家庭教育指导的观念渗透到包括学校在内的各个实施家庭教育指导的机构中。就学校而言,上海市在600多所学校设立了家庭教育指导实验基地,科学的指导观念逐渐播撒在学校的办学理念中。

但是真正的改变非一朝见成效。在基础教育综合改革的浪潮中,学校教育在探索中前进,一方面需要改革现行的课堂教学理念与模式,另一方面也希望改革的理念能得到家长的理解与支持。尽管学校已把家庭教育指导摆在了议事日程上,但往往却受制于各种因素而把其放在靠后的位置上,学校对家庭教育指导的实践是心有余而力不足。从教师层面来说,要将科学的家庭教育指导理念,真正贯彻体现到每一位教师的家庭教育指导实践中,也还有很长的路要走。

3. 指导内容的单一、狭隘

能够承担家庭教育指导的场所很广泛,但学校是学龄儿童家长接受家庭教育指导的主要场所。学校家庭教育指导的优势在于:其一,教师与家长有较长一段时间的"交往"与"共事",教师可以随着儿童成长的不同阶段给予家长具体的指导,这样的指导就完全不同于有些机构的一次性、随机性的指导;其二,学校作为教育公共服务机构,教师家庭教育指导的公益性让与指导者与被指导者有着高度统一的目标——培养儿童健康成长。但是,学校家庭教育指导的特色也衍生出了学校家庭教育指导的一些不足。比如,学校家庭教育指导的关注点集中在"儿童发展",较少关注"家长成长"。即便聚焦"儿童发展"主题,很多学校常常重"儿童学习能力"发展,轻"儿童社会性及道德情感"发展。家庭教育指导内容的单一、狭隘严重影响到家庭教育指导的实效。

4. 教师的指导往往受困于家长自身存在的问题

家庭教育指导的对象是家长，即已经形成固定思维习惯和行为模式的成人。改变成人的教育观念，改进他们的教育行为往往是非常困难的。此外，教师面对的家庭教育指导对象多元复杂、层次不一、差异悬殊，比如，家长对子女的期望过高就会导致家长重视智育而轻视德育的倾向，因而大多数家长更加关注教学质量、孩子的学习成绩；有的家长对家庭教育不重视也不投入，往往是孩子遇到问题的时候才开始重视家庭教育，后期干预比较多；家长忙于工作而忽视儿童的成长，隔代教育现象比较多。如若家庭教育指导效果不佳，有时候不能单方面责备教师的指导不力，家长自身存在的问题往往有强大的破坏力，同时也影响了教师实施家庭教育指导的主动性和自我效能感。

（二）教师家庭教育指导能力的不足

1. 教师职前教育中基本缺失家庭教育指导内容

准教师在走上讲台进行有效的教育教学之前，首先应具备一定的知识和技能，这一过程主要在职前教育中完成，即通常意义上的师范教育。目前，我国师范院校开设的公共教育类课程中主要是普通教育学、普通心理学，而有关家庭教育方面的课程相对较少。即使开设，这些课程也大多以选修的形式让部分感兴趣的学生选修。这种情况导致师范学生在走上工作岗位前，不具备基本的家庭教育以及家庭教育指导方面的理论知识。职前教育中的准备不足，让很多教师走入学校，开始自身的职业生涯，与学生家庭进行沟通和指导时往往会措手不及。一些原籍外省市的教师，面对海派家庭文化，开展家庭教育指导时也常有"水土不服"的文化冲突现象出现。

2. 教师职后培养中较少专门涉及家庭教育指导内容

上海市教科院家庭教育研究与指导中心曾开展过一项上海市中小幼教师家庭教育指导能力与培训现状的调查。调查结果表明：在受访的教师样本中，约有四成教师在职前学历教育中，完全没有接受过任何家庭教育指导方面的课程培训；而在职期间，教师接受最多的相关培训是校本培训，只有少部分教师参加过市级和区级的专题培训。目前，教师职后教育的任务大多由区级教育学院这一机构来担当。区级教育学院的师训部门针对本区域教师开展专门的、有较长学时（比如一个学期或一个学年）的家庭教育指导专业培训相对较少。从教师角度来说，"学校教学及管理任务比较繁重，精力有限"是影响教师参加家庭教育指导培训的最主要因素，其次是"培训激励机制不够完善"，再次是"培训内容和个人需求不对口"。

3. 学校对教师开展家庭教育指导缺乏足够的支持

学校教师是学校家庭教育指导工作的直接实施者，他们为学生家长服务，提供各类指导。但教师个体在开展这项工作的时候是需要学校的组织支持和校园氛围的。一些学校对待这项家庭教育指导工作的态度是"有虚无实"的，比如典型的支持不力就是学校没有把家庭教育指导工作纳入教师业绩考核的范畴。这也就表明，学校根据相关的教育政策和法律法规，要求教师参与家庭教育指导工作，但是教师是否指导，指导情况如何校方并不关心，使得这项工作渐渐沦为教师的个人行为。即使学校对教师开展家庭教育指导工作有一定的要求，如果缺乏监督与管理意识，在实际过程中不对这项工作进行考核，不给教师提供相应的培训机会，易导致教师步履维艰、孤独地承担这项工作。

4. 家庭教育全员指导实施效果不理想

从全员育人的角度，学校所有的教师应该都有职责做好家庭教育指导工作，全员包括学校里的校长、副校长、班主任、科任老师和其他所有工作人员。但实际上，学校开展家庭教育指导主力军是班主任、德育教导及部分分管的行政领导。目前，大多数学校没有专职的家庭教育指导教师，班主任承担了大量的指导与服务家长的工作，不仅时间长、任务重，更重要的是教师的指导素养跟不上。很多年轻教师本身就是独生子女，缺乏与家长、学生沟通的技巧，难以应付层出不穷的问题。尤其面对学生叛逆、厌学、早恋等一些心理问题的时候，对家长给予有针对性地专业指导并不是每个教师都能做到的。因此，学校需要给予班主任教师适当的专业支撑，比如学校设置专业人员、打开校门引进区域内的专家资源，以解决资源不足的情况。

（三）初中教师家庭教育指导的常见问题

初中教师都接受过高等教育，进行过系统与专门的职业培训，是具有一定的教育教学和管理能力的教育工作者。教师的优势是显而易见的，他们具有良好的教育思想素养、职业道德素养和专业知识，明确教育目的，熟悉教育内容，保证教学质量。我国的传统赋予了教师权威与崇高的地位，学生和家长对教师也充满信任，这些因素都有利于教师在家庭教育指导中发挥作用。但是面向家长的指导显然不同于面向学生的教育教学，一方面初中教师缺少家庭指导的专业进修与培训，在开展家庭指导的理念与方法上有所缺乏，在实践操作中难免无从下手；另一方面面对社会的不断发展变化以及学生家庭的背景、内容、对象的多样性，在指导能力和时间上的不足也让初中教师开展家庭教育指导面临不少困难。

1. 初中教师经常遇到的问题

(1) 初中的教育教学工作繁重,还有升学压力,教师没有时间研究家庭教育指导。

(2) 学校已经安排家庭教育指导内容,班级再安排怕增加家长负担。

(3) 过度使用家长或者不知道如何协调整合家长资源,切实为班级提供帮助。

(4) 家长两极分化,层次差异太大,很难进行针对性的指导。

(5) 无法应对一些强势家长提出的对学校、对教师的不满,只能避而远之减少沟通。

(6) 感觉自己有经验,想当然地进行指导而违背科学规律,对家长产生误导。

(7) 初中学生的个性差异大,年轻教师没有养育孩子的经验,不会感同身受,也没有好的方法指导家长。

(8) 不知道如何发挥新媒体在家校协同教育上的积极作用。

(9) 缺乏对特殊家庭学生的家庭教育指导方法,缺乏应对各种突发事件的能力。

2. 初中教师应当具备的基本家庭教育指导素养

从目前的状况来看,初中教师需要从以下方面提高家庭教育指导素养:

(1) 提高教师对初中学生家庭教育指导的知识储备

教师要认识到开展初中学生家庭家庭教育指导的必要性和使命感。增强储备知识的动力,特别是初中学生处于青春期早期,初中教师要加强对学生在青春期早期所发生的一系列生理和心理的变化的了解,把握青春期初中学生的特征。

(2) 提升教师对初中家长指导的综合能力

学习指导家庭亲子沟通的技能方法,包括年轻教师如何指导家长关注孩子青春期变化问题。初中教师缺乏与家长进行沟通的知识与能力,需要学习如何获取家长的信任,如何应对公共场合家长的发难,以及如何对特殊孩子、特殊家庭进行指导。

(3) 畅通与家长沟通的各类渠道

初中教师学科教学压力大,忙于应付学生学业,教师关注点在升学,学校教育的重点也是升学压力,这是不争的事实。教师要认识到家校合作对学生学业进步的影响力,初中学校要重视各类家校沟通途径的运用,在机制上保证家庭教育指导顺利进行,并与家庭教育达成一致形成教育合力。

(4) 掌握面对突发事件的应对技巧

校园突发事件不可避免,处理是否得当会对教育产生严重的影响。初中教师要正确认识,准确把握校园突发事件,了解和熟悉学校突发事件的处理预案和流程。学习突发事件的应对和处理方法,掌握一些自救和互救的基本技能。

(5) 提升自身的身心素养

初中教师开展家庭教育指导是一项既有创造性又很繁琐的脑力劳动,也是一项有一定强度的体力劳动。初中教师必须有良好的身心素质作基础,才能在与家长沟通交流中保持高昂振奋的精神和轻松愉快的心境,从而提高家庭教育指导效果。

(四) 初中教师家庭教育指导的主要原则

学生教育是一项系统工程,包含着家庭教育、社会教育、学校教育的三者相互关联与有效结合。《中共中央关于进一步加强和改进学校德育工作的若干意见》中指出:学校教育、家庭教育、社会教育紧密配合。学校要主动同家长及社会各方面密切合作,使三方面的教育互为补充、形成合力。《上海市关于进一步加强家庭教育工作的实施意见》在指导思想中明确三者定位:家长是家庭教育主体;学校起重要作用,是家庭教育指导主阵地;社会是支持。加快家庭教育工作法制化、专业化、网络化、社会化建设,形成政府主导、部门协作、学校组织、家长参与、社会支持的家庭教育工作格局。2017年的《中小学德育工作指南》其中的"协同育人"中再次明确"加强家庭教育指导"。

根据《全国家庭教育指导大纲》的要求,我们认为家庭教育指导应注重科学性、针对性和适用性。

1. 在了解与尊重中体现以学生为本的原则

初中学生自我意识和独立人格开始觉醒,他们开始感觉到生活中有自己的秘密和隐私,不愿意和老师和家长沟通,但他们各方面的发展尚不成熟,也缺乏足够的生活经验和社会阅历,因此,需要给予更多的了解和关注。要开展好家庭教育指导,教师和家长都要了解孩子身心发展的情况,如身体发育素质、习惯养成、情绪特征、兴趣倾向、智力特点等,从中把握孩子成长中的各种问题。要充分尊重初中学生的成长需求与个性,要学会倾听、沟通,减轻这一时期学生的逆反心理。关心初中学生的心情和心事,告诉他们遇到事情要主动与父母、老师或同伴商量,寻求解决办法,保持和初中学生的亲密感情关系,营造平等、宽松的亲子关系,与初中孩子共同创造生活的乐趣。特别是当学生犯错时,要善于以积极平和的态度与其分析原因、制定对策。以发展的眼光看待初中学生,关注初中学生的合法权益,促进初中学生自然发展、全面发展、充分发展。

2. 在服务与指导中确立家长主体的原则

教师在开展初中学生的家庭教育指导时,要抱有为家长服务的观念,了解家长中普遍存在的教子困惑,尊重家长意愿,根据家长急需的家教知识探索、开发、整理具有互动性和吸引力、尊重家长内心需求的指导内容,使之具有时代性、代表性、前瞻性,从而帮助缓解家庭教育的压力。在指导活动中要因人而异,使家长能获得符合个体需求、独特的体验和感悟,提高家长参与指导活动的积极性,提升家庭教育的质量。

3. 在指导目的与内容上把握正确方向的原则

教师在开展家庭教育指导中要牢牢把握育德树人的育人宗旨,家庭教育指导应该与国家的教育方针和全面推进素质教育的目标相一致,重视中华传统美德和良好家风的挖掘与传承,与家长共同培育初中学生的社会主义核心价值观,培养有理想、有道德、有文化、有纪律的社会主义建设者和接班人。

4. 在互动与选择中突出合作共进的原则

改变以往学校教师单向指导,家长被动接受的局面,把家长和教师作为共同促进初中学生发展的主体来看待,充分发挥教师、家长的资源优势,教师倾听家长的意见,可以收集初中家长鲜活的家庭教育事例,引导初中家长主动参与指导活动,让家长全面了解学校初中阶段的培养目标和孩子身心发展的特点,树立全面发展的家庭教育观。赋予家长自主选择的权力,发挥教师与家长的智慧,注重互动性,实现教师与家长、家长与家长之间教育资源和育儿经验的共享,教育思想和认识的相互融合,教育方法和手段的共同提高。

注释:

[1] 费孝通. 生育制度[M]. 天津:天津人民出版社,1981:70.
[2] 陈桂生. 教育原理[M]. 上海:华东师范大学出版社,1993:273.
[3] 马和民,高旭平. 教育社会学研究[M]. 上海:上海教育出版社,1998:445.
[4] 邹强. 中国当代家庭教育变迁研究[D]. 武汉:华中师范大学教育学院,2008.
[5] 黄河清. 家校合作导论[M]. 上海:华东师范大学出版社,2008:24.
[6] 胡杰. 将家庭教育指导纳入政府公共服务体系的研究[D]. 上海:上海交通大学. 2011.
[7] 李洪曾. 家庭教育指导的目的、任务、性质与渠道[J]. 山东教育,2004.
[8] 李洪曾. 家庭教育指导的目的任务性质和渠道[J]. 幼教园地. 2004(1).
[9] 杨宝忠. 大教育视野中的家庭教育[W]. 北京:社会科学文献出版社,2003.

第二章

教师家庭教育指导的基本任务

一、全面了解初中生身心发展规律

家庭教育指导要注重科学性、针对性和适用性。因此,要科学有效地开展初中阶段的家庭教育指导,必须掌握现代儿童观,遵循青少年的成长规律,了解家庭教育指导工作的规律,满足社会发展的要求,整体规划、全面实施家庭教育指导工作。《全国家庭教育指导大纲》提出:增强家长科学教子育儿的责任感,促进家庭教育指导水平不断提升,促进家长与子女共同成长,促进家庭教育事业全面发展。《上海市0—18岁家庭教育指导内容大纲(试行)》也指出了要主动地、灵活地、创造性地、有效地开展指导活动,通过亲子关系沟通、青少年儿童身心保健等方面的服务,帮助家长掌握和提升家庭教育的能力和质量,营造有利于儿童青少年健康成长的和谐家庭氛围。

《上海市0—18岁家庭教育指导内容大纲(试行)》指出,初中学生正处在告别幼稚走向成熟的过渡时期,即青春期。青春期初中学生面临着生理和心理上的"突变",这对他们的发展、对教师和家长的教育都是一个很大的挑战。

青春期初中学生的生理变化主要表现在身体外形的变化、内部机能的发展和性成熟:

1. 进入青春期初中学生的生理发展,到了人体生长发育的第二个高峰,生理上发生巨大变化,身高、体重迅速增长,并且呈现身体发育的不协调,比如腿的加速生长,以及脚手的变大与躯干相比的不成比例,导致青春期孩子笨拙的动作和外表。协调性变差。各脏器如心、肺、肝脏功能日趋成熟,各项指标达到或接近成人标准。

2. 初中学生脑和神经系统发展变化,接近成人,大脑机能逐渐发育成熟,兴奋与抑制过程逐步达到平衡,但甲状腺、肾上腺素分泌水平较高,情绪不稳定,神经系统较容易疲劳。

3. 一般情况下,女生比男生早一年左右进入青春期,从乳房开始发育到月经初潮,大约需要2到3年,继而长出腋毛、阴毛,骨盆变大,全身皮下脂肪增多,形成女性丰满的体态。男生则会长出胡须,喉结突出,声音低沉,肌肉骨骼发育坚实,形成男性的魁梧体格。

青春期初中学生的生理变化对其心理和行为发展具有重要影响。主要表现为以下特点:

1. 性心理行为：伴随着青春期的性发育，初中生的性心理也发生了质的飞跃，大多数学生表现出一系列性心理行为，主要有性心理的朦胧性和神秘感；性心理的动荡性和压抑性等。

2. 独立和依赖的矛盾：初中学生开始探索自我，渴望独立，试图摆脱家长的束缚，希望得到尊重、信任和认可；但由于思维发展、生活技能和社会经验还没完全成熟、完善，仍要依靠父母，此时，父母与孩子的"代沟"表现比较明显，亲子冲突增多。

3. 自负和自卑的矛盾：进入青春期后，初中学生开始学着自我观察和评价。但这些评价具有相当强的主观性和片面性，常常容易发生极端变化，经常处于自负与自卑的内心冲突之中。

4. 心理状况复杂而波动：不少初中学生存在着不同程度的心理困扰，突出的问题有学业和考试的焦虑，人际交往问题。这个时期自我控制能力有了提高，情感不再完全外露，但情绪还不稳定。

5. 存在一定的适应性问题：体现在消极自我认知、低成就动机等方面，消极自我认知和低成就感极易导致学习动力不足。

6. 认知的发展变化快速：初中学生随着生理的发育，自身对事物的认知、逻辑思维、逻辑记忆等都得到了快速的发展。

7. 学习活动成为主要活动：初中学生学习内容逐步深化、系统化，学习主动性增强，由于学习压力增大，自学能力、学习方法越发显得重要。

二、专业引领初中生家长的教育需求

近年来，初中学校对家校合作愈加重视，开展家庭教育指导意识不断增强，对教师指导能力有进一步提升需求，初中学生面临着生理和心理上的变化，特别是青春期的出现对教师的教育是一个很大的挑战，初中学生家长对教育的诉求，也对教师提出了更高要求。初中学生家长对家庭教育指导内容的诉求主要有：

（一）促进学生习惯养成，指导学生学习方法

由于中考的压力，家长对学生的学业要求提高，家长自身能力有限，缺乏指导学习方法，希望老师能对学生严格要求，指导学习。

（二）提高教学质量，减轻学业负担

经历了小学，初中家长对教师要求有了一定期望值，在学生不断学习和考试中

也会作出比较,希望老师作业少,水平高。希望老师多关注、多鼓励自己的孩子,多给锻炼成长的机会。

(三) 关注学生心理,培养学生健康人格

初中家长掌握青春期初中学生的具体心理特征的难度有所增加,有了解初中学生心理的需求。家长在与初中学生沟通方面,关于如何接纳孩子的情绪,控制自己的情绪,希望有具体指导。一些家长与青春期叛逆的初中学生无法沟通,寄希望于老师,希望通过教师来教育孩子,因为老师说了孩子才会听。

(四) 培养学生核心素养,提高学生道德水平

注重初中思想品德、行为习惯教育,除了希望了解孩子在校学业情况,也想了解孩子校园生活。

(五) 加强学校管理,促进家校沟通

初中家长希望了解初中阶段的学习架构,能对于孩子的升学和未来发展有一个早期的规划与准备。了解学校教育公平,希望知晓学校政策、学生评优、收费等教育公开的重要信息。希望学校有紧跟时代、个性化的教育指导。

总的来说,当前的初中学生家长对孩子的教养态度有所转变,思想开放,对新事物、先进理念接受意愿增强,特别是关注青春期初中学生的心理变化和改善亲子关系,注重培养青春期初中学生的核心素养和道德品质。同时受社会思潮影响和面对升学压力,围绕学业提出的教育诉求也是意料之中。

三、深刻把握初中家庭教育指导重点

当孩子进入初中,他们就迈开了从童年走向成人的第一步,这个阶段接受的东西,往往将影响他们今后一生。指导家长抓好这个阶段的教育,对于孩子今后的发展有着至关重要的作用。

(一) 青春期心理指导

初中学生处于青春期,家长对孩子在青春期早期所发生的一系列生理和心理的变化应该有所准备,了解青春期初中学生的特征,尊重学生的成长和发展,接受孩子在成长过程中的困难,建立积极的亲子沟通,营造一个宽松、温情的家庭环境,

鼓励初中学生多参加有益的群体活动,与男女同学友好相处;开展情绪辅导,指导家长提高孩子的抗挫折能力,帮助孩子平稳地度过青春期。

(二) 生命教育指导

指导家长提高自身素质,重视言传身教,做孩子的榜样,以自身健康形象帮助孩子形成对生命的正确认识。家长要学习了解初中阶段学生的心理特点和发展需要,改善在亲子沟通、处理突发事件方面的家庭教育方法,发展优质的亲子关系。在提升孩子生存技能、提高生活质量方面采取积极的行动,建立孩子与社会的连接,组织以关爱生命为主要内容的家庭教育活动,提升家庭生命教育的有效性。

(三) 信息素养指导

我们身处信息社会,家长要了解信息技术的发展及其应用对人类日常生活的深刻影响,学习必要的信息技术,善于利用网络,紧跟时代的发展步伐。

家长要了解初中学生电脑、手机等上网的情况,不要谈网色变,也不要对孩子的上网放任自流,要发挥它的正面效应,充分地利用它,提高学习、工作效率和生活质量,教育孩子正确把握上网时间,预防上网过度。家长要注重培养初中学生良好的信息素养,把信息技术作为支持终身学习和合作学习的工具,培养初中学生对信息的是非辨别能力,在网络交友中要注意加强自我防范和保护,在使用网络过程中学会自我尊重和遵纪守法。

(四) 遵纪守法和道德修养指导

法律法规是维系社会公共安全、公平的保证,是每个公民必须学习、遵守的,法律法规常识的教育也是培养青少年健全人格的必要手段。初中学生法律知识比较缺乏,法制意识淡薄。初中学生家长有责任教育孩子认真学习法律、严格遵守法律、学会运用法律保护自己。初中家长自身也要以身作则,认真学习青少年保护的相关法律法规,严格遵守相关法律法规。家长还要加强自身道德修养,言传身教发挥榜样作用,创设健康文明向上的家庭氛围,传承好家风,培养孩子良好品德和社会意识,引导初中学生文明修身。

(五) 学习能力和生涯指导

初中学生面对更大的学业压力,家长要确立更科学合理的成才观,家长可以多掌握自己孩子的学业水平和学习能力现状,多与孩子交流,帮助初中学生考虑自己的学业水平、学习能力、兴趣爱好、发展意向等。应充分考虑到初中学生自身的实际水平和发展需求,指导家长帮助孩子树立信心,面对现实。对于刚入学的初中学生要帮助他们尽快适应初中阶段的学习生活,掌握适合自己的学习方法,提高学习效率,对于初三即将升学的学生,家长应主动与教师沟通,了解孩子的学业情况,引导孩子客观地对待自己和自己的学业前程。人生的发展应该是多途径和多姿多彩的,家长的愿望是自己的孩子今后发展能一路顺畅,要指导家长与孩子共同开展学业规划及生涯辅导,引导孩子学会自己去面对人生的选择,并为此担负起应尽的责任。

四、科学理解新中考改革的内涵

(一) 问题背景

中考改革,大幕开启。2016年9月20日,教育部召开新闻发布会,披露了中考招生制度改革的具体细节,印发《教育部关于进一步推进高中阶段学校考试招生制度改革的指导意见》(教基二〔2016〕4号),明确到2020年左右初步形成基于初中学业水平考试成绩、结合综合素质评价的高中阶段学校考试招生录取模式和规范有序、监督有力的管理机制。

2018年3月21日,上海市教育委员会公布了《上海市进一步推进高中阶段学校考试招生制度改革实施意见》,明确"完善初中学业水平考试制度""完善初中学生综合素质评价制度"和"深化高中阶段学校招生录取改革"三方面的改革措施。怎样快速适应考试改革是摆在学生、家长、教师面前的难题,中考改革方案的出炉给学生、家长、老师和学校带来了更多的挑战。教师如何指导家长有效开展家庭教育,形成家校合力,共同应对中考改革,成为教师家庭教育实务指导的基本功。

中考改革的家庭教育指导,包括中考改革政策指导和考生家庭教育。

(二) 初中教师开展家庭升学指导基本原则

上海市教委公布《上海市进一步推进高中阶段学校考试招生制度改革实施意见》(以下简称《实施意见》)。《实施意见》是根据国务院、教育部有关要求,经过两年多研究论证,在广泛听取各方代表意见建议的基础上,结合上海实际制定的。教师开展家庭教育指导时,可以把握如下几个原则:

1. 优先疏导情绪

中考改革往往与孩子初中阶段的学习联系在一起,初中阶段的学生应对的能力有限，主要还是依赖家长。家长基本都是第一次面对孩子的中考，面对政策变化，难免会急躁，甚至有时会轻信谣言。因此，教师首先要疏导家长的情绪，引导家长客观全面地把握政策，合理应对。

《实施意见》全文可登录"上海教育"网(www.shmec.gov.cn)、上海教育新闻网(www.shedunews.com)查阅。此外，上海市教委还将通过报刊、广播电视、网站、微博、微信等途径，做好相关政策的宣传解读工作，并通过上海招考热线(35367070)、"上海教育"政务微博微信等方式做好咨询服务工作。

中考政策的家庭教育指导，不是到初三才进行，而是从孩子小学升初中就开始，贯穿在孩子初中学习的全过程中。这样家长才能从长计议，沉着应对。

2. 全面把握政策

中考改革是教育整体改革的举措之一，不要孤立看待改革、理解政策。教师必须立足教育改革，从整体上引导家长把握中考改革的根本意图。这样，才能将中考改革政策指导与日常的学习指导统一起来。

例如：此次中考改革全面贯彻党的教育方针，落实立德树人根本任务，坚持以下基本原则：一是全面考查，注重能力。坚持育人为本，关注共同基础，防止初中学生过度偏科；关注学生综合素养和个性特长的培育，丰富学生的学习实践经历，提升学生问题解决能力，扭转片面应试教育倾向。二是综合评价，多元录取。遵循科学的人才选拔和培养规律，建立健全多元多维综合评价体系，全面反映初中学生综合素质发展状况。通过综合评价、多元录取改革，增强高中阶段学校与学生双向选择的多样性和针对性，促进高中阶段学校特色多样发展。三是促进公平，加强监督。健全高中阶段招生录取机制，完善招生规则程序，加强信息公开，切实保障考试招生程序公开、结果公正、监督有力，为学生创造平等机会，努力促进义务教育优质均衡发展。四是统筹规划，系统改革。加强统筹规划，系统设计中学考试评价改革与课程教学改革、中学招生制度改革以及高考综合改革，形成推进素质教育的整体合力。通过考试招生制度改革，促进普通教育与特殊教育、普通高中教育与中等职业教育联动发展。

从教育改革整体的视角看待中考改革政策，才能保证对政策理解不偏不倚。家长才能将孩子的日常学习与中考改革紧密联系起来，形成家校合力。

3. 立足学生成长

站在孩子人生的坐标轴上，面对中考、理解政策。因此，对家长进行中考政策指导，要立足孩子成长，关注孩子的人生。尽量减少简单、孤立地就中考谈中考，否则就容易让中考成为包袱。站在孩子人生的坐标轴上，进行中考政策指导，就能适时地将中考政策与人生观、价值观、人才观有机地联系在一起。在中考政策指导过程中,引导孩子树立理想,为孩子的成长装上动力源。

4. 把握心理特征

毕业班的家长们总是处于激动和兴奋之中,有的烦躁不安,有的束手无策,家庭教育应关注些什么呢？身为父母,能为孩子们做点什么呢？这是家长最为需要的。

初三年级学生的心理特点：思维能力空前提高、理想压力空前增大、理想热情大打折扣、异性交往有所分化、自我叛逆日益强烈、厌学情绪继续激化、自我管理两极分化。

初三年级学生的主要身心困扰：心理浮躁、力不从心、欲速而不达、作息时间安排不当、攻关不下时情绪焦虑、不知如何应对家长的压力。

(三) 给家长的建议

家庭行动,营造氛围；
关注动态,观察心境；
定期谈心,鼓励上进；
控制时间,适当放松；
提供帮助,搞好后勤；
科学定位,心态摆正；
保持联络,信息畅通；
吃透政策,选准学校。

【案例】

我不想考高中了

初三的二模考刚结束,同学们都焦急地等待着分数,以此来指导填志愿。我正在看小汤同学的随笔："初三的我愈加劳累,父母沉甸甸的爱,却使我喘不过气。自初三开始,我一直加倍努力,却不知道为什么不见成效。看着父母充满期望的眼神,我犹豫了……"

这时,办公室响起了敲门声,原来是小汤同学的妈妈。这位一贯强势的母亲一见我就焦虑地说："老师,您说这个社会不考高中还有什么出路,职校两三点就放学了,哪有学习的样子……我们为了她能考上高中尽了一切努力,她现在却说不想考高中了。最近,只要谈到读书,就天天吵架！您说我该怎么办呀！"

听到小汤妈妈的话,我只能安慰她别着急。可是,我该怎么办呢?是把小汤同学找来批评一通?还是好好与小汤同学做做工作?或是让小汤的妈妈听她的……

我的脑海里像放电影一般浮现小汤的情况:小聪明、最近一次考试居然进入B层(能进高中),但是懒惰、怕吃苦、逆反。这样的孩子,在人生的十字路口,容易自弃、茫然若失,太需要家长和老师的关心和疏导。于是,我只能稳定小汤妈妈的情绪,让她别着急,避免矛盾升级。然后进一步了解小汤同学的情况再作决定。

放学后,我有意让小汤同学来帮忙做点事情。在她放松之际,我装作不经意地问起中考志愿的情况,小汤同学却欲言又止,于是,我鼓励说:"你说说看,有什么想法或者有什么困难。"

小汤同学终于倾吐压在心底已久的想法:"不想考高中了,我觉得我已经累够了,努力过了却丝毫不见成效,我不再想做没有用的努力。"说完后,她好像舒了口气,终于把心里话说出来了。

我停顿了片刻说:"你有没有想过,你不上高中以后干什么?你不上高中,上什么学校呢?"然后,继续说:"不考高中不代表不能成才,只是在你说服父母之前,你要好好想想你的未来到底要做什么,而不是不要做什么!"

小汤同学没想到,我不仅没有反对她的想法,还让她想办法说服父母。这时小汤同学的眼睛有点湿润,说:"其实,我也理解父母的想法,只是想着高昂的补习费,看着父母奔忙的身影,怕他们的付出前功尽弃。"此时,我却轻描淡写地说:"没事,你再想想怎么说服父母吧!"

晚上,我约小汤的爸爸妈妈一起来到学校,把小汤的想法与他们进行了沟通。我们分析小汤同学的情况:面对升学目标与学习现状的矛盾,感觉力不从心,热情大打折扣,自我管理不强。情绪不稳定,不知如何应对家长的压力,有叛逆的表现。这种分析得到了家长的认同,于是我与家长进一步分析。根据当前的中考政策,小汤同学想不想考高中与家长的要求不矛盾,因为考不考高中都需要参加中考。关键是初三的最后阶段是否还需要努力。于是,我建议:

1. 疏导孩子的情绪。肯定孩子自己努力着,却还怕家长失望的懂事表现,肯定孩子做出这种决定是一种艰难的选择,传达父母对孩子的信任。让孩子觉得自己长大了,是个对自己负责的人。

2. 鼓励孩子继续努力。顺着孩子的想法,站在孩子人生的坐标平面上,与孩子一起探讨面对的问题。不简单地去反对不考高中的想法,而是肯定孩子,不考高中也能成才。但是,要告诉孩子,成才是需要努力的。现在不考高中并不是可以不用努力了,而是要加倍努力。争取在这个问题上与孩子达成共识。

3. 调整自己的观念。既然孩子在努力,家长就应该欣慰。根据现在的中考政策,孩子在努力,学习水平达到了高中水平,自然就能进高中。不需要纠结要不要考的问题上。退一步说,即使通过努力后,还是没有达到高中的水平。按照现在的政策,将来孩子还是有很多路径可以进大学。家长调整好自己的观念与心态,相信和鼓励孩子,有利于孩子放下包袱,调整好学习状态。

所幸,小汤妈妈及时做了调整,亲子关系融洽许多,小汤也考取了高中。当然,最重要的是,面对人生的选择,她和她的父母都会更智慧和从容!

【点评】

在本案例中,班主任注意稳定家长情绪,接纳小汤同学的情绪,使沟通具有了很好的起点,同时针对家庭在升学目标与学习现状的矛盾给予了建设性的意见。班主任对现在政策有很好的把握,给家长指出了孩子多路径进大学的可能,帮助家长调整好了自己的观念与心态,从而相信和鼓励孩子,最终帮助学生调整好学习状态。有效的家庭教育指导,应该是在学生发展的关键时期,协调好教育的内外因,帮助学生做好选择,并为之努力。

第三章

教师家庭教育指导的基本能力

一、沟通与交流

教育不仅仅是学校和老师的事,也是社会和家庭的责任。教育需要全社会的支持,更需要老师和家长的通力合作。学校要建立健全家校沟通与交流的相关制度,制定出切实可行的方案,规范教师的行为,提供有效的沟通策略,做好家校沟通与交流的日常工作。初中教师要充分认识的到与学生家长沟通与交流的重要性和必要性,明确沟通与交流中教师的角色定位,倡导平等、尊重、合作、共赢。要加强学习,懂得沟通与交流方面的有关知识、技巧,实施有效的沟通策略。

(一) 日常沟通

良好的家校沟通关系到学生是否能够健康成长,直接影响到学校教育的成败。苏联伟大教育家苏霍姆林斯基的一段话表达出广大学校教师和家长的心声:"教育的效果取决于学校和家庭教育影响的一致性。如果没有这种一致性,那么学校的教学和教育过程就会像纸做的房子一样塌下来。"在"人人都是德育工作者"的教育理念下,每一位教师都应做好家校沟通的工作,了解家长的需求,正确把握家长的沟通心理,引发双向、互动、积极的沟通活动,提升积极与家长进行沟通和交流的意识,掌握一定的家校沟通的技巧与方法。

家校日常的沟通从形式上可以分为传统沟通和新媒体沟通两种:

1. 传统沟通

传统沟通主要有"面谈""电话沟通""家长会""家长开放日"几种形式。这种以面对面或者声音直接沟通的形式,能引起教师和家长之间直接的情感共鸣,沟通能

传统沟通形式建议使用的阶段

	面 谈	电话沟通	家长会	家长开放日
开 学		√		
平 时	√	√		√
期中考试	√	√	√	
期末考试	√	√	√	
假 期		√		

较为深入地展开,受到教师和家长的欢迎。

教师在传统沟通中需要注意一些技巧,具体如下:

(1) 接待轻松周到

热情接待学生家长的来访,创设宽松气氛。让家长感受到教师的诚心诚意,能够放松协助老师交流学生的情况,商讨如何解决学生的问题。注意选择比较安静但又不是很封闭的谈话地点,创造宽松的谈话环境,注意尊重家长的隐私,轻声交谈,以消除沟通双方的顾虑,有助于双方推心置腹地交流学生的情况,尽快地达成教育学生的共识。

(2) 做到客观陈述

客观陈述发生在学生身上的事件或具体实例,避免为学生贴带有个人主观感情色彩的贬义标签。任何时候不要泛泛而谈,要为家长提供具体的事例。比如,不要说"该同学学习成绩不好",而应表述成"今天我们学习了某个知识点,他感到学习有困难,没有完成作业。"

(3) 善于"积极聆听"

要积极聆听家长的教育理念和对学校教育教学的看法,对学生家长的情感尽可能地感同身受。如:"我知道您对这件事情非常关注","看得出您对于孩子在课堂上的积极表现感到非常满意"等。多运用"积极聆听"的技巧,表明教师是在真正尽全力地理解家长的想法,可以让教师成功地搭建起与家长沟通的桥梁,也会让家长更积极主动地配合教师的工作。

(4) 不对家长发号施令

可以为家长提供几条教育孩子的意见或建议,不要让他们感受到这是一种命令,要让他们感受到这几条建议是在其他孩子身上起过作用的有效经验。这样家长会更乐于与教师进行沟通,听取教师的意见。

(5) 避免长篇大论

在与家长进行沟通时,要避免滔滔不绝、长篇大论,这样会让家长有逆反心理。所以在沟通中,要抓住沟通的重点,简明扼要地表述事件发生的过程和教师的想法,并为家长留有沟通的余地,多听取家长的看法。

(6) 不在家长面前训斥学生

当与家长进行沟通的时候,不应当着家长的面训斥学生,因为这种做法不一定会得到家长的认可,不管怎样,没人会喜欢听到别人训斥自己的孩子。教师可以客观陈述发生在学生身上的事件,并婉转地向家长表达自己的观点,同时表示会为学生提供机会,以期其能做得更好。

(7) 避免在学生之间进行比较

每个学生都是成熟的个体,其家庭环境、个人性格、学习能力的不同决定了每个人的发展水平都是不同的。所以不要在家长会上对学生进行无意义的比较。

(8) 巧妙利用沟通时机

和家长进行沟通时要选择良好时机。假如家长太忙或自己抽不出时间接待,都不是合宜的时机。如有家长来访,教师要安排好时间接待,切忌把家长晾一边。有时家长难得接送孩子,教师可以利用这个机会与家长交流沟通。

【案例】

哪壶先开提哪壶

星期三放学,一位家长在教室门口等孩子,时不时看看教室里面。王老师主动走出教室迎上前去。

"小喻爸爸,你来接他了吧?"

"哎,王老师你好!这孩子,唉!"

"他就快完成作业了,效率挺高的呀!麻烦你再等会儿他!"小喻爸爸有点意外,但表情轻松了点。

"我觉得小喻挺大度的,从不和别人斤斤计较,我看他平时下课和同学相处总是很宽容的。"

"嘿嘿,他从小就脾气好。"小喻爸爸有点不好意思。

"我挺喜欢他的,有男孩样子!"

"这倒是的,他在家也蛮听话的,和亲戚家小孩在一起也是这样的。"小喻爸爸很高兴。

"他其实挺聪明的,属于一点就通的那种,不过这要在他集中注意力的时候。"

"是啊是啊,他在家做作业的时候也总是思想不集中,我们总要提醒他,你说他,他就笑笑,我们也拿他没办法!"

"所以你看,就因为他平时效率低,只能靠课后辛苦了,也苦了你们家长。"

"王老师,那有什么方法能改掉他这个坏习惯吗?"

"有啊,可以每天根据作业量定个合适的完成时间规定他做到,多鼓励他,万事开头难,养成好习惯代替坏习惯就不用你操心了,你说对吗?"

"王老师你说得有道理,我也要想办法帮他改掉这个坏习惯……"

初中学校离家远,放学时有家长来接孩子,一天工作的疲惫和对孩子情况不知情的焦急充斥了他们的心,此时如果遇到老师劈头盖脸的告状,相信是火上浇油也是雪上加霜,点燃了家长的怒火,那么沟通的基础就消失了,这种沟通注定是失败的。每个孩子都不是一无是处的,勿以善小而不为,教师可以哪壶先开就该先提哪壶,老师看学生应该首先肯定他的优点,和家长交流时也一样,要让家长感受到老师对孩子的肯定,为沟通创造一个信任的桥梁,真正达到和家长联手教育孩子的目的。

【点评】

本案例中班主任利用父亲来接孩子的这一时间,巧妙地与家长进行了有效沟通,从表扬学生的优点入手,打开了与家长沟通的良好开端,促使学生的父亲有了与老师沟通的意愿,进而把孩子在家中的表现与老师做了真实的反馈,并从家长的立场出发,提出了解决学生作业效率的建议,得到家长认可,所以说良好的沟通是形成家校合力的重要保障,是创造信任的桥梁。

(9) 表达真正的关心

可以向家长询问孩子的兴趣、特长、成就,了解其在家庭生活中的点滴小事、日常起居,怎样处理家庭作业,与哪些同伴玩耍,承担哪些家庭劳动。这样能加深对学生的了解,也能够让家长感受到教师对学生是真正关心的。

【案例】

细节成就沟通之美

细节一:尊重家长的隐私

王老师班里有个智力有缺陷的孩子小周,有段时间一直心事重重,问他,他支支吾吾说不清。王老师觉得不好再问孩子,于是和他的母亲联系希望面谈。见面后,王老师照例说一句辛苦,搬一张椅子,道一声问候,告诉她孩子最近仿佛有心事,整日闷闷不乐。小周妈妈的眼圈红了,第一句话就告诉王老师,她和丈夫准备离婚。说完向旁边看了一眼。王老师捕捉了这一细节,她觉得这不单是孩子的教育问题了,涉及到家长的隐私,于是她忙说:"我们换个地方谈吧!"小周妈妈感激地看了王老师一眼,跟着她来到了学校的阅览室,在这个安静的环境下,小周妈妈把王老师当成了一位倾听者,倒出了她不愿伤害孩子却又无可奈何的苦水,她告诉王老师,孩子的智力缺陷给生活带来的困难也是离婚的原因之一,王老师听了很伤感,小周妈妈的信任让她很感动,虽然不知道如何安慰对方,但起码能做到的是尽己所能引导孩子走出心理上的困境,在无法改变的环境里尽可能快乐地生活。王老师告诉她一些特殊情况下的家庭教育方法,并提醒她,尽快妥善解决他们的问题才是对孩子最好的教育。虽说教育无小事,但是大事不必都得大处理,特别是不必大声处理。每次在办公室接待家长,王老师总是轻声与家长沟通交流。尽管时常听到有老师询问家长一些家庭情况或家长个人生活状况,她也觉得听不到更好,毕竟这是个人的隐私,家长不该因为孩子连隐私权都丧失了。

细节二:换位思考　将心比心

小张是王老师班里学习基础最薄弱的孩子,他有较严重的智力缺陷,经过了一段时间的摸底后发现他的思维受到智力的限制,速度很慢,范围很狭窄,这样的孩子,是不能施行普通的教育方式的。一段时间的熟悉后,王老师和几位任课老师商量后决定和他的家长见面交流一下,于是王老师电话通知了小张家长,电话中他的母亲说话小心翼翼又微微流露出不情愿,一定是有轻微的"见老师恐惧症"吧!这样的孩子,家长一定经常受到老师约见喽!第二天下午一点整,小张妈妈准时到了,额上挂着细细的汗珠。知道她赶得急,王老师赶紧说了一句辛苦,搬了一张椅子,道了一声问候,她倒不好意思了,颇有点受宠若惊,告诉王老师她刚从单位里赶过来,知道几位老师都要见见她,她很担忧。是啊,作为孩子的家长,他们的焦急和忧虑哪会比老师少呢!扔掉埋怨与指责吧!王老师就像一个老朋友那样,倾听家长述说孩子以前的各种情况,包括由于成绩不好受到的各种待遇,说着说着,小张妈妈流下了眼泪。王老师帮她慢慢地分析,说:"这样的孩子,以后我每天给他布置适合他的作业,比如抄写、朗读和背诵诗文、书法,你看可以吗?"小张妈妈说:"老师,这样好,他做不来的教了也是做不来,语言要是好好学学练练倒是对他有用处的。"王老师告诉她:"天生我材必有用,你在家多鼓励他的长处,增加他的自信,这对立身处世是很重要的。"之后王老师和小张妈妈的每一次沟通和交流,都变得容易,更能解决实际问题。

【点评】

本案例中两个孩子都是智力有缺陷的孩子,这样的孩子更应该得到老师、家长以及社会的关注。细节一中谈话涉及家长准备离婚的隐私时,王老师换个地方谈,顾及了家长的心理感受;细节二中王老师面对焦急的家长,将心比心,通过搬椅子、问候等一系列动作,缓解家长情绪。这些沟通中的细节,有助于老师走近家长,走近孩子,和他们一起解决实际问题。

【案例】

解铃还需系铃人——如何与失去信心的家长沟通

小梅,男孩,性格内向,不善与人交流,几乎很少听他主动开口。他生活在一个高级知识分子家庭,爷爷北大毕业,爸爸也是单位领导,从小对孩子要求很高。在家庭的压力下小梅有了学习困难,几乎所有的科目都不及格,而且是低分的不及格,对学习完全失去兴趣。父母花了不少心思在他的学习上,上补习班、请家教……但都是徒劳无功。眼看预备年级就要结束,而他的学习丝毫没有起色,而且有越来越差的趋势,爸爸也是无奈,为了让他能跟上其他学生,爸爸向校方提出预备班重读一年,就这样我与小梅分开了。

我注意到小梅并没有因为重读而对学习有兴趣,也没有赶上新班级的同学,而是对学习越来越厌恶,越来越没有信心,父母看不到任何希望,也逐渐心灰意冷,放松了对他的督促,就这样小梅在学校过着"混混"的日子。

非常巧合的是,到小梅初三时,我又接了这个班,与小梅重逢了。这时面临着初三毕业的压力,我找小梅的父母谈过好多次,希望他们为小梅的将来着想,加强对小梅的管理,争取把成绩提起来,但收效甚微。我想这样可不行,父母是孩子最重要的支持,如果父母对自己孩子都没有信心,那小梅就真的没救了。小梅的问题是家庭压力造成的,所以要"救"小梅,得先"救"他父母,解铃还须系铃人,我一定要让他的父母看到小梅的闪光点,重新找回对小梅学习的信心和热情。

通过我对小梅的观察,发现他对一门学科很有兴趣,那就是美术。不爱交流的性格让小梅越来越喜欢画画,他只有在画画中才能找到乐趣,只有在画画中才能找到信心。我决定以画画为突破口,支持他一切与画画有关的活动,参加与画画有关的比赛。幸运的是,小梅靠着自己的天赋和努力,每次比赛都能得奖,而且画也画得越来越好。我把这些好消息都告诉他父母,他们似乎对他的这些表现有点动心,但毕业还是要靠成绩,到社会上还是要靠与人交流的能力,父母也没有完全拾回信心,直到发生这样一件事,才真正改变了他们对小梅的态度。

那次是学校的艺术节,我想好好利用这个时机,把他和父母心理的距离再拉近一大步。对于一个艺术节目,如果只是画画,没有音乐、没有舞台效果,肯定是太单薄了,所以我想到了沙画表演。我试探性地问了一下他想不想尝试一下这个新鲜事物,小梅从来没接触过沙画,他犹豫了一下,还是很腼腆地答应了,我很开心。我把这个消息告诉他的父母,说服他们配合我一起支持小梅的表演,他们虽然半信半疑,但还是动了起来,爸爸做沙画台,妈妈淘宝买沙子。我呢?就是帮他设计表演的架构和每个情节的场景。我暗下决心一定要帮他成功,让小梅建立自信,让他的父母找回信心。

那段时间我们只谈沙画,不谈学习,每天他都会准时到办公室里来,给我看前一晚画的作品,一起探讨怎样改进,就这样作品渐渐成型了。我还请班级里一直担当女一号的小才女做他的绿叶,帮他的沙画表演配了解说词。演出那天小梅主动把自己精心打扮了一番,穿了件大红的衣服作演出服,自信满满地完成了他的沙画首秀。演出很成功,在学校引起了轰动,不少同学把他的表演视频发了朋友圈,收到不少的赞。爸爸来现场看了表演,看得很激动,他看到了孩子的努力,看到了孩子的自信,他终于改变了对小梅的看法,重新树立起对小梅的信心,他们也更相信我了。

与父母沟通后我们达成一致,支持小梅考美校,在这样的目标下,小梅也有了动力,慢慢地一些主课成绩有所提高。爸爸几次带他去面试,也一直跟学校介绍他的沙画作品。最后,在大家的一起努力下,小梅在初三的毕业考中获得了不错的成绩,考上了他心仪的美术院校。

【点评】

案例中的小梅同学出生在一个高级知识分子家庭,高压之下出现学习困难,面对失去自信的小梅和对小梅失去信心的家长,班主任没有放弃,而是去发现和欣赏小梅同学的优点,创造条件,用他的美术特长去重拾自己和家长信心,最终达成一致目标——支持小梅考美校。班主任的教育智慧,在于找到撬动地球的支点,面对失去信心的家长,善于寻找学生的优点,关注学生多种成长成才的可能,让家长看到希望才能形成教育合力。

2. 新媒体沟通

新媒体沟通主要指在"互联网+"教育时代的大背景下,家校沟通采取信息化手段,提高沟通的效率,是传统沟通的有益补充,主要有"社交软件沟通""电子邮件沟通""网络互动平台沟通"等几种形式。因新媒体沟通的互动性更强,所受时间、空间的约束更少,可在单线联系和群体沟通间自由切换,所以得到教师和家长的广泛运用。

与传统媒体相比,新媒体有其独有的特点,因此教师运用新媒体开展沟通需注意一些技巧,具体如下:

(1) 妥善管理群组,设立群公约

新媒体的群组功能非常方便教师和家长、家长和家长之间的沟通,但有时难免会被"投票""广告"充斥。所以教师要妥善管理群组,及时发布公告,设立公约,禁止群中成员在群组中发布与学生学习和家校沟通无关的广告、投票。对于家长的负面情绪,要与家长进行单独联系,避免个人事件升级为网络群体事件,教师要形成一定的自我保护意识。

(2) 注意媒介素养,理性沟通

目前"QQ"和"微信"是家校沟通中非常普及的模式,教师和家长之间通过互加好友,可以及时进行沟通,群组功能更便于教师在班级群中发布通知和公告。所以在与家长沟通时,教师要时刻注意言谈举止,理性传播教育理念,做到心中有学生,心中有家长。

(3) 保护学生和家长的隐私

新的社交媒体给家校沟通带来方便的同时,也容易暴露一些隐私的问题,所以教师要注意保护学生和家长的隐私,谨防因个人信息的泄露给沟通双方带来不必要的麻烦。

(4) 回复要及时

对于家长发过来的邮件,教师要及时回复,耐心解答家长提出的问题,这是对家长的尊重。即使不能马上解决问题,也要在回复邮件中表明自己会时刻关注并尽快回复的。

(5) 发布的信息要公开透明

以家校合作的视角来看,建立网络互动平台的目的是便于教师和家长之间能更方便地交流学生的教育信息、助力教学信息公开透明,减少学生学习过程中家长与教师之间的信息不对称,以加强家校互信度。所以除了要在平台上及时发布信息之外,还要注意信息的准确、公开、透明。

良好的家校合作,能够拉近师生和亲子之间的距离。在家校合作的实践中,传统的家校沟通和新媒体家校沟通应互为补充,缺一不可,这样才能在家校之间形成合力,深化学校对学生的教育影响力,促进学生的健康成长。

【案例】

QQ 交流助飞家校沟通

苏霍姆林斯基有句名言:"没有家庭教育的学校教育和没有学校教育的家庭教育都不可能完成培养人这样一个极其细微的任务。"因此,"家校联系"是班主任工作中一项重要的内容。怎样才能处理好家与校的关系,使班主任的工作事半功倍呢?在信息化高速发展的社会,教师可以充分利用现代化的新媒体技术,以平和的心态与家长做到及时沟通，互相配合，和谐施教。

某天早晨，我刚一踏进教室，值日班干部就来向我汇报说："刘同学又没有做家庭作业！"一听我的头就大了，这个刘同学小学一年级到五年级都是在外地老家学习的，与爷爷奶奶生活在一起，而父母则在他小学一年级的时候离异了，各自在上海打工、做生意，无暇照顾和关心刘同学。爷爷奶奶则由于年迈，平时在学习上对他的管教显得力不从心。因为这个原因，刘同学养成了做事懒散的坏毛病，学习态度极其不认真，经常不能认真完成作业，老师找到他，他总是理由很充分，比如忘记带了、书籍没有了、作业题没有抄写下来、交了但是找不到了等等。在这样的恶性循环下，他越来越不爱学习了，越不爱学，学习成绩就越差。我虽然与他母亲有过交谈，但效果不佳。长此下去可不行，我得找刘同学的母亲认真地谈谈。

下午活动课的时候，刘同学的母亲来到了学校，我让她进了我们的办公室，这样说话方便一些。刚坐下，刘同学的母亲就问我："老师有什么事吗？是不是作业又没做？但是昨晚我看他在写作业的呀！？"我看她一脸不耐烦的样子，就把原先想说的话先咽了回去，心想要先取得其母亲对我的信任，增强她对刘同学的信心，最后博得她对我工作的支持和配合。于是，我就说："刘同学很聪明，最近课堂表现挺积极主动的，数学课上多次主动举手回答问题，数学成绩也有所提高。我在班上进行了公开表扬，请家长回家之后再次对其进行鼓励和表扬，增加他的学习自信心。"他母亲听我这么说，一下子高兴了起来："你是说真的吗？他最近真的进步了吗？"她嘴上虽然这么问，可看表情明显是已经相信了。这时我又接着说："如果他每天都能把家庭作业认真按时完成，那么肯定会更出色的。"他母亲就说："其实现在他学的知识我都不懂了，帮不上忙了。"这时我马上接上说："不用家长帮他的忙，只要根据备忘本上的作业条一项一项地检查。看看他的作业是否按要求完成即可。"刘同学的母亲面露难色地说："有的时候我检查作业他告诉我说做完了，交掉了。""如果再遇到这类情况，您可以直接在QQ里问我，问其他科任老师。"……我与他母亲促膝交谈了整整一节课时间，得到了其母亲的支持，双方达成了共识。

从这以后，我和刘同学的母亲除了打电话、家访和家长接待之外，还加了QQ好友，通过QQ把刘同学在校的表现及时反馈给其母亲。每天老师布置的家庭作业我也会上传上去。刘同学的母亲在检查作业时，如果有质疑也会拍照片给我看，寻求帮助。慢慢地刘同学有了明显的变化，交作业积极了，而且字一天比一天写得好，我也抓住机会在班上对他进行表扬，在班级QQ家长群里也对他进行表扬和鼓励，到期末考试时他的数学成绩达到了八十几分。

从此事中，我感受到了与家长沟通的不易，也开始感受到与家长沟通交流时，要有艺术性。比如在谈论孩子的表现时，应先说孩子好的方面，再说孩子的不足或需要改进的方面，这样家长比较容易接受。其次，作为教师，在与家长沟通时应调整好自己的情绪，平和地与家长交流。当沟通双方由于某种原因产生情绪问题时，沟通往往没有任何效果。

【点评】

　　沟通是为了解决问题，而如何做到有效沟通，本案例给了我们一个很好的示范。案例中的班主任为解决刘同学不交作业的问题，除了打电话、家访和家长接待之外，还与刘同学的母亲互加了 QQ 好友，通过 QQ 把刘同学在校的表现和家庭作业及时反馈给其母亲，方便母亲进行督促和教育，另外在学生出现进步时，抓住机会在班上和班级 QQ 家长群里进行表扬，这样既鼓励了刘同学也鼓励了家长，学生开始有了明显的变化。对于新的媒体交流软件，班主任老师要善于合理使用，从而与原有家校沟通方式形成优势互补。

(二) 家访

　　学校教育需要家庭的配合，班主任工作更需要家长的信任与支持。而家访正是获得家长的信任与支持的重要途径。

　1. 家访的目的

　　(1) 家访是教师对学生作全面了解的重要渠道。通过家访，可对学生的成长环境和家庭教育状况有一个切身体会，这不仅能帮助班主任了解孩子，也有利于以后更好地根据实际情况有针对性地教育和引导学生。

　　(2) 家访能够促进班级建设和管理。新接手一个班级的老师需要主动向家长介绍自己的教学风格，对孩子的培养方向及未来期望等，让学生和家长都能更好地了解并接受自己，加快"新旧过渡"。家访过程中的交流还可以进一步培养师生间的感情，学生会感受到教师高度的责任心和真诚的爱心，促使他们有意识地克服缺点，服从管理，发挥他们最大的主观能动性，更加积极地参与学校及班级组织的各种活动和学习。这对于一个班级的和谐文明发展极为有利。

　　(3) 家访能将学校的教学理念、教学目标、学风校风等及时传递给家长，减少家校间的隔阂。对于任何可能存在的分歧而言，事先沟通相对于事后解决都将会卓有成效得多。

　　(4) 家访能够增强家长的责任心并帮助他们科学教育孩子。学校是教育学生的主阵地，理应肩负起教育的一切责任，但单靠学校则力不从心。教师可以借家访等形式广泛宣传,大力倡导家长参与教育。

2. 家访的原则

(1) 计划性原则

家访工作要有计划地展开。俗话说"不打无准备之战",有计划有步骤的工作才能有条不紊地开展。家访前教师要对学生的各类信息心中有数,然后结合学生在校内的表现,对学生有一个较全面和正确的认识,才能有的放矢,因材施教,教育和引导学生朝正确的方向发展。同时进行家访时目的要明确,老师应该把要谈的问题准备好,要了解的内容设计好,要达到的目的拟订好,有备而至,交谈时才能有条不紊。

教师要做到有计划性地安排和选择恰当的时间。在去家访之前最好能够与家长预约,让家长有心理准备,这样既能把自己的素质、工作作风和真诚用意展现给家长,又能取得家长的积极配合。不可心血来潮,不搞突然袭击。同时事先约定可以避免浪费时间,提高工作效率。而家访的时间长短也要合理地控制,要根据具体的内容适当调节,一般以半小时左右为宜。

(2) 批评表扬兼顾原则

每个学生都有一些优点和长处,也客观存在着缺点和不足,初中学生自我意识增强,希望得到肯定。所以老师家访时,要先肯定学生的长处,也要善意指出弱点,批评表扬兼顾,多表扬、少批评,多鼓励、少挑剔,寓批评于表扬之中,以此激发学生发展特长,克服缺点,增强信心,不断进步。切不可只盯着学生的短处,更不要小题大做,把学生说得一无是处,伤害学生和家长的自尊心。

(3) 民主原则

班主任或老师去家访,一方面要介绍学生在校表现和各方面情况,一方面也要了解学生在家表现等情况。家长对孩子的特点了解更全面具体,所以家访时,可以让家长多讲,无论是谈优点还是说缺点,教师都要耐心倾听,全面了解学生,因势利导,在家长的配合下探讨合适的教育方法。教师不可一人独白,把一桩桩、一件件大事小事都倒给家长。即便是因为学生犯错误而来,也应该心平气和、冷静交谈,实事求是,耐心交换意见,保持和谐的气氛,取得家长的配合。既不可以老师自居,摆出教训的架势,也不可被个别家长的辩解袒护气势所吓倒,要做到互相尊重。

3. 家访的时机与内容

家访很多时候都是在学生犯错误后向家长反映情况,希望家长共同配合教育而进行的,这是很有必要的。但正因为如此,不少学生、家长对家访特别敏感,认为教师家访就是告状,往往会产生反感情绪。因此,只有选择合适的家访时机,才能取得良好的效果。

（1）开学初。一个班几十个学生，他们各有不同的家庭环境，不同的个性、兴趣和爱好，要做好班主任工作，只有全面了解学生的情况，才能有的放矢进行教育，尤其是对于小学生，他们对新老师都怀有崇敬的心情，家长也对孩子的新班主任寄予很大的希望。因此开学初，以了解学生情况为目的进行的家访是很有必要的。

（2）遇到困难时。给困难的学生送去师生们捐助的钱与物，给精神上受到打击的学生送去一份师爱与关怀，给身染疾病的学生送去问候。这种家访会化为一种动力，鼓舞学生克服困难，勇往直前，还会促使家长更好地配合学校工作，共同教育好学生。

（3）取得成绩时。当孩子有了进步或某一方面取得一定成绩时，教师都要发自内心地赞扬，由衷地表示祝贺，并通过家访的形式告诉家长，使学生感到有成就感。这种"正面"家访往往能促使学生更加努力学习，以取得更好的成绩。同时，家长也会分享孩子的快乐，更加关注孩子，关注教育，关注学校。

【案例】

智慧引导，巧妙调解家长与孩子的冲突

家庭教育是教育孩子的主阵地，学校教育次之，社会教育再次之。可是现代社会，往往主阵地早已失守，纷纷寄望于学校教育，认为学校老师是万能的，学生只听老师的话。其实，老师怎么可能是万能的呢？只是多了点心理知识，多了点好方法，多了点耐心和爱心，才换来孩子的信任和"投诚"。尤其是班主任，面对班级里形形色色的学生，包括行为偏差学生等，如果能巧妙地使用一些"手段"，既能让学生有规有矩，也能调节家长与孩子之间的矛盾，成为他们冲突之间的润滑剂。

我班学生小孙就是最好的例子。

预备开学前的家访，小孙一家就让我吓了一跳。只见小孙跪在桌子前含泪做作业，小孙爸爸大声呵斥她："你看看你，一个暑假作业就写了这两张纸！你到底在干什么！我告诉你，你今天必须给我写完！"再一瞥她的作业，30页的钢笔书写，的确只抄了两页，其他语数外作业一律空白。我不禁倒吸一口冷气！

小孙爸爸见我来了，像是抓到了救命稻草，忙不停地向我倒苦水："我跟孩子妈妈离婚后一个人带女儿，又要买菜烧饭，又要管她学习，多辛苦！孩子偏偏不争气，读书一塌糊涂，作业从来不交齐，天天被小学老师留到很晚。老师，你自己做好心理准备！"一边还狠狠地盯着小孙，差点要动手打上去。

我赶紧拉开了小孙爸爸，嘱咐他先去隔壁房间，让我和小孙好好谈一下。房间

顿时安静了下来,只有小孙断断续续的抽泣声。我先帮小孙抹去眼泪,让她平复下心情,然后好声好气地问她:"爸爸说的都是事实吗?"

"嗯。"她低下头,含糊不清地嗯了下。看来她自己也知道做作业是个难关。

"那为什么只做了这么点?有什么困难吗?能告诉老师吗?"我继续探问道。

"我……我白天在玩,下午想到要做了,就做了一点,爸爸回来后大骂我一顿,还让我跪着写,我更不想写了!"本来作业习惯就不好,加上父亲管教方式粗暴,小孩抵触情绪严重,干脆自暴自弃了。我好像找到了症结所在。

"这样吧,老师帮你规划一下,剩余的作业分几天做完,每天做多少,你来制定,你看这样行不行?"我用商量的口吻和小孙共同把暑期作业进行了合理的分工,每天的量很少,但必须每天完成。小孙觉得难度不大,就欣然同意了。

这个时候小孙爸爸又进来了,看着孩子已经开始在做作业了,有点奇怪,在一旁又开始数落起来:"下次你作业再不好好做,我打电话给你们老师,让她好好来骂骂你。脑子里不知道在想什么,都不做正经事……"我一听话外有话,就赶紧和她爸爸去隔壁房间继续深入了解。

"她从小就这么作业不好好做吗?她好像不太听你话啊?"这么一问仿佛戳中了他的心事,他又忍不住向我倒苦水:"和孩子妈妈离婚后,我一直不让她见她妈妈。可是小孩子心里想啊,就总是偷偷摸摸打电话给她妈妈,叫她妈妈来接她。她妈妈一分抚养费也不付,还想看孩子,还教唆孩子谋我的房产,我能让她来看孩子的啊……"家庭矛盾导致孩子亲情需要不能得到满足,又处在青春期前夕,与父亲的隔阂越来越多,难怪父亲的教育效果在不断下降,孩子在用不做作业的方式进行无声的抵抗啊!

"你们夫妻有矛盾,也不能让孩子没妈啊!孩子有倾诉的需要,有母爱的需要,有被爱护的需要,你要尽量满足她这些基本的需要,她才相信你,听从你,尊重你啊!"

小孙爸爸长叹一声,没有作声。

开学后,小孙完成了大部分的暑假作业并在前几周都坚持完成了回家作业。后来有作业没有完成的时候,我和其他老师商量好,先问她哪里不懂,帮她扫清知识难题,然后分层布置作业,降低难度,让她觉得初中学习并不是很难,可以顺利过渡。同时,仔细观察她的情绪变化,联系她的妈妈,召开家庭协调会,共同为小孙的成长提供有利的环境和保护。最后,在她父亲生气恼火的时候劝她多理解父亲的苦处,也建议小孙父亲用更好的教育方式,来处理学习与生活上的困难,使得父亲暴躁的脾气渐渐降温。父女之间的矛盾终于得到了缓解。

其实，如果每个人都能换位思考，站在他人的角度多替对方想想，理解对方，帮助对方，又怎么会产生不必要的矛盾呢？作为老师，作为家长，要不断学习，不断成长，不能用一成不变的方法来对待孩子，毕竟孩子也在成长，也在变化啊！

【点评】

案例中的小孙同学是父母离异家庭的孩子，本来学习习惯不好，加之父亲一贯的粗暴态度，使她的学习成绩和态度更为糟糕，班主任在了解情况后，成为他们之间冲突的润滑剂，建议小孙父亲用更好的教育方式，来处理学习与生活上的困难。联系她的妈妈，召开家庭协调会，调节家长与孩子之间的矛盾，给予孩子真正生活上的关心，学习上的指导，父女之间的矛盾终于得到了缓解。如何巧妙调解家长与孩子的冲突是家庭教育指导经常面临的问题，该案例中班主任的智慧引导是一个很好的范例。

【案例】

家访中遇到了脾气暴躁的家长

小郭是名初中男生，很爱劳动，但在学习上，却表现懒散，不做或经常漏做作业。在班上同学们对他避而远之，没有同学愿意和他多交往，而他又死缠烂打盯着别人，经常有意无意地捣乱，更让人厌烦。我作为班主任进行了家访，他母亲脾气显得非常暴躁，当着我的面打了孩子，我只能又是拉又是劝，弄得很尴尬。可是哭闹后，孩子依然我行我素，一点也没有改变。

于是我多次家访了解，小郭的母亲是一个脾气非常暴躁的人，不愿意倾听老师的分析与沟通，在家里，也不会与孩子好好的沟通，父亲在母亲的强势下，显得非常弱势，许多事情只能默默承受，没有发言权，因此纵容了孩子的许多错误的言行。家长对学校的态度也是表面应付一下，不愿意辛勤付出，有时还会听信孩子的话，对事物没有正确的判断，经常会爆粗口。我在校注意观察小郭，发现小郭是一个内心非常幼稚，对人很偏激，对自己很纵容的孩子。在小郭的内心，他非常希望能和同学们在一起玩，但又不会与人沟通，在学习上，天性又非常懒惰，完全凭小聪明学习。家访中了解到的情况，也证实了是家长的教养方式促使孩子表现出不会与同学们沟通和交往，任何事情都是以自我为中心，一发生任何与同学的矛盾，总是看到别人的问题，从来不反省自身的问题。

如何与暴躁的家长达成共识，共同教育孩子呢？

我整理了家长的问题：一是脾气暴躁，不易控制自己的情绪；二是相关教育素养低,没有言传身教;三是缺少解决孩子问题的办法和教育的耐心。

我根据孩子的特性,让他专门负责班级的黑板,每当他擦黑板擦得及时而干净时就加以表扬和鼓励;每当有义卖活动需要做宣传时,就推选他做宣传大使;每当他的作业有进步时及时与家长反映,结合他英语口语的优势,还推荐他做英语课代表。

在家访中我总是先选择将小郭进步点和闪光点挖掘出来,放大出来,与家长一一细说。原先家长的怒气和对学校的种种不满意,自然消退了许多。

在与小郭家长的家访中,我往往会说说与小郭家相似的"别人家的孩子和家长"的故事,这样既不会伤害家长的自尊心,并有一定的指导作用。比如我说过以前有个学生很爱发脾气,容易误解别人,这和他的童年经历有关。父母争吵,不但忽视了孩子,还给孩子带来许多负面的情绪。年龄小的孩子分辨不出父母争吵的原因,对解决问题的方法没有好的引导和认识,造成不会与同学们沟通的情况。另外,大人对事情的反应塑造了孩子的行为。与同学发生矛盾时,家长总会先看对方有什么错,看自己孩子有没有吃亏,然后再形式主义地教育一下孩子,不痛不痒。所以,孩子身上的问题,不应该全算到孩子的账上,父母也要反省一下。这个学生的父母在我的指导下改变了,慢慢从脾气急,到能慢慢静下心来听孩子说话了,后来孩子也慢慢变得能听别人说话了,不仅待人友善,懂礼貌,自我意识也增强了。

小郭母亲听了"别人家的故事"有所启发,开始注意改变对孩子说话的口气与方式了。我介绍她看看家庭教育方面的书籍,有一本《如何说孩子才会听,怎么听孩子才肯说》。我还婉转地告诉他们,怎样的孩子才是同学们喜欢的,愿意和他交朋友的。要改变孩子身上的陋习,很重要是改变家长的态度和习惯。

经过一个学年的磨合,小郭母亲也开始慢慢改变自己的言行,学会倾听老师的话,而并不是一上来就说我们孩子如何如何了,在解决与同学之间的矛盾时,也先学会分析自己孩子的不足了。小郭最终考入一所区重点高中,教师节时还特意来看望各位老师,交谈举止中,成熟大方了不少,家长是可改变的,孩子是可塑的,我真替他们高兴。

【点评】

本文是一个家庭教育指导的经典案例,小郭同学面对简单粗暴的母亲,在学习上放任自流,而班主任老师通过"别人家的故事",对家长晓之以理,动之以情,始终给孩子搭建成长的平台,指导父母怎么样教育孩子,最终让家长完成了可喜的转变,孩子考上了理想的区重点中学。人是具有可塑性的,有些家长为了孩子是愿意尝试改变的,一旦改变开始,就会进入良性循环,这也是家庭教育指导的意义所在。

4. 家访的方法与技巧

教师进行家访实际就是实现同学生家长或其家庭成员的沟通。在与家长的沟通过程中,教师虽然占着主导的地位,但如果不讲究技巧和方法,不研究家访对象的特点难免会出现人际关系紧张,导致沟通的失败,家访不成功。如何实现与家长的良好沟通呢?

(1) 要充分尊重家长,建立平等关系

尽管在教师与家长关系中,教师起主导作用,但他们在人格上是完全平等的,不存在尊卑、高低之别。家长当中,有不少是教育或师范专业出身,也有不少家长有着丰富的教育子女的经验,当然也有很多家长教育修养较低,文化水平不高,但他们有着良好的愿望,有着教育好子女的迫切需求。因此,教师要尊重他们,特别是要尊重那些"问题"学生和"不听话"孩子家长的人格,不能因学生有错而迁怒于家长,责备甚至讽刺挖苦他们。"与人以实,虽疏必密",在平等尊重的基础上,教师的诚心、爱心是与家长沟通的前提。

(2) 要多报喜,巧报忧,丰富家访内容

曾几何时,家访已经成为"老师向家长告状"的代名词,有不少班主任或任课老师往往是在学生犯错之后无可奈何才做家访。有的学生说"天不怕,地不怕,就怕老师到我家"。学生之所以有这样的想法,很可能就是以前的老师家访时只"告状"不表扬造成的。老是向家长告状的老师是不受学生欢迎的,他们会认为你是个没有本事的老师。家访要以介绍学生的优点与进步为主。在肯定成绩的前提下,提出学生的缺点和不足之处,以帮助学生改进。特别是对后进学生、问题学生,家访时首先要向家长反映的是其子女在校期间的进步和优点,爱好和特长,哪怕是微不足道的一点进步也不要放过,要把它作为与家长沟通的支点,清除家长的心理障碍,让家长看到孩子的希望。然后再实事求是地介绍在校的其他表现情况,和家长一起耐心地分析研究,商讨教育的措施和办法,必要时让学生旁听,让他谈谈自己的看法。民主和平等的作风能让学生觉得老师的可亲可敬。"告状式"家访,将使家长感到前途无望而对孩子的教育转化失去信心,有些对孩子期望过高的家长则会对学生产生更多的不满情绪,甚至产生对老师的不满和不耐烦。这样的话,不但不能解决问题,还可能和家长把关系闹僵,给以后的工作造成困难。家访的内容不要只限于谈论学生的优点和缺点,学生的心理健康、劳动习惯、生活习惯、个人爱好、社会交往、家庭教育的探讨、学校工作、教育形势等都可以成为家访的话题。

(3) 要学会倾听

家访当中教师是主导者，与家长沟通要善于倾听，多数班主任或科任老师约见家长时，说得多，听得少，只顾自己痛快，一通数落，自己累了，家长也不会高兴。因此换个方式当一回听众，听听家长的诉说。有时候多说不如少说，做个听众，认真倾听，从家长的话语中捕捉相关信息，效果会更好。

(4) 讲究语言艺术

"一人之辩，重于九鼎之宝；三寸之舌，强于百万之师"形象地说明了语言艺术的魅力。语言是沟通的桥梁，谈话双方通过语言交流思想，传播信息，表达感情，增进了解和沟通。在与家长的交往中，和家长交谈，大道理要少讲；要深入浅出，将大道理说小，把抽象的道理具体化。班主任进行家访，与家长谈话，语言技巧非常重要。幽默风趣的谈吐能吸引听者的注意，营造轻松愉快的气氛，短时间内拉近交谈者双方的心理距离，建立融洽的人际关系。委婉含蓄的话语能使双方避免尴尬，不致伤害家长的自尊。特别是面对"问题"学生的家长，对敏感的话题。不便直接说出本意，而采取同义代替，侧面表达，模糊语言等方法，含蓄曲折地表达本意，效果会更好！灵活机智的语言表达能更好地适应谈话对象和环境的变化。

【案例】

用稳定的情绪去点亮心灯

暑假期间，班主任李老师到新生小蔡家里去家访，电话联系的时候，小蔡的爸爸好像就心不甘情不愿地勉强答应了下来。但是，电话里面还是叨叨："小蔡不在家里，来了没啥用处！"李老师还是坚持说："这是我们的工作，快开学了呢！"来到小蔡家，小蔡的爸爸从一开始就一直在说自己孩子的缺点，甚至还会拿些"证据"来给老师看……等他说的差不多了，李老师开始表达自己的观点。首先李老师告诉小蔡的爸爸孩子身上的问题是这个年龄孩子身上大都存在的，不必过分焦虑！同时，李老师也在听的时候注意捕捉小蔡同学的闪光之处，在小蔡爸爸抒发完牢骚以后，李老师开始心平气和地道出了小蔡同学的一些值得鼓励的地方，并让爸爸试着去感受一下。李老师的认可让小蔡同学的爸爸由吃惊到不解再到感动最后是接受。她的爸爸在老师进来的时候还是愁云满面，送老师出门的时候已经是满面笑容了！这以后，李老师经常会给家长一些肯定的反馈，肯定的反馈能在心灵上最大限度地释放一个人的潜能。

【点评】

本案例中，班主任李老师的成功之处就是始终用欣赏的眼光和肯定的反馈去看待爸爸眼中问题颇多的孩子,同时也及时纠正这位爸爸老是数落孩子的问题,指导家长要善于鼓励孩子,始终用笑容去面对一切。

【案例】

与用溺爱庇护孩子家长的沟通

最近网上出了一个段子——《看各路高手如何整治熊孩子》,看完后,感觉大快人心,大呼过瘾。虽然这些手段有些能起到"药到病除"的效果,但教师作为教育的"服务者"显然不能使用这样的"非法武器",除了在校教育"熊孩子",更需要的是能赢得家长的配合,转变家长"溺爱"的观念,从根本上影响孩子的发展。

一般"熊孩子"都长在"爱过剩"的环境里,在家里对其"特殊待遇""过分注意""包办代替""轻易满足"。在学校碰到问题,家长一般认为自己的孩子是最好的,别人说不好那肯定是别人有问题,总是偏听孩子的一面之词,对教师和学校形成偏见,这些孩子容易行走在"爱的迷雾"中。担任班主任工作十几年以来这样孩子真是不少。

我们班的小H同学是一个比较特殊的孩子。普通同学被批评时,一般会有两种态度,据理力争或者知错认错,即使当时情绪激动,但平静下来调解处理后,也一般能"心悦诚服"地认识错误。但小H每次犯的错误不是很大,但批评教育时总是找别人的原因,即使事实面前,他总是对老师的说服教育摆出一副被逼无奈认错的样子,缺乏正确的是非观,对班级的管理很不利。比如一次在地理课上,扔笔玩,老师阻止后无效,继续我行我素,被老师没收后,再拿一支出来,继续扔,老师再次没收,他再重新拿一支新笔,再扔……反复多次,从头到尾都表现出满不在乎,挑衅老师的课堂;历史课上,和同学玩笑,结果吃了亏,被老师批评违反纪律,其他同学都能认识自己的问题,他却马上和老师辩解:"我又没错,干嘛批评我?"老师指出他的问题,他也知道自己理屈词穷,就大哭:"你们都欺负我!"搞得老师哭笑不得;语文课堂上,老师帮助全班改写作文,轮到他,他直接晃到讲台边,用消极的口气,阴阳怪气地说:"啊,不要讲了,我拿下去重写",老师被他弄得莫名其妙。无论是与同学还是与老师发生矛盾、冲突,解决问题时,他从来都是摆出一副被冤枉的样子歪着身子,斜着头,耷拉着眼睛,不服气,或者不耐烦地说:"额,我错了,行了吧""反正,总是我最倒霉!"

从以上行为不难看出,小H同学是一个消极自卑的人。他的种种表现都是希望得到老师和同学更多的关注,对自己的不足不愿意正视,而是希望通过一些消极的语言、不在乎的表情来掩饰自己的缺点和不足,对老师批评的教育是屏蔽的。作为班主任,无论是为了对他个人进行教育还是对整个集体进行管理,我都必须寻找原因,而这个原因应该是来自家庭。

我们通过家访、学校面对面座谈、电话、微信等形式,了解小H的家庭结构和成长经历。了解父母对孩子的教育观念,教育目标和具体做法。观察小H与家长交流的体态,表情和语言,以及家长对其表现的反应。向家长陈述孩子在学校的表现,共同分析原因,商讨对策,寻求支持。

我通过学籍档案了解到,小H的爸爸是自由职业者,妈妈是经销服装的个体户。第一次家访时,一进家门感觉就是一个字——"黑",暗暗的房间,只有一扇不太透明的窗户漏光,我坐在沙发上,小H的爸爸就坐在光影里,奶奶给我拿了一瓶矿泉水,就被爸爸支进了里屋。小H则在里屋没出来,在我的询问下,爸爸叫他,他才满不情愿地走出来:"啊,干嘛?"在和爸爸交流了孩子作业没有完成,态度不端正时,爸爸很自信地轻描淡写地说:"我家H小学一直很不错的,就是没认真做,我知道,他只要认真可以学得很好。"说完还很自豪地给我介绍了小H小时候的聪明可爱,参加广告片拍摄,会破密码打开电子锁,认真写字也写得很好,言语中都是赞扬。而小H在一旁仍然是一脸的不耐烦,一副"你说完了吗,我可以走了吗"的表情。再谈到妈妈对他的教育,爸爸就开始发牢骚了,似乎在说是因为奶奶和妈妈的唠叨让孩子性格变坏。当我说起小H对长辈的态度时,他爸爸分析了原因,说起小时候接受过一个暑期的西式教育,和老师没有规矩都是在那时候的后遗症。在我看来,爸爸和孩子都误解了西方教育中的"平等和民主"。

再后来发生的各种和同学的冲突,和老师教育的对立中,也请家长来校座谈,我又对他的家庭教育有了进一步认识:爸爸经常把自己的光荣历史拿出来说教,而对现在的社会诸多不满,社会的黑暗面,嘴上说不能让孩子过早知道,但不自觉又会流露。每当此时,小H就表现出不耐烦和不屑,并不时反驳。于是爸爸就开始推卸责任了,认为家庭影响了他的事业,自己被儿子和妈妈的屡次冲突影响,导致情绪失控后,造成了几百万的损失,所以不愿多参与孩子的管理。学习上都是妈妈在管,让我和妈妈交流。

在和妈妈的沟通中,妈妈的管理明显是唠叨而没有行动的类型,言语中更为袒护和宠爱孩子。对孩子的话言听计从,觉得儿子在青春期,很叛逆,老师应该更加宽容,多表扬鼓励。小H基本对妈妈的各种指令是嘴上不情愿地答应,然后又敷衍了事地做好,而在妈妈眼里小H又是乖巧懂事的。

通过一段时间的观察交流,总结如下:父亲骨子里是宠爱孩子的,对孩子的教育大多是大道理并有时"腹黑",没有落到实处,亲子关系中,小H对父亲只有"畏",

没有"敬",加上妈妈奶奶两人的娇惯唠叨让小 H 思想中形成不能"吃亏"的观念,不能接受失败和批评,所以在集体中找不到自我。

  家长的观念和行为的改变不是一蹴而就的,也不可能在短时间内很快能够改变。针对溺爱型家长的对策,苏联著名的教育学家苏霍姆林斯基说:"儿童只有在这样的条件下才能实现和谐全面的发展,就是两个教育者,学校和家庭,不仅要行动一致,要向儿童提出同样的要求,而且要志同道合,抱着一致的信念,始终从同样的原则出发,无论在教育的目的、过程还是手段上,都不要发生分歧。"

  通过学习与研究这种类型的家长,我的内心豁然开朗,靠自己的努力解答了在当班主任时心里的诸多疑惑,让我对家长的沟通有了重新的认识。我需要做的是先调整自己的心态,做好教育的"服务者",对待家长要具体问题具体分析。沟通时经常向家长"多报喜,巧报忧",把自己对学生的那份浓浓的爱心、耐心和责任心充分地流露给家长,让家长深切地感受到教师是真心实意地关心爱护他的孩子。于是,我从妈妈提供的信息出发,努力寻求小 H 的闪光点。一次扫除中,擦黑板的小 L 同学没按时到岗,劳动委员在问,谁能帮小 L 同学擦一下黑板?只见小 H 同学又是很不耐烦地嘴里嘟哝着:"哎,这个不靠谱的小 L,还是我来吧",边说边径直拿起抹布去搓洗后开始擦黑板。还有一次劳动,布置额外的排桌子任务,两个男生积极领了任务在排桌子,不一会,小 H 也主动加入了他们。我通过观察他的善意举动,分析出小 H 同学是愿意做好事、有集体荣誉感、乐于助人的学生,只是不自信的他又怕被老师过多关注,嘴上不饶人,让人喜欢不起来。我立刻把我的发现通过微信向家长及时表扬了一番,同时希望妈妈能在小 H 回家后对其进行鼓励和表扬。后来的电话和家长接触中,我和家长沟通时也总是放大小 H 的某些优点,同时对他的一些言语和与人交往的方法上表现出担忧,觉得这样说话很吃亏,容易让人误解,取得妈妈的共鸣,并趁热打铁给出些建议,让孩子学会"好好说话",并提出希望家长能配合老师共同指导孩子的行为和语言。经过三年的沟通与共同教育,初三的小 H 已经有了很大的进步,不仅消除了对老师的"敌意",有时还能热心地为老师和同学服务。

【点评】

  本案例的班主任老师首先通过用心了解,全面分析孩子身上的问题。其次通过家校合作,了解孩子家里的情况,用宽容和信任,为孩子提供交流和展示的平台,以"爱心、平等、公正和责任心"赢得了孩子对老师的信任和尊重。

教育通常不是一时半会就有效的,在溺爱环境中长大的孩子更是需要教师放慢脚步,和家长同步,无论在目的上还是方法手段上,争取与家长取得一致,尽可能地得到家长的理解、支持和配合。所以当孩子出现问题时,教师必须认真思考教育方法和手段,也一定要与家长及时沟通交流,达成共识,赢得家长的信任和积极配合,这样才更有助于孩子的健康成长。

二、策划与组织

学校与家庭要架设联系的桥梁,教师要实现与家长的沟通、指导与合作。在多途径地开展家庭教育指导中,教师要充分利用好家长会、家校活动和班级家委会这些桥梁和阵地,运用现代教育理念,以创新思维、创新方法策划与组织,让家长们投入到家长会、家校活动和班级家委会中来,进行合作与指导,才能将学校教育与家庭教育良好地联系在一起。通过共同努力,家校连心,携手共进,使学生健康快乐地成长。

(一) 家长会

家长会是学校同家长联系的一种方式,是教师和家长平等交流的平台,更是家长与教师进行沟通、相互了解学生情况的好机会。因此召开家长会是进行家校合作的一种有效途径,同时也是教师特别是班主任工作的一个有机组成部分,它将有助于家庭、学校相互协作,形成家校教育的合力,寻找最佳教育方法,以达到育人的目的。

1. 家长会的目的与功能

在沟通日益便捷的今天,家长会到底起到什么作用?初中为什么还要开家长会?家长会的目的是要促使家长与教师之间的互相理解和支持,使学校与家庭向学生提出同样的要求,始终从同样的原则出发。因此家长会的功能是促成了家长和教师、家长和家长、家长和学生之间的交流和沟通。家长应该是教师的合作伙伴,教师应该把家长会建成连接心与心之间的一座桥。

(1) 在集体氛围中增进了解

所有家长按时到班级中参加家长会,近距离面对面,更快地熟悉教师、接受教师、信任教师;教师也通过家长了解学生整体情况,知晓家长在家庭教育中遇到的棘手问题,从而有针对性地进行统一指导,使教育有的放矢,因材施教。

(2) 相互交流学生表现情况

家庭、学校是学生活动的两个最重要的场所。作为家长,很想知道学生在校表现情况；同样,班主任也想知道学生在家里的情况。因此,相互交流学生情况是家长会的重要内容。为了节省时间和掌握主动,要注意引导家长尽量讲教师想知道的情况,内容要集中；在向家长介绍学生在校情况时,要认真选择内容,要充分考虑到反馈给家长后可能会产生的影响,教师在面对家长时,心里一定要想着学生。

(3) 帮助家长提高家教水平

家长是教师的助手,家庭是学校的第二课堂。帮助家长提高家教水平,可以大大促进对学生的教育效果。一些优秀家长的家教情况是最生动的教材,最易为其他家长学习仿效,因此可以请优秀家长现身说法。同时在家长会上也可让家长听一下孩子们的心声,它会给家长的心灵以极大的触动,自觉改正一些不恰当的家教方式。

(4) 阐明、宣传有关政策

班主任、教师要多与家长沟通教育方针政策、学校制度,汇报学校教育教学现状,主动展示班级主题活动、学习成果等,增加了解、增进理解,消除隔阂、误会。切实提高家长的主人翁意识,并欢迎家长对学校发展提出建设性的建议。

2. 家长会的一般流程

家长会是学校教育的有机组成部分,是教师与家长沟通的主要桥梁,是家长了解子女所在班级以及子女学习情况的窗口,也是班主任班级管理和班风建设的重要途径和有效延伸。家长会的一般流程包括会前通知、会前准备、家长签到、家长会主题及目的介绍、学校情况介绍、班级情况(包括任课教师和学生)、近期考试情况以及给家长的建议等方面。

【案例】

指导教师开好家长会

教育是一项极其复杂而细致的系统工程,需要学校、社会和家庭紧密配合,通力协作,形成目标统一、要求一致、内容科学、方法优化、生动活泼的教育网络。召开家长会是进行家校合作的一种有效途径,同时也是班主任工作的重要组成部分。目前,我校有多名职初教师担任班主任工作,直接涉及家庭教育的指导工作。他们最缺乏的是家庭教育的指导方法与经验,同时技巧能力也处于摸索起始阶段,他们的家庭教育指导能力直接影响学校的家教指导实效,需要提高职初教师以及青年教师的家庭教育指导能力,提升他们的指导素养。因此,以如何开一场成功的家长会为突破口,学校专门组织了主题为《如何开好家长会》的指导和研讨活动。

教师要注重以家长会为契机,让家长真正了解孩子在学校的真实表现,不仅可以增进家长与学校的感情,更好地形成家校教育的合力,而且可以为以后的教育教学工作营造良好的氛围。

问题一:家长会哪些过程或程序是必须的?

有老师提出,家长会的会前准备非常重要,比如说打印本班家长签到表、确保教室干净整洁、黑板布置要美观、欢迎标语要醒目、热情,让每一位家长都感受到学校良好的教学氛围;而且,各任课教师应该提前准备好家长会发言稿,多提建设性意见,语言要准确、生动、凝练,这可以较好地增进教师与家长的沟通。

有丰富经验的施老师分享了作为班主任,如何在家长会上认真地向家长汇报学生在校的学习和生活,重点反馈学生在校的行为习惯,增进家长与老师间的尊重和理解,使家长会真正发挥出它的作用;除此之外,她认为提前将家长会的时间、主题告知家长是必须的,这不仅可以让家长做好充分的时间准备,而且可以通过具体化的主题告知家长本次家长会的重要性。

问题二:学生的学习习惯不好,是否该在家长会上提及呢?

有老师解答说,家长对孩子都充满着期望,都很想听到老师在家长会上表扬自己的孩子,都不愿意听到老师的"告状"。因此,在家长会上,不要点名批评学习困难的学生,更不请这些学生的家长在会后留下来,而是利用其他时间与家长沟通。相反,在家长会上经常肯定学习困难学生的家长,他们平时为了孩子的进步很辛苦,配合老师工作不容易。教师可以介绍一些家长成功教育子女的有效方法,或向家长推荐一些好书,供家长学习参考。

【点评】

开好一次家长会是一位班主任的基本功,特别是如今的青年班主任,他们自己可能都没有为人父母的经验。所以指导青年班主任怎样去与家长进行良好的沟通,如何有效地开好一次家长会,通过学习让班主任自身的专业得到成长,取得各方面的进步,的确是每个学校的德育部门需要关注的。

【案例】

新教师的第一次家长会发言

家长会上,在学校精心安排的家庭教育讲座结束后,德育主任汇报了学校的工作成果。各位家长随后来到自己孩子的班级,准备先听听新的英语老师小王老师发言。小王是今年毕业于华东师范大学的硕士生,这是她在家长会上的处女秀。但显然,小王老师课前做了充分的准备,幻灯片内容虽简单却条理清楚,重点突出,从课前、课堂、课外到拓展等方面对孩子的英语学科学习进行了讲解,并且提醒家长们要注意的一些事项。虽是第一次登场,但却得到家长的一致好评。

小王老师虽然是新教师,缺乏与家长沟通交流的经验,但她在家长会之前做了充分准备,所以才能完美亮相,赢得家长的信任。

【点评】

俗话说,良好的开端是成功的一半。小王虽然是职初教师,但她的第一次亮相给人留下深刻印象,主要还是小王首先从态度上认真地做了很好的准备,其次自己也非常自信地将最好的一面展现给了家长,为家长会增添了一道亮丽的风景线。

【案例】

明确立场建立共识

在家长会上,小张的爸爸提出了自己的不满。他说:"老师你知道我家小张在操场上被同学带来的瑞士军刀划伤了,作为家长我对这件事情很惊讶,为什么学生会把瑞士军刀这种危险的东西带到学校?老师你为什么之前没有发觉?如果老师之前及时发现并没收这个刀,就不会发生后面在操场上的事了。学校和老师应该加强对学生的安全教育和管理。"

家长一连串的质问让我感到很冤枉和很难受,我在耐心听完了家长的意见和不满之后,我先向受伤的小张爸爸表达了歉意,同时感谢了另一位家长在处理事件过程中给予全力的支持和配合。接着我郑重严肃地向全班家长表示:首先,从学校到各班班主任、任课老师们都非常重视对学生的安全教育和文明行为习惯的教育。在每周一的校班会课上,学校会通过广播对学生进行安全教育,并且每周都会安排专门的督导老师对学生的课间休息进行安全督导和秩序管理。同时每天早上第一节课上课前,班主任都会对全班学生总结前一天的情况,包括学习上的、安全上的等等,并对新的一天布置学习上的要求并进行行为规范教育。可见,学校将学生的安全放在了最重要的位置上。其次,在此次事件后,我也做了深入调查,小黄学生出于好奇心,买了一把瑞士军刀带进学校,是想在课余时间研究上面一些工具的用处,当天中午午饭,学生们有的在操场上玩耍,有的在操场上散步,缓解上午学习的疲劳。而小黄则趁此空闲时间在操场的跑道边研究起了那把新买的瑞士军刀,恰巧在跑道上奔跑路过的小张撞到了小黄,瑞士军刀不慎将小张划伤了。小黄并没有主观上伤害其他同学的故意或者是恶作剧的心理,事后,小黄和家长都对小张进行了致歉和慰问。作为老师,出于尊重学生不可能对学生进行搜身检查,没有及时发现学生放在书包里的瑞士军刀。但是也是需要反省,平时安全教育还是要常常讲,时时防。中午午餐时间,学生在操场自由活动,老师也在用餐,此时确实存在一些护导疏漏。老师的护导是一方面,关键还是要帮助学生提高安全自律及文明休息的意识。初中孩子正处于青春期,不仅仅身体上,心理上也会发生很大的变化。所以,除了学校进行相关的安全教育以外,家长们在家里也要时刻关注、关心孩子的成长及发生的变化,家长和老师共同来抓好孩子的安全教育。

听了我的话之后,家长们纷纷点头赞同并表示听了老师的话,了解了学校的老师们在学生安全工作上所做的努力。今后自己将多与老师们联系,配合老师培养学生良好的学习和行为习惯,促进孩子健康成长。

通过这件事,我反思家长会不仅应与家长沟通孩子的学习情况,也要将学校组织开展的一系列主题教育活动等向家长做一个通报和交流,让他们了解学校的一系列课程建设和老师们为孩子的成长所做出的努力并争取他们的积极配合和广泛支持。

【点评】

本案例是一个典型的意外学生伤害事故,而班主任老师在事发后并没有慌乱阵脚,而是从积极地层面去调查了解情况和问题,不给小黄同学贴任何标签,妥善安慰受伤孩子家长,关心受伤同学,主动陪同小黄和其家长对小张进行道歉。

3. 成功家长会的特征

尊重、平等、合作,体现在家长会的全过程,变教师的"一言堂"为教师与家长平等交流的场所,真正有互动,互相出谋划策;从多角度来发现学生闪光点,让家长认识到孩子的优势所在,给家长指明学生最佳发展方向;引导家长关注学生心理与思想动态,及时与教师沟通,摆正方向、培养做人。

(1) 精心设计,重结果,更重过程

家长会是教育教学成果的最终展示,家长会的准备是从开学第一天就可以开始的,教师做有心人,记录班中学生平常而富意义的点滴制成 ppt 等。当家长看到自己的孩子担任主角的片断,一定会被吸引感动,拓展了时空,形象再现了学校教育成功的一面。

【案例】

漫 谈 家 长 会

晚上六点半的家长会,校园里难得灯火通明。教室里的"大"学生们安静地坐着,听着,记录着,有的看手机,有的忙工作,时而出门接个电话。

听广播、听讲座、任课老师依次汇报成绩。这是如今家长会的传统模式,说是家长会,倒更像是一场学校的工作汇报。

有家长曾和我说过,看到孩子的成绩,都不好意思来开家长会,全程低着头记录,生怕受到任课老师的批评。当然,孩子更不喜欢家长会,发下去的家长会回执总是藏着掖着,会后回家免不了一番责备。更有甚者在会前就和家长说,你先打我一顿吧,会后就少批评我几句,真是让我哭笑不得。这样的家长会倒更像一场批斗会,为难了家长又苦了孩子。

作为家长会的组织者,我认为家长会是很有必要的,不仅是家长了解学生在校学习、生活情况的一种途径,更应该是家长、老师一同探讨如何提高教育成效,合力促进学生发展的一个平台。家长会不应该是一个听证会或是工作汇报会。

我开过的成功的家长会是学生、老师、家长多种角色共同参与的,在召开的过程中,我选一个学生代表讲话,代表班上同学表达对父母的感恩,同时讲出同学们与家长沟通的苦恼,表达希望家长理解的心声。我请任课教师谈一谈学生在其他学科出现的典型问题,请在班上具有影响力的家长谈谈教育孩子的良方。随后还以小组探讨的形式,给予家长、老师共同交流的机会。

【点评】

本案例是一个典型的如何开好一次成功的家长会的范本,家长会不是一个班主任和任课老师数落孩子的一个平台,而是应该通过精心设计让家长会生动起来,互动起来,大会应该多表扬多鼓励,尽量把一些负能量的相关信息和家长单独沟通,既照顾到整体又可以关心到个别有困难的同学。

(2) 以学生为主体

家长会整个过程由学生"唱主角",班主任工作报告的内容主角也应是学生,不是单纯的谈学生分数,不是告学生状,更不是责备家长,而是多说学生的表现,用事实来启发家长。

【案例】

以诚相待,将心比心

如何在家长会上点名评价某个学生,我想我会采取这样的方式,那就是表扬可以点名,批评不点名。一定要注意方式方法,要让家长感觉到你的表扬和批评是中肯、客观的，是真真切切地为了他们的孩子好，这样家校共同教育的目的才会水到渠成！

去年，我担任了七（3）中队的班主任，对新接班的孩子们都不甚了解。通过一段时间的接触，有一个孩子显得有些特别，他就是小郑。我班学生基础知识比较扎实，学习态度比较端正，学习氛围比较浓郁。而小郑与这个班似乎有些格格不入，他的考试学科基础非常差，各科成绩在班中处于垫底的位置，且与大家相差甚远。因此，他便有了破罐破摔的心理，上课不听，作业乱做不做不订正，一到下课，整个人就生龙活虎起来，东惹惹西闹闹，每天关于他的告状声不绝于耳。

有一天放学，我看到他拿着杯子在给教室里的植物浇水。我想：他倒是有心，但也许只是偶然吧。之后，我开始关注起他。大约每隔二三天，放学后他都会留下来给植物浇水，我对他的看法发生了改变——他是个善良、有责任心的孩子，他也有优点！作为班主任，我该用什么方法让他将这份责任心迁移一点到学习上来呢？我陷入了沉思……

在一次班会课上，我在作阶段小结时，特别点名表扬了小郑，并对他提出了希望："如果小郑你能够把这些植物养好，坚持为它们浇水，那么你也一定会像这些植物一样茁壮成长，让人刮目相看的！"大家也向他投去了赞许的目光，也许一直以来他听到的都是批评和责备，突然受到班主任这样的表扬，他有些受宠若惊、不知所措，但我想他当时心里肯定是美滋滋的。之后他看我的眼神以及对我的态度有了明显的改善。我心里暗暗想：一定要趁热打铁！

期中考试前，学校召开家长会。会上我先向家长们介绍了这一阶段的班级总体情况，然后就普遍存在的问题进行了分析，我说：虽然我班学生的成绩还不错，但是通过两个月的观察，我发现孩子们对班级的关注还不够，集体荣誉感不太强烈。不过，在这里我要特别表扬小郑同学。此时，我能明显感受到各位家长的眼神里流露出了惊讶和疑惑，因为大家都知道小郑在班中的成绩是最差的。于是，我就把上面那件事叙述了一遍，并补充道：虽然小郑的成绩暂时落后，但是我相信只要他有这样一颗善良的、关心集体、持之以恒的心，那么什么难事都会迎刃而解。此时，他母亲一直低着的头抬了起来，紧锁的双眉渐渐舒展了开来，眼神中流露出了感激之情。会后，她母亲特地留了下来，等到最后，她向我表示了感谢，我觉得时机成熟了——老师与家长的心走到了一起，正好跟她谈谈如何形成统一战线，帮助并督促小郑逐步改变学习态度，制定学习目标和计划，改善学习方法，让他也渐渐感受到成功的喜悦，从而产生学习的动力。在接下来的这一学年，通过小郑、家长和老师的共同努力，原先三门红灯高挂的他，期末区统考已经有两门及格了，这实属不易！

我认为家校合力是教育的助推器,如何利用好家长会这一平台,很有讲究!绝大多数人都喜欢被表扬,但是一味地表扬就失去了其真正的教育意义,点名表扬和批评要因人而异,必须注意方式方法。

【点评】

本案例中的班主任老师是一位智慧的班主任,她通过一次家长会的机会,当面表扬了一位班级成绩最差的小郑同学,但正是抓住小郑同学的闪光点,让她拉近了与小郑母亲的距离,让小郑同学的母亲也意识到孩子身上的不足和缺点,并最后督促小郑同学改变学习态度,制定合理的学习计划,最后让小郑同学取得了长足的进步。

(3)"煽"点情必不可少

著名儿童教育家孙云晓老师曾经说过:"好的关系胜过许多教育,如亲子关系、师生关系,关系的好坏决定教育的成败。"成功的教育一定要借助于情感,只有真正抵及心灵,才会有效。

(4)形式可以多种多样

教师可根据班级学生的具体情况,有计划、有目的地设计组织不同内容,开好不同形式的家长会,及时沟通学生、家长、教师之间的思想感情,家校合力,共同助力学生的健康快乐成长。

【案例】

家长会后的自由交谈时间

每次家长会集体议程结束后,我都给家长一个个别询问时间段。三五家长总会围着各科老师问孩子的情况,讲讲孩子在家的学习方式,免不了一些学习习惯和生活上的小毛病。而一些家长的小"牢骚"、小"绝招"总能引起其他家长的共鸣。

"我的孩子也是啊,一回家就看电视,说是上了一天课累死了,要放松一下。"

"这个不行啊,我们家电视电脑线都给我拔了,不做完作业不能看。"

"不看他就和我闹,发脾气啊,我拿他也没办法。"

"我们家孩子倒是很自觉,一回家就做作业,有时候饭前就做好了。晚上就开始玩了,也不知道找点什么课外的资料给他做做好。"

"这个我们家从小规矩做得比较好,还会自己找些课外作业做,但成绩并没有特别拔尖,她总是压力很大,让人担心啊。"

……

时间总是不知不觉过去,家长流连忘返,这段会后的聚会时间家长都表示很有必要。

每个孩子都有着这样那样的问题,第一次做家长,与老师不同的是,家长对孩子多的一份溺爱,很多时候不是绕不过孩子,而是舍不得孩子而放任他。恰好是这样的放任,形成了孩子生活习惯上、学习成绩上的差异。在家长会后让家长有一个交流的时间,让家长说说烦恼,聊聊苦衷。在这样的"抱怨"中宣泄压力,宣泄在家庭教育上的无奈,寻求解决的办法。同时,再听听别人家的孩子怎么样,来改善、提高家庭教育的效果。

【点评】

作为家长学会倾诉的同时也要学会聆听,通过家长会后这样三五成群的家长与家长之间的倾诉,或向班主任倾诉,也是一种释放压力的过程,通过交流能取长补短,向其他孩子学他们的优点,向其他家长学习他们好的家庭教育方法,何乐而不为呢。

(5) 鲜明的主题很重要

可以先设定鲜明的主题,如"我爱我班""共同托起明天的太阳""学校、家庭是一对""快乐我班"等,可以围绕主题讲学生、谈理念、教方法,让家长觉得班集体很温馨,育人经验可复制可操作,真正起到沟通、合作的效果。

(6) 要展示班级个性与特色

班级的文化名片,是师生共同创造,不断进步的精神砥砺。教师在关注孩子成绩的同时也在关注孩子的心理健康、全面发展,这样更可得到家长的认同,更加放心把孩子交给你。

【案例】

<h3 style="text-align:center">改变"一言堂",家长会变沙龙</h3>

家长会不应是老师的一言堂,更应该是家长的交流会;家长会不仅是发现问题的平台,更应该是探讨解决问题的途径。老师的专业与知识并不是万能的,集家长们的智慧与方法反倒事半功倍。

沙龙一:学生作品的展示会

我把孩子们一个学期以来的各项作品收集起来,分为三类。第一类:书写工整的备忘本,认真摘录的笔记本,重点突出的错题集。让家长能真实的感受孩子在校的学习态度,有比较的进行教育。可以让家长明确自己孩子存在哪些问题,孩子的综合能力在班级处于什么位置。这对进一步加强家校联系,共同培养学生的行为习惯有很大的益处。第二类:黑板报的照片,电子小报,校外实践活动的照片与观后感。看着这些孩子们充满智慧和汗水的成果,家长脸上总是无比自豪,也更注重孩子多方面能力的培养。第三类:孩子们制定的学习目标,日常写的检讨和保证书。让家长感受孩子的成长,更贴近孩子的心理,了解他们的所思所想。

沙龙二:科学育人的提高会

家长会上,设法调动家长积极发言,从中最大限度地了解学生的家庭状况和个性特征,以便有针对性地采取教育措施。就家长提出的意见,作出合理的说明,表明态度。对有共性的问题,与家长一起商讨。把家长会的发言权交还给家长,让教师作为一名聆听者,共同关注学生的成长,探讨解决问题的方式。集思广益,目的在于把关注学生健康成长的共同愿望集中到科学育人的一致行动上来。

【点评】

家长会切忌办成老师的一言堂,案例中的沙龙一是通过家长会这一平台,来展示学生的成果和作品,让家长更贴近孩子在学校的真实表现,让他们感受孩子一段时间以来的进步和成长。而案例二则是通过家长分享的形式去探讨孩子的问题,从而让家长会的互动性更好,效果更显著。

(7) 利用家长参会契机巧沟通

在社会大背景下,各种特殊类型的家庭不断出现,导致学生出现各种问题,给学校教育带来极大的困难。平时邀请一些沟通有困难的家长,教师可以利用家长重视家长会,会主动到校的契机,可以提前联系家长,挖掘家长的教育潜能,共同改善孩子的家庭教育环境的责任。

【案例】

家长会前的特别沟通

在我所任教的班级里,单亲家庭的比例是比较高的。因为家庭破裂的痛苦和生活负担的沉重,单亲家庭的父或者母往往无暇顾及孩子的学习和教育,家庭环境影响往往使单亲家庭的孩子得不到应该有的温暖,孩子变得敏感、脆弱,并且自卑、消沉、逆反心理比较严重,常常非常难以沟通。对此,我在家长会前,请家长提前半个小时到,与家长展开朋友似的谈话方式。疏通家长的思想,正视不幸,并且通过谈话理解家长的思想状况，了解孩子家庭环境中存在的实际问题，这样可以缩短老师和家长之间的心理距离，使他们真切体会到老师的关心和爱护。

小杰同学父母离异后判给父亲，但父亲非常不负责任，于是他和母亲住在出租屋里。初一的时候，因为抚养费的问题，母亲把他赶回父亲处，孩子在宝山、杨浦之间来回奔波，非常辛苦，性格变得越来越敏感，非常自卑，容易忧伤，在班级里因为一点小事就哭泣，而且攻击性很强，常与同学打架。为了解决孩子的家庭问题，家长会前，我和他母亲单独恳谈，一方面指出孩子懂事、好学，但因为家庭影响，心思起伏不定，这势必影响孩子的前途，从而唤起母亲对孩子前途的关心，而不是沉浸于与她丈夫的恩怨中。另一方面，对她婚姻的不幸表示同情，引导她正视离异后女性的独立自强。最后，诚恳地传达我在学校里对孩子多方面的关心、照顾，以及心理疏导。让她知道她不是孤单一人在教育孩子，她的孩子还有老师和同学们的关爱。如果老师都全力以赴地爱她的孩子，她还有什么理由斤斤计较对孩子的付出呢？一番晓之以理动之以情，可能不会有长久的效果，但是多次的真心相待，必然会给予家长在教育孩子方面有力的支撑。通过多次的交谈和家访，孩子这三年来一直住在母亲这里，生活稳定了，情绪也稳定了，他的脸上开始出现笑容，成绩也越来越稳定。

【点评】

对于个别有特殊情况的孩子，班主任老师需要采用家长个别接待的方式。本案例中的小杰就是因为父母离异导致了一些性格和学习的问题，而班主任老师也非常细心地与孩子的母亲沟通，既接纳了母亲的情绪，也指出了家庭对孩子造成的影响，同时，诚恳地传达了班主任在学校里对孩子多方面的关心和照顾，给母亲以心理支持。多次的个别交流，促使母亲给孩子提供了稳定的生活，家庭教育指导达到了预期效果。

【案例】

家长会遇上"棍棒型"家长

小豪同学性格非常暴躁，几乎每节课课间不是和同学吵架就是大打出手，有些胆小的同学长期被他欺辱。每次找他谈话教育，他总是强词夺理，说到要请他父母来校配合教育，他就马上认错，但转身没一会儿又和同学打起来。这样的孩子，家庭教育是怎样的呢？我在家长会那天，请小豪留下，请他父亲提前来校。计划师、生、家长面对面解决问题。当小豪爸爸推门而入，我看见了小豪眼里的恐惧和身体不由自主的躲闪。而他父亲则粗声粗气地吼道："你又干了什么好事！"我安抚小豪爸爸坐下，刚简单讲了小豪在学校里和同学打架的事情，他爸爸就跳起来，一脚踹向小豪。我赶紧挡在孩子面前，让小豪先去教室等我。他爸爸骂骂咧咧起来，还好还比较尊重老师，我让他坐下，问他在家里也是这样教育小豪的吗？他理直气壮地说："这浑小子就得打！"听了这句话，我知道了小豪的暴力倾向来源于哪里。于是先列举了小豪懂礼貌、爱回答问题、积极参与学校活动等优点，接着分析小豪在和同学发生矛盾时，只会用拳头解决问题的原因：因为他从小到大，在父母那里没有学会其他解决问题、解决矛盾的方法，无论是他和家人的矛盾、他和同学矛盾，到爸爸那里都是棍棒解决，于是他也只学会了这一个方法。马上就要家长会了，我让小豪爸爸冷静一下，让一位同学陪着小豪先回家。看着小豪爸爸由开始的怒气冲冲，到点头沉思，我感到我的指导开始起效果了。

随后的家长会上，我运用心理学知识给家长们普及了情绪对初中学生人格成长的影响。告诉家长在初中孩子犯错误的时候，大人首先要控制火气，这样孩子才会学会控制情绪，初中孩子有一定的是非判断能力，我们可以让孩子自己分析对错，大人再加以引导，不要一味地指责批评，那只会引起孩子的逆反，看不到自己的错误。最后要给出孩子以后面对这种问题的处理方法，让他掌握不同情况下，怎样理智地解决问题。

我还让作为优等生的班长爸爸说说他与孩子的亲子伙伴关系，让人羡慕不已。小豪爸爸听着听着眉头慢慢舒展。会后，他不好意思地说自己就是大老粗，平时做不到这么细致。我就以小豪现在的糟糕的人际关系晓以利害，指明只有爸爸改变了，孩子才能改变，孩子的人生才能朝正确的方向发展。所幸棍棒家长也是爱孩子的，愿意为孩子做出改变。在后续的沟通中，我了解到小豪爸爸也作出努力在尝试。

【点评】

父母是孩子第一位而且最重要的启蒙老师，对孩子的影响往往是一生的，而本案例中的父亲的教育方式简单粗暴，而他的言行直接影响了孩子在学校的行为举止，班主任运用心理学知识给家长们普及了情绪对初中学生人格成长的影响，让爸爸明白只有自己改变，才能让自己的孩子真正改变。

4. 教师在家长会的角色

家长会需要教师有意创设和谐融洽的氛围，拉近彼此的距离；家长会上教师要用诚心、真情与家长交流,多站在家长的角度去考虑问题,无论是面对全体还是个别谈话,都要让家长体会到这一点。总之,从情感上贴近,在技巧中升华。

(1) 家长会的精心组织者

首先提前准备好会议通知,明确主题,诚恳邀请家长参与,保证出席率;其次营造好家长会环境,教师仪表、言语得体,让家长体会到被尊重和重视;再次就是充足的会议内容准备,最好列出提纲,因为教师的每次讲话都体现着你的教育思想和水平,直接影响着你在家长心目中的地位和家长对你的信任。尤其是第一次家长会,讲话要到位才能有良好的开端。

(2) 家长会的创意策划者

每次家长会都有一个主题内容,在准备期进行创意策划、考虑成熟,使话题集中,越能谈深谈透,家长得到的指导,学到的方法就越多,因此大可不必面面俱到。有时可以是针对学生年龄段内常见学习、心理问题的,有时也可以是针对班中家长家庭教育中出现的普遍问题的。总之,通过创设主题、创意形式和内容召开的家长会,会更受家长的欢迎。

【案例】

一场关注教育问题的家长会

记得初二下学期期中考试刚结束,试卷还没批完,小黄同学妈妈的短信就跟过来了"老师啊,我家孩子考得怎么样啊?能排第几啊?"

分数出来了,顾同学为了一道题把考卷揉成一团,头靠着墙,泪流满面,同学说他爸会因为错了不该错的要揍他的。张同学一直郁郁寡欢,我找到她,孩子眼泪汪汪地说:"妈妈根据我每次的考试成绩制作了一张曲线图,这次下降了,妈妈就一直在说我,甚至我学习的时候,也会因为突然想到此事,跑到房间和我谈成绩,我觉得压力很大……"说到这里,孩子泣不成声,我也陷入沉思……

静心想来,班级里类似的个案还真不少。在平凡人的世界,面对巨大的社会竞争压力,家长很重视孩子的学业成绩,心情可以理解的,但任何事过犹不及,对孩子学业的关注度、参与度的增加并不和成绩的提升成正比,有的甚至适得其反,面对这种状况,面对这群成长中的孩子,作为班主任,势必要想办法去解决。

我思考良久,还是决定就这个问题召开一次家长会,解决家长对孩子学业的关注度和参与度的问题。

这次家长会关注两个问题:1.从孩子的终身发展来看,家长最需要关注的是什么?2.如何关注孩子学业的问题?

家长会PPT上醒目地写着美国教育家斯宾塞的一句话：身为父母，千万不能太看重孩子的考试分数，而应该注重孩子思维能力、学习方法的培养，尽量留住孩子最宝贵的兴趣与好奇心。绝对不能用考试分数去判断一个孩子的优劣，更不能让孩子有以此为荣辱的意识。

我动情地讲述：家长过于看重分数，会令孩子惧怕考试；过于看重分数，会损伤孩子的自尊心；过于看重分数，还容易造成孩子与家长的对立。我还讲了之前班级中遇到的故事。

故事一：聪明善良的小陈，遇到了一个过于关注学习的妈妈，每学期，妈妈亲自为他制定周密翔实的学习计划，报一堆补习班，甚至孩子的每天作业，大部分她都自己做一遍，交给老师的《一课一练》竟然能看到她先用铅笔做过的每一道题痕迹，每一张试卷，她都要进行试卷分析，还逼着他做课外题。但课堂上的小陈却精神涣散，完全不能集中注意力，面部神经出现不能控制的抽动，发展到后面就是不敢看黑板，最终只能休学。母亲后悔不迭，后来又花重金把他送到美国读高中，放假回来看老师，虽然言谈举止轻松自如了很多，但还是有令人匪夷所思的古怪举动，这对孩子影响可能会是一辈子的。

故事二：学习委员小蔡同学，事情无论大小，凡事认真。他来自于一个很普通的家庭，保送进了复旦附中。小蔡妈妈到学校来感谢各位老师对她儿子的培养，说起她三个月前粉碎性骨折，卧床三个月，老公请不了长假，上班又远，只能早晨把饭菜准备好，都是蔡同学中午回家热饭菜端给妈妈，还要温中药服侍妈妈喝，本来妈妈想打电话给我对我说一下家里发生的情况，让我多关照一下孩子，但这个要强的孩子坚决不让说。我惊讶之余，万分感动！由衷地表示："你怎么培养出这么好的孩子啊？"他妈妈淡淡地说："我们一直就教育他先做人，再学习，做人要有责任心，读书也是为了先明理。"一直以来，我对这位平凡的妈妈佩服得五体投地，这个孩子对学习的态度，对病中妈妈的照顾，无一不体现他的责任感，妈妈很智慧，对孩子的教育举重若轻，但起到了四两拨千斤的效果。

家长们听了都感到家庭教育真的很重要。

最后，我安排本班两位家庭教育比较成功的家长代表现身说法。陶同学年年荣获"三好学生"，殷同学次次考试名列前茅，他们的家长在教育孩子都比较成功。陶同学的妈妈主要谈了家长应以身作则做好自己，用家长自身积极的态度和行为带动孩子积极进取；殷同学的妈妈主要谈了如何激发孩子的学习兴趣，让孩子在学习过程中体验成功和快乐，树立自信！

这次家长会开得比较成功，家长们也开始反思自己的家庭教育，改变自己对学业的过于关注,最终,今年的中考,孩子们的心态都调整得比较好,经受住了中考的考验,绝大部分同学顺利进入了自己理想的高中,开始了一段新的旅程。

【点评】

在中高考的指挥棒下家长看重孩子成绩的心情是可以理解的,但是太关注孩子的分数反而会给孩子和家长带来双重压力。本案例中的班主任利用家长会这一很好的时机,通过家庭教育案例的分享,让家长真实地感到家庭教育的重要性,同时让两位家庭教育非常成功的家长现身说法,从家长如何发挥榜样的力量和如何孩子激发学习兴趣谈了各自的经验,从而让家长走出误区,和学生一起有信心地面对每一次人生中的大考试。

(3) 家长会的幕后指导者

教师应利用好难得的家长会的机会,面对面地多与家长沟通交流,尤其要会捕捉时机,既考虑全体,又不忘兼顾个别,共性问题面对全体,个体问题更侧重个别分析与交流。家长想关心班级整体情况,更关心自己孩子的个体情况,教师要有意识地把时间和空间让给家长或学生,让他们成为家长会的主角。

【案例】

第一次分层家长会

"小郑啊,这次家长会你们年级没有统一的广播,也不需要家长聚集到多功能厅了,就在各自班级教室召开吧!你负责通知各班主任。"端庄和善的林书记向来说话很经济,寥寥几句把事情交代得一清二楚。

这么说,这次家长会完全由班主任负责了?作为班主任兼年级组长的郑老师寻思着开个不同寻常的家长会,让家长会更有针对性。以往通常是这样的模式:首先全年级聚集多功能厅听讲座或者在教室里听广播;其次是各科老师进教室面向全班家长讲各科学习的重要性,学习的方法,需要家长配合的地方等等;最后是班主任的总结。这么多年下来了,几乎没有什么创新。想指出个别同学的问题,碍于家长的面子,又不能够指名道姓,生怕造成误解。

成绩遥遥领先的小余同学的家长,几乎每次家长会都请假。孩子成绩这么拔尖,各方面都出类拔萃,自然是不需要家长更多的操心。所以,面对小余家长的空缺,郑老师也无怨言,只是心生艳羡,养出这样懂事乖巧而优秀的孩子真是人家的造化啊!但是细想,其实小余同学还是有比较明显的缺点的,她太追求完美,好胜心太强，容不得别人超过她。记得有一回英语考试，向来稳居第一的她考到了班级的第五名，她就趴在桌上泪流满面。这样输不起的孩子，如果不加以引导，很容易产生心理问题。

成绩一直稳定在最后的小明，他的家长也基本不参加家长会，郑老师打电话问，对方就说："唉，这样的成绩开不开有什么区别？反正让他混毕业算数……"

所以，郑老师决定征询本年级各班主任的意见，不妨针对不同的学生召开一次分层式的家长会？教学上讲究分层，家长会何尝不可？

没想到，郑老师的这一提议，各班主任杂然相许。

就按照成绩分层吧，小余等10位家长为A层，依次分层，各层所用时间不超过半小时，并错时召开。

问题来了，各科老师显出迟疑的表情。也难怪，本来每位老师十几分钟完事的家长会，这回要近两小时。而且要进班级讲三次，显然是太低效了。郑老师陷入沉思之中……

"那么，这样好吗？请各位把最想点对点交流的学生家长名单列一下，点对面交流的烦请各位将需要讲的内容罗列一下，我直接发家长群，你们看怎么样？"

三下五除二，任课老师很快将名字罗列出来，其中有近10名是一样的，都是学习习惯、学业成绩有一定困难的学生的家长，总人数15人。

"各位家长，本次召开部分家长的家长会，我会逐个通知到位。现在将各科老师面向全班的相关内容发至群里……"

除了小明的家长晚到之外，其他14名家长都准时到了。第一次分层家长会对老师和家长的感觉都还是挺新鲜的。

"各位，咱们随机分成五组，3人一组，会有老师轮流过来交流的。"郑老师交代下去，她心里盘算了一下，每组10分钟，一共也不到一个小时，况且这样点对点更能切中要害，比起以往的含蓄的指出问题的"隔靴搔痒式"要有效很多。

教室里五个角落里传出家长们激烈的交谈声、无奈的笑声、老师激励家长的话语……

"小明同学记忆力还是可以的，主要不肯背，不肯动脑子。凡是抄写类的作业基本都能够完成，但默写、阅读理解和写作就很难为他了，即使交上来，水分也是不少啊！关键是现在这种情况咱们怎么帮助他？……"作为语文老师的郑老师将情况反映给了家长，并且很真诚地提出问题的解决方案。通过这样的面对面的交流，增进了彼此的信任和感情。

学科类的交流一共用了1小时多一点。各科老师相继离开教室。

作为班主任的郑老师利用半个多小时总结并延伸。

"各位家长,我想晚上的家长会大家有所收获吧!"郑老师说着与座位上的15位家长目光交流,很多家长微微点头,目光交汇的瞬间都会心一笑,"其实,我们在座的孩子都有他们的闪光点,只是由于基础不扎实或者努力程度不够的原因才导致成绩不是很理想。就拿小天同学来说吧,尽管他的成绩真令我担忧,但他乐于助人,积极为班级做事,懂礼貌,这些都是他闪光点啊!"说着,郑老师朝小天的母亲看了一眼,目光交汇的瞬间,她发现小天母亲的眼眶湿润了,流露出感激的神情。

"各位,今晚,就让我们一起来发掘孩子的闪光点吧!我接着说……"郑老师如数家珍地将各位学生的优点表扬了一番,还结合相关的生活细节,同时也鼓励家长夸夸自家孩子的优点。家长们的脸上都洋溢着幸福的笑容。

人是需要被激励、被认可的,在马斯洛的需要理论中,人在生存需要、安全需要以及社会需要得到满足后有被尊重的需要。

"这样吧,各位家长,我建议今天回家请好好地抱抱自己的孩子,告诉他们其实他们有很多很多可爱的地方。然后一起设立奋斗的目标,你们看如何?"

"好!老师,太谢谢你们了!"家长们集体鼓掌。

"下一次家长会,我得找小余他们的家长了……"新的分层家长会又开始在郑老师的头脑中构思了。

【点评】

本案例中年级组长兼班主任郑老师一改往常开家长会的方式,分层召开家长会,让老师与家长点对点、面对面的形式进行交流,虽然工作量比以前大了,但是效果是显而易见的,所以怎样开好家长会,如何设计好家长会也是班主任老师需要思考的重要问题。

(4) 家长会的沟通协作者

教师是学生家庭的沟通协作者,教师了解清楚家长们的困惑,给予了育人措施指导后并不意味着问题的解决,也要关注家长会后家长是否与孩子进行沟通,观察学生在校表现有否变化,了解学生在家中表现,及时肯定学生的进步以及家长的配合,这样才能起到真正的教育效果。有些疑难问题即使一时不能完全得以解决,也可承诺日后继续商讨或解决,从而让家长真切体验到被尊重,保持家校间的密切协作。班主任还是家长与其他科任老师之间沟通的协作者,一次家长会不是一言堂,有时会有多位教师与家长沟通学生学科学习情况,多位教师事先可以商量讲述内容,避免各说各的,内容重复,建议各自突出交流重点,使家长会的效益更高。

【案例】

巧分类别,合理统筹的家长会

又到了学期中考试动员的时刻,家长会如期而至,相应的,内容上主要希望学生们查漏补缺,争取期末冲一把,而家长们则在家中需要更加鼓励、督促自己的孩子,并同时了解近期孩子的在校情况。

我的这个班级,十分特殊,别看孩子们一个个长得都挺可爱,却精怪的不得了,在学校闯了不少祸。学校里也有着对我们班的"江湖传说",那就是六年级第一学期时,一天内七个人打了九次架,我常开玩笑对参与打架的同学说,你们简直堪比排列组合。到了第二学期,我正式变为他们的班主任,也继续教他们语文,但是隔三岔五,他们总能出点岔子。每次开家长会,看得出几个调皮的学生开始慌张,而他们的家长,则像央视记者一般,准备了长篇提问稿,来到我面前……

临近这一次的家长会,一个个沟通是肯定时间来不及的,这个会开到九点都不一定足够,于是我先梳理了班级的几大情况以及需要说明的问题:1.期中考试(如何制定复习计划、学生的近期成绩状况)。2.违纪情况(偷拿手机、打架谩骂、对老师不尊重等问题)。这其中也有我想个别交流的家长,我想还是要把时间留给真的需要好好沟通的家长,问题不大的学生的家长,则不必单独交流。接着我又开始对家长进行分类,不需要特别沟通的家长20位,另有10位家长,可几位一同交流。偷拿手机说是恶作剧,最后受到处分的2位男生,他们的家长可以放在一起沟通。经常打架的5名学生的家长,可组织会后小型交流会,讨论如何缓解此类问题,希望家长也同时配合。对于另外3位主要是成绩问题,表现为退步明显的同学的家长,我的办法是请一位成绩优异的同学家长,进行经验传授,说说自家孩子在家是怎么做作业的,作为家长又是怎样监督的,家长们便可以一起制定监督鼓励方案。其余大部分家长,也不能完全忽略他们的需求,因此我事先在家长微信群中,将近期我认为学习与行规很有进步或保持良好的学生,进行表扬,家长也就放心了,不会在家长会上有过多疑问。表现正常的学生的家长,我便建议可以用微信进行简单的交流。

"各位家长,你们的态度对学生来说至关重要,因此对他们的学习一定要抓,怎么抓?不单单是口头上的催促,这样可能适得其反,而是要与老师及时沟通,检查每日作业。比如今天要背诵两首语文古诗,那就抽几分钟让他们来背诵一下,不费时间,却对学生有很好的约束作用。数学要做第十页,就去翻一下他们第十页有没有做完,有没有空着的题目,如此一来,他们也不会自以为自己已经背诵完了复习完了,就可以松懈了。好,希望家长们鼓励自己的孩子好好进行期中复习,家长会上我表扬过的学生家长可以先行离开,所有家长也都要回去强调一下班级纪律问题,谨记我之前说的反例,而规矩的同学则可以用自身习惯影响他人,树立良好班风。"家长陆陆续续离开,没有出现一窝蜂上讲台"采访"我的情况。

"好,几位家长在此我们继续沟通一下,请张同学、葛同学、李同学、王同学和朱同学的家长,先小组讨论一下,因为你们的孩子经常打闹,是否可以家长互相沟通,先行思考针对方案。赵同学、谢同学和侯同学的家长,你们的孩子成绩不是很理想,我们感谢一下成同学的家长特地留下来,分享一下她的监督方法,以及成同学的好习惯。青同学和薛同学家长,先随我来。"

"严老师,您上次微信和我反映的情况,我回家问过他了,他只是觉得好玩,是恶作剧,也给徐同学道过歉了。"青同学的家长说道。"我很理解家长的心情,但是他的确未经他人允许,拿了别人的东西,还是价值不菲的手机,现在学校进行处罚,同学接受道歉,但如果不认真对待,他以后上了社会再进行'恶作剧',可就没人原谅了啊。'共犯'的薛同学也是一样的,不管谁的主意,做了就是做了,家长你们说呢?"两位家长纷纷表示回家会对孩子进行严肃教育。

接着,我转向经常打架的学生的家长,在我与前面两位家长交流时,他们已经互相了解,有家长说道:"男孩子确实冲动,不经大脑思考,我已经和其他家长打过招呼了,我儿子先动手的确不对。""我们也是,前面我们也想着什么时候带着孩子,一起来给老师教育教育。""是啊,我们一定齐心协力,把我们这些闯祸的孩子好好治治,前面我们还讨论出,让他们集体一起课外游玩,增加同学情谊,我们家长陪同,希望可以减少不合的情况。"我欣慰地回答道:"家长们集思广益,都是很好的主意,最关键的还是他们内心的平和,好脾气对一个人现在以及将来都是很重要的,再说脾气差的男人,当心以后讨不到老婆。"家长们被我逗得都笑了出来,我想他们会用行动来好好改善孩子的情况。

与此同时,后进生的家长们,已经取经完毕了,"谢谢你啊严老师,成妈妈给我们很多建议,比如如何鼓励、如何自己不懂也能检查作业、如何从我们自身出发营造良好的家庭学习氛围。""是啊是啊,我们回去就试试。"我期待着他们孩子的改善。

家长会结束不过二十分钟,我便关闭了门窗灯,家长们则收获满满地踏上归途,而他们的孩子之后的学习生活,可能会变得既更严格也更温馨。

【点评】

本案例中的班主任在家长会中把有共性问题的家长分在一个组,通过给予家庭教育的分类指导,以及让家长之间互相分享讨论各自孩子的问题,提出对孩子的教育方案,既节省了家长会的时间,又取得了不错的效果。

(二) 家校活动

1. 什么是家校活动

家校活动就是由校方作为组织者,征求并得到广大家长支持,由教师、家长和初中学生广泛参与的,有益于初中学生健康成长,促进家校合作开展教育的活动。具有针对初中学生不同阶段教育需要、能力提升、身心健康和问题解决等为主要目的的集体性教育活动特征;具有体验为主,说教极少的特征;具有家长、教师、初中学生共同活动的特征。典型的家校活动包括家长会、大型社会实践活动、各类特定节庆活动、专题活动等。

2. 初中学校需要开展家校活动

初中学生有强烈的自我决断意识,加上心理和生理变化等原因,不太愿意父母过多干扰自己的成长时空,独立思想凸显,因此在家庭中呈现出的矛盾增多,也使许多家长感受到教育的压力,一些家长主动退出棘手的子女教育环节,转而更多地依赖学校教育。而实际上,初中学生的教育问题,需要更多的家校配合,通过家校互动,才能更加深入地了解孩子的内心世界,而简单的家校互动解决初中学生中存在的问题效果并不理想,需要通过引导初中学生参与到体验式活动中,实现从他教到自我教育的转变。体验式活动有平等、宽松自然而不是生硬的说教这样一种初中学生喜爱的教育氛围,有利于家长与初中学生的情感沟通,为家长进入孩子生活和学习圈,充分理解和实现有效教育创造良机。初中学校组织了益于初中学生接受的增进情感沟通、丰富教育契机、实现教育目的的家校活动,在体验中、互动中加深家庭情感、师生情感、家校情感,对初中学生的全面健康成长有着举足轻重的作用。

3. 初中家校活动的意义

(1) 家校活动是帮助初中学生全面健康成长的有效活动

初中学生虽应以学为主,但在学习过程中,由于初中学生处在身心成长过程中,有许多因素影响他们的成长,这些因素的影响甚至在一定条件下会重于初中学生的学业本身,或者这些因素直接影响初中学生的学业。越来越多的事实证明,初中学生的受教育时机有时是不可逆的,在恰当的时候开展恰当的教育,才能收到如愿的效果。在初中学生心智变化多样的初中阶段,优秀的家校活动能发挥重要作用,有效地缓解学业压力,弥补初中学生身心成长的不足,增长初中学生的各种才干,挖掘初中学生兴趣所在,提升初中学生与他人沟通的方式和能力,帮助他们更好地融入集体,更好地适应社会,促进学业进步。

(2) 家校活动是帮助家长科学教育孩子的有利时机

初中阶段的孩子与家长的沟通呈现出许多不确定性,用传统的说教方式对初中学生开展教育经常会引起冲突,所以家校活动是一种很不错的选择。有全校或全班初中学生参与,又有老师们的管理和引导,初中学生比较放松,不太会抗拒家长的教育,活动中家长与孩子互相配合、增进了解、加深情感、培养共同爱好。家校活动给大家创造平等的时空,是一种相互教育的过程,家长与孩子的沟通或教育更容易达成。抓住这样的机会,对家长来说,是"低成本高产出"的学习教育机会。

家校活动要善于抓住初中学生的特点,初中教师要善于抓住利于活动开展教育的机会,为在家校活动中成功教育孩子发挥特定作用。

【案例】

从《给孩子的一封信》说起

初二是初中阶段比较特殊的一年,初二的学生已经适应了初中阶段的学习生活和学习要求了,而且这个时候也是初中学生身体发育和心理成长的高峰期,自我意识开始强烈起来,很多家长都会常常和班主任抱怨,孩子以前怎么怎么听话,怎么怎么懂事,现在好像完全变了个人,不仅不听家长的话,更有甚者还喜欢和家长对着干,有极少数的初中学生甚至会和爸爸妈妈动手。班主任也会面临同样的问题和困惑,虽说初二的学习任务很重,但是他们觉得距离初三中考还远,不用太紧张,压力也不用太大,功课上更无须太卖力,因而他们有更多的精力放在学业以外的东西上。家长感觉自己的孩子无法教育也不会教育了,学校老师感觉自己的教育力量很有限,效果甚微,所以很多人会把初二年级称之为"烂糊泥"。

虽说初二年级的教育教学活动很难,但不是说有困难我们就不用去做了,反而更应该运用我们的教育智慧去面对这个困境,解决这个难题。我们学校初二年级的学生们有一个特殊的活动——14岁生日,这是个大家一起过自己的生日,分享自己的成长经历的活动,在整个活动过程中还有一出重头戏,就是读家长写给自己的一封信,我想这就是一个比较典型的家校活动,如果活动开展的好,学生、家长和老师三方面都会有所收获。

今年我带的班级就是初二,辛苦的一个学年即将结束了,以上说到的问题在我们班级几乎都碰到了,所以"14岁的生日"是班主任面对这些问题的一个很好的契机。在一次班会上我和初中学生们说了这个活动,同学们显得很兴奋,大家都跃跃欲试,最主要他们觉得这次的写信任务给了自己的父母,自己身上很轻松,何乐而不为呢。我们也想象得到孩子一回家将这个消息说给家长听的时候,家长会有怎样的反应了。我相信每个家长一开始都是很开心能有这样一个机会和叛逆期的孩子们以这样一个方式交心的,但是到真正落笔的时候就有一些迷茫了,要写的东西要说的话太多了,不知道从何下笔,写太多怕孩子看了不耐烦嫌自己啰嗦,写少了怕孩子不理解自己真正的心意,总之可能会很纠结。果不其然,晚上我在我们班级的微信群就受到了家长的"轰炸",家长们大多很焦虑,不知道怎么写好这封信,怎么借这次机会和孩子好好交流。虽说作为班主任我已经有10多年的经验了,但是站在家长的角度来看待这件事的确还挺棘手的。当天晚上我也没睡好,反反复复思考这件事,想给家长一些好的建议来写好这封信,于是第二天我也提起笔来给家长们写了一封关于"如何写好给孩子的一封信"的信,信的内容如下:

班主任写给初中学生家长的一封信

亲爱的家长朋友:

  您好!

  和您打交道快三年的时间了,一直以来,您一如既往的理解、配合和支持我的工作,我深表谢意。这次给您写信想和您探讨孩子的成长问题。

  随着孩子年龄的增长,他们会出现一些躁动问题。进入初二年级后,在知识的这片沃土上,绝大部分孩子都能顺利度过这个关键时期,我也看到了他们在生理、心理方面的微妙变化。部分初中学生太在意自己的形象,在课堂上对着镜子,用手反复整理发型;课下大声喧哗,以期引起别人的注意,上课也不够专注,作业不能按时高质量地完成。但这是一个人从幼稚到成熟的必经阶段,想想我们不也曾年少轻狂吗?所以一方面我们没有必要谈虎色变,焦虑生气,另一方面要做正确的引导,相信每个孩子都能成为一个积极阳光、健康向上的优秀初中学生。当然,我说的优秀更侧重于心理的健康,我们求实的教学理念不就是先教育孩子成人,其次才是教育孩子成才,将来到社会上,孩子们都能成为一个合格的社会公民吗?所以,请家长们在家也细心观察,及时发现问题,及时和老师沟通,加强家校合作,共同解决孩子的问题。在信中家长可以展开这些内容,与自己的孩子开诚布公的交心。

  昨天,我们开了一个班会,班会的主题就是"做好最后的1%",实际上,孩子们在学校做得已经很好了,不管是学校领导还是班主任安排的工作,孩子们都尽心地完成了99%,只是因为时间有限、贪玩或者习惯等原因而没有把最后的1%做好,真是功亏一篑。接下来我们又开了一个班会，主题是"做最好的自己"。我先让几个同学谈谈自己的理想，谈谈自己将来想从事什么样的职业，孩子们兴高采烈，有的说要做律师，有的说要做医生，有的要做企业老总。我接着又问孩子，从事这些职业的人需要具备什么样的性格特点，然后从中找出要想做好这些工作所需要具备的共同的特点，孩子们很快就找到答案，那就是"必要的知识技术以及认真、细心的工作作风"，我又郑重地告诉孩子们："老师绝不是忽悠你们，不信，这次回家，你们和自己的家长交流一下，看看家长的答案是什么。"为此，我设计了三个简单的问题，家长朋友，信里你就可以把自己的答案告诉孩子，并真实地告诉他们你的理由，让孩子也了解你们心里的真实想法。

请家长们务必抽空和孩子沟通一下，为了孩子，让我们共同努力！

祝您阖家幸福快乐！

初二(1)班班主任　＊＊

我一直坚持认为，一个孩子的成才，主要功劳不是学校而是家庭。道理很简单，家长是孩子的第一任教师，家庭是孩子的第一个课堂。家庭氛围如何，家庭教养如何，家长的素质如何，都将决定孩子的人生！因此，从这个意义上说，家长也是教育者——不管家长是否有很高的文化水平或是否学过教育学，只要有孩子，家长就是教育者。这样看来，教师和家长本质上就是一种同事关系，因为他们都是教育者啊！因为他们都有着共同的教育对象——孩子啊！因为他们都有一个共同的愿望——期盼着孩子成为有用的人才啊！

【点评】

仪式教育外可修行，内可养性，对孩子的教育意义是非凡的。本案例中班主任老师在14岁生日活动中组织家长利用传统的书信形式跟孩子交流，并自己以身作则通过书信与家长做了一次心灵的沟通，指导家长如何用正确的方式教育孩子，可谓用心良苦。

(3) 家校活动是用好教育资源的有利做法

学校具有丰富的教育硬件、人才资源和社会资源，是家庭之外的正规教育场所。学校组织各类家校活动有其自身搞好教育的要求，是为了教育好每一位初中学生，提升学校办学水平和教育质量，同时，也是想尊重初中学生成长规律，更好地把家长教育资源纳入到办优质教育的整体思路中来，使硬件优势、软件优势得到充分利用，使教师教育能动性、家长教育能动性与科学管理形成合力，更好促进初中学生全面发展。

【案例】

真心真情唤起家长参与

5月30日是学校的五月歌会活动日，每年的歌会，是初中学生们最盼望的。这一天，校园里喜气洋洋，各班都在做最后的努力。参加活动的不仅有初中学生、老师，更有很多应邀而来的家长，每个人的脸上都洋溢着兴奋，每个人的内心都燃烧着青春的激情。

每个教室中，学生们、老师们忙着排练，家长们穿插在当中，一副副认真的模样，有的还充当指挥，待歌曲唱完，积极指出不足，要求再次排练。

在一片和谐中，年轻的初中班主任小高一脸愁容。"怎么了？还不去做最后准备？""哎，本来想叫小许爸爸来帮忙的，他爸爸是声乐老师，之前答应的有点勉强，今天临到上场了，找了个借口说加班来不了！""小高，别着急，今天已经这样了，也没有办法，也许人家真的是有事呢，先冷静下来，你们班级实力本来就不弱，没必要为这个焦虑，还是去做最后的准备，给同学们鼓劲打气吧。"之后小高老师班级在他的带领下，虽然缺少了声乐老师的锦上添花，但也获得了理想的成绩。

原想着和小高老师就此事再进行探讨，与他探讨如何才能让家长积极参与班级活动，但紧接着的考试和暑假，使得我在之后的很长一段时间里忘却了此事，再见到小高老师已是8月底新学期开学前了。班主任会议上，在讨论新学期班会课安排的时候，小高老师兴奋地说："我班小许同学的爸爸可以给大家来上一堂声乐课。"这让我大为吃惊，"上次你不是说他不太愿意参与学校活动吗？你确定他可以来吗？"我这样问小高老师。他不好意思地笑了笑："可以的，保证没问题。"我虽然很意外，但同意了这个建议，毕竟，让一个专业的声乐老师来学校给同学们免费上课，是多好的一次机会啊！只是我再三叮嘱小高老师，安排好了就不能再变卦。那天小许同学的爸爸如约而至，面向全体同学讲授了一堂生动的课程。

课后送走了小许爸爸，我问小高为何家长的态度来了个180°大转弯，从不热衷参与学校活动变得主动积极参与了呢？班主任小高老师笑了笑，和我说了背后的故事。

那是在一天放学后，小许的爸爸临时有事不能来接他，给班主任小高老师打了个电话，小高老师回复了他，让小许同学爸爸安心，可以晚点来接。当小许爸爸来接孩子的时候，天已经暗了，他看到的是这样一幅场景：几个学生围坐在班主任身边，有的轻声聊天，有的写作业，有的在看书。甚至还有1个家长也在和学生们轻松地聊着天。外面的天暗了,但教室里热火朝天。原来是班主任牺牲了自己的下班时间,陪伴着学生,那位家长也是学校家委会的成员之一,平日里热衷于参与学校活动,有时也会协助老师一起照看晚放学的学生。小许爸爸看到这一切很感动,不停地感谢小高老师与那位家长的付出。小高老师这时关切地询问了他迟来的原因,友善地送上"及时接送"的规劝,且抓住时机向小许爸爸灌输了家长服务公益活动,会直接影响孩子的价值观的观点。当小许爸爸回家路上问自己儿子对放学后老师留在教室陪伴他们的事情怎么看时,小许同学这么说,有好几个家长都在放学后会自愿来陪伴他们,有时候还会讲讲自己工作上的一些故事,他很喜欢这样,比独自在教室里做作业好多了。小许又说:"爸爸,你上次没空来学校教同学们,下次能来吗?我已经和同学们说好了!"这番话给小许爸爸的触动很大,没过几天他就打电话给班主任,表达了自己愿意参加学校活动,为同学们提供更多资源的想法。

当我们的家校合作一步步进入顺畅的轨道,家长越来越多地参与到学校的日常管理和有关活动中来,也产生了越来越多的思考。如何发动有一技之长的家长参与到学校活动中来就是我们需要思考的问题。小高老师的例子告诉我们:对于那些有资源的家长,榜样的作用很重要,看到其他家长的无私付出,会激发起他们强烈的责任心,会促使他们更加主动地奉献自己的才能。这比老师求着他们来学校参与活动效果更好。

【点评】

本案例中的班主任老师虽然很年轻,但是他明白与家长沟通,一味地说教效果不一定好,首先要做的是身体力行,然后是家长志愿者的作用,最后是带动那些有资源的家长参与学校的日常管理和活动中来,这样往往有事半功倍的效果。

(4) 高质量的家校活动是初中学生发展的重要保障

家长普遍的关注孩子的学业,但往往简单的关注并不能如愿,孩子成长的影响因素是多方面的,有家庭的、学校的、社会的、同学间的、身心的、智力能力的等等。关注初中学生学业和关注初中学生幸福并不矛盾,但并不等同。家校活动给了初中学生更多想象的空间、选择的空间和发展的空间,如果家长没有参与到这些活动中,是无法发现这些因素在影响着孩子的成长,影响着孩子的幸福。因此,只关注初中学生学业,不关注初中学生身心健康和多方面发展,很难为初中学生找到更适合的幸福之路。重视并积极投入到家校活动中,是学校和家长明智的选择,是初中学生发展的重要保障。

4. 家校活动类型

初中家校活动按照地域分可分为校内和校外两种类型；按照参与形式可分为校级活动和市区级活动；按照存在形式可分为现场活动和网上虚拟活动；按照活动特点可分为主题活动、家长会、班会活动、节庆活动、社会实践活动、志愿服务活动等。不论怎样分法，只要活动组织严密，确保广泛的参与性，活动有较好的教育意义，使家、校和初中学生都有好的收获，都应当积极组织，认真投入，不断总结，力求更好。下面试举几例说说家校活动对孩子教育中的作用。

（1）亲子活动课

初中家长参与学校的主题活动课，可以及时发现初中学生的学习兴趣与参与活动的意识，认识学校教育的现状，了解初中学生发现问题和解决问题的能力和评议表达能力。教师也通过家长的参与获得了初中学生相关的发展信息，促使家校互动，更好地培养孩子。

【案例】

初三孩子更需要精神的力量

一进入初三，初中学生把所有精力都投入到学习中，"两耳不闻窗外事，一心只读圣贤书"，仿佛只有进入那种状态里才能在一年后的中考中取得理想的成绩。初二暑假里，初中班主任带领初中学生军训——这是为了打磨初中学生的意志，让他们明白，要做好吃苦耐劳的准备，才能在接下来的日子里坚持下去。一开学班主任就给初中学生进行模拟考，先给初中学生一个下马威，让他们知道再像以前一样吊儿郎当是绝对行不通的。初三的学习生活与以前大不相同，如科目的增加，作业量的变大，自修课的编排等。学校的许多活动，例如运动会、艺术节、爱心义卖、五月歌会等，到了初三时都从简了。家长的重心也都放在孩子的学习上，更加没有时间和心思去关心其他的事情。

但这样真的好吗？班主任陷入沉思中。看着同学们每天拖着疲惫的身躯，一堂课又一堂课地上着，这对学生们的身心有好处吗？他们的成绩又真的会提高吗？他们这样机械地读着书，对他们来说真的是最好的吗？经过了一段时间的观察和思考后，班主任决定，请家长一起来开一节主题班会课，给学生们打一剂强心针，让初中学生脱离这种迷茫、疲惫的状态。同时，班主任也想让家长一同参与进这次主题班会活动中，这样，学生的感触或许会更大。但用什么主题开展这节班会课能更加有效果呢？班主任考虑了很久，认为用理想教育作为主题开展比较适合，能触动到学生，与初中学生的将来有紧密联系。

于是,班主任先用微信建立了一个家长群,然后在微信群里跟家长们说了学生的情况,觉得学生们近期的学习状态并不好,有身心俱疲之感,而且同学们学习起来都有些盲目,班主任希望能召开一次主题班会,让同学们能够有明确的目标进行学习,同时希望家长也能参与到这次主题班会中。当时有些家长表示同意,而有些家长并没有明说反对,但也隐约表露出在初三这么忙碌的学习氛围中,是否有必要开展主题班会。也有一些家长表示,自己要上班,没法请假参与到主题班会中。班主任表达了理解的心情,但也表示对同学们现状的担忧。初三的学习是人生中很大一道坎,但也不应该让孩子们只顾着学习而忽略了最初的憧憬与对未来的畅想,这对他们的身心都是不利的,他们需要调节,也需要勉励,而不只是做读书的机器。家长的参与是为了让孩子们更有感触,而不是像以往的主题班会那么形式化。班主任同时表示,能到场的家长就尽量参加,实在抽不出空的也可以用其他形式在家里参与。经过了一个晚上的讨论,在听了班主任的想法后,大多数家长表示愿意抽空参加,而实在不愿参加的家长,班主任也用私信和电话的方式尽力争取。

班主任在课余时间也向班里同学表达了相同的想法,同学们在感到一丝惊讶的同时,都明显有些兴奋,也有些忐忑,因为有家长参与的主题班会是之前没有的。班主任看大家都跃跃欲试,就鼓励他们回家也一起动员父母参加这次的主题班会。

到了主题班会这天,班主任发现大多数家长都来到了教室里。同学们看到家长也很兴奋,有些在偷笑,有些则和自己的父母挤眉弄眼。主题班会开始后,班主任先让同学们谈谈进入初三后的感受,大多数同学都表示很有压力,也很疲累。班主任也让家长谈了谈自己孩子在家的表现,家长们也表示孩子的确比之前忙碌很多,有些同学在听的时候还不好意思地笑了。班主任又让同学们谈谈为什么要初三如此努力学习,所有人都表示要考好的高中。"但万一没考上呢?"初中学生对这一提问有些发愣。"如果没考上理想学校,你的人生就是失败的吗?我们到底为了什么才如此努力地拼搏着?有些同学的成绩可能达不到高中的水平,那他们又为什么如此努力呢?我们能否为了自己的理想而放手一搏呢?"班主任然后让同学们小组讨论一下,同时也让家长考虑一下对这些问题的想法。讨论以后,有同学说,自己虽然可能考不进高中,但一直对航空比较感兴趣,想进航空专业;有同学表示自己想当珠宝鉴定师;也有同学表示想做护士,为家里减轻负担。有同学表示自己的理想是进市重点高中,并争取考好的大学。在同学们表达了自己的观点后,班主任总结了他们的内容,其实每个人都有自己的目标和梦想,这是支撑大家前进的动力,如果只是把分数当作一切,那学习生活又有什么乐趣呢,谁又能保证在一年的学习中不会懈怠,甚至放弃呢。家长们也纷纷表达了对自己孩子的勉励,有些家长是第一次听到孩子表达自己的理想,十分感动,希望他们能坚持自己的理想,父母永远是他们坚实的后盾。

这次的主题班会气氛非常好,家长们也纷纷表示这次真是来对了,看到了孩子们的另一面。通过这次的活动,同学们不仅调整了自己的学习状态,对初三的生活更有冲劲,家长与老师的联系也日渐增多,更多的家长表示如果有机会的话,愿意再参加这样的主题活动。并把在活动中学到和想到的付诸行动中。

【点评】

本案例中班主任通过邀请家长参与班级的主题班会,让家长通过面对面的形式听到了孩子的心声和信念,并为孩子的梦想鼓劲,支持孩子们用实际行动去实现他们的理想。家长参与的班级主题班会是一种比较少见的形式,这样的班会课能让家长看到孩子们的另一面,也可以让孩子看到家长的真情,不失为一种好的亲子沟通模式。

(2) 家长开放日活动

以家长开放日为契机,集思广益、博采众长,让开放日活动从单一到多元化、系统化。认真组织好家庭教育讲座,使家长认识到要教育自己的孩子,必须首先要做好称职的家长,认识到子女教育的重要性和必要性,提高家长和初中学生的法制和法律意识。设计家长可以参与的活动,引导家长互动,让家长开放日活动更多了几分生趣、几分尊重、几分理解。

【案例】

丰富多彩的家长开放日活动

家长开放日除了组织听课、讲座等内容外,还可以有针对性强、参与性高的活动。

1. 增进亲子感情的活动

利用家长开放日的机会,开展"爸爸妈妈,我想对你说""爸爸妈妈,我要为你做""感恩,我们在行动"的活动,让孩子们对爸爸妈妈说出自己的心里话,给他们送贺卡,捶背,端水,并向他们承诺今后在家要做到自己的事自己做,家长的事帮着做。这些活动的开展,不但增进了父母与孩子之间的情感交流,也给孩子们提供了释放压力的时间和空间。

2. 感受集体温暖的活动

在家长来校这一天,由餐厅和学校领导负责,为14岁集体生日的孩子送上鸡蛋和蛋糕,再由班主任在班级上为孩子送上生日祝福卡。卡片上有老师寄语和同伴寄语,还有自我激励。蛋糕送爱意,贺卡寄祝福,老师情、同伴爱,让孩子们感受到了家的温暖、家的亲情、家的真爱。

3. 分享成功经验的活动

利用家长开放日召开家长教育经验交流会,让每个班级选出的优秀家长走上讲台,现身说法,既讲述自己孩子的成长案例,又融入家庭教育的理念,还告诉更多的家长家庭教育的重要性,家庭教育方法的多变与坚持。通过交流,家长们深受启发,进一步认识到了家庭教育的重要性。同时使彼此的家庭教育经验得到了共享,让家长们相互之间取长补短,提高了家庭教育的实效性。

家长开放日还是个别家长的及时沟通的好时机。张同学是个聪明的孩子,头脑灵活,思维活跃,但学习成绩不理想,他上课小动作多,字体潦草,经常不写家庭作业,让老师非常头疼。在家长开放日,老师与他父母进行了推心置腹地谈话。针对问题双方共同商定了教育方法:(1)学做"赞美者"。要善于发现和赞美孩子的优点,帮助孩子建立自信心。(2)学做"反射镜"。孩子通常只能依据他人的反馈来认识自己,这时父母的"反馈"作用即镜子的作用就很重要了。只有学做"镜子",才能帮助孩子。(3)学做"好朋友"。改变非打即骂的教育方式,给孩子说故事,讲道理,让孩子不再害怕父母,敢于和父母沟通。(4)每天坚持亲子阅读。半年后,张同学爱上了阅读,同时学习成绩稳步上升。

【点评】

家长开放日是一个很好的教师、学生与家长近距离沟通的机会,通过精心设计,可以帮助家长了解学生在校的学习生活,理解教师的教育教学行为,增进亲子情感。同时,伴随家长之间的互相交流,家长们也在分享着自己的育儿经验,从而起到更新家庭教育理念,提高家庭教育有效性的作用。

(3) 家校主题教育活动

关于家长参与学校的主题活动课,我们认为:良好的学校教育是建立在良好的家庭教育基础上的,家长只有树立科学的教子观,关注孩子的品德教育和良好行为习惯的养成,才能促进孩子全面健康发展,才能真正提高家庭教育的质量。将主题教育活动向家庭教育延伸,通过系列家庭教育主题活动,提升家长家庭教育能力的同时,引导更多的家长参与到班级主题教育活动中去,从而形成家校德育合力。

【案例】

把主题教育向家庭延伸

要想提高家长对主题教育活动的参与积极性,必定需要获得家长认知上的赞同,情感上的共鸣,同时活动要能为家长提供实践中的借鉴。因此,在设计主题教育活动的时候要充分考虑以下几点:

一、活动设计要科学

家庭教育主题活动的内容、方式要符合思想品德教育规律和家庭教育规律,结合时令、时事以及各种纪念日、节假日等选择活动的内容,贴近初中学生的学习,贴近初中学生的家庭;采用适合初中学生年龄特点的亲子活动形式,有效提高家庭教育的质量。

二、活动要调动家长参与性

家庭教育主题活动充分发扬民主,调动家庭教育指导者(班主任)、家长、初中学生三方面的积极性、创造性。活动的策划由各班班主任和家长共同参与完成,班主任根据学校德育工作计划,确定每月的大主题活动,在听取学生的意见后,再设计符合班级实际和初中学生家庭实际的小主题活动,使每一项活动都能取得实效。

三、活动要以初中学生为主

学校充分发挥教师、家长、学生三方面的自主性,依靠家庭教育的力量,在主题活动中让每一个学生都能生动活泼地自主发展。通过家校联手,共同从初中学生的日常生活中寻找主题活动的内容,根据初中学生的认知、情感、行为,有针对性地开展活动;倡导家长自主参与月主题教育活动,不仅能让他们了解学校德育的现状,还能更好地促进父母与孩子的沟通与交流,提高家庭教育的有效性。

四、活动要有鲜明主题

初中学生家庭背景各不相同,家长最关心的是主题教育活动对家长在家庭教育中的借鉴性,因此,班主任要了解家庭教育的规律,根据学生家庭的实际情况有针对性地指导家长开展各项活动,使主题教育活动的内容能感动学生和家长,能震撼他们的心灵;主题教育活动的形式也要个性化,让每一个学生都能在家庭教育活动中得到锻炼,健康成长。

五、活动要有互动性

在家庭教育主题活动中,学校与家庭要充分互动,因为学校教育离不开家庭教育的支撑,家庭教育也离不开学校教育的指导,家校互动才是提高初中学生思想品德教育效果的有效途径。我们积极探索,构建了"学校—初中学生—家庭"教育框架,力争使每一项主题教育活动都能有效实施。

六、好的活动注重情感性

俗话说，没有体验的教育不是成功的教育，我们设计的主题活动应注重初中学生乃至家长情感体验。我们为初中学生提供了诱发情感体验的机会，使初中学生内心不断产生强烈的情感体验，催化他们道德行为的形成；积极引导初中学生在身边的平凡事中体验，在感人的故事中体验，在具体实践中体验，并在体验中得到感悟。

近年来我根据初中学生的特点曾经组织过以下几个比较有典型意义、分学情、学段组织的主题教育活动。

主题活动一：清明时节忆故人

清明节是我国的一个传统的节日，也是现在在家庭教育中被孩子逐步淡忘的一个传统，因此组织初中学生利用清明节的契机，开展"寻根问祖，缅怀故人"的主题教育活动，并延续到家庭教育中，自然是父母比较乐于参与的主题，通过向自己的父母了解家谱，初步感知生命延续的过程，珍爱生命，感悟亲情的可贵。和父母了解家族中过世的长辈，借助清明节祭扫，缅怀自己的祖先，学习祭扫的礼仪，纪念已逝亲人。

主题活动二：感恩时节献孝心

当下随着家庭对孩子关注度的日趋升温，父母的付出以及孩子回报呈现出日益扩大的不对等性，越来越多的父母因为孩子不懂得感恩而手足无措，因此利用"母亲节"开展主题为"妈妈你辛苦了"的教育活动；利用三八妇女节开展主题为"男绅士养成计划"的教育活动，并将活动的内容延长到一周，延续到家庭。例如鼓励孩子用相机捕捉妈妈最美丽的瞬间，并写下文字说明；每天帮妈妈做家务，写下感受，体会妈妈的辛苦。培养初中学生懂得感恩的主题教育活动必然是父母比较推崇和乐于参与的活动。

主题活动三：亲子时刻增感情

亲子活动可以说是当下家庭教育的一个流行词，将主题教育活动与亲子活动融合，把亲子活动的场所延伸到学校必然会起到事半功倍的效果，例如：利用六一节的契机，在低年级开展亲子类主题教育活动，邀请孩子和爸爸妈妈一起观摩初中学生义演，参加学校献爱心义卖活动，用零花钱购买物品、为灾区和身边生活困难的小伙伴捐款。在父母的陪伴下寻找快乐"六一"背后默默为全社会儿童服务的人们，用照片等形式记录下来，体验全社会对儿童的关心，感恩全社会对儿童的关爱。

主题活动四：长幼有序贵在敬

结合尊老爱幼的传统主题开展"三个一"活动：每天给长辈端一次茶；每天回到

家热情向长辈打一声招呼;每天给长辈盛一次饭。要求抱着一颗感恩的心真心实意为长辈服务;为父母端水洗脚;为父母铺床、捶背。让父母长辈说说自己当时的感受。高年级开展"爱心传递":与爸爸妈妈互通书信,通过书面形式把彼此平时不常说、不好意思说、不愿意说的话写下来,增进与父母的沟通了解。

主题活动五:活动展示提信心

当下缺乏自信越来越成为困扰普通初中学生的一大问题,其中的原因有很多,其中有一部分与家庭有关,因此利用主题班会的契机,搭建让孩子展示自我平台的同时邀请家长也参与到主题活动中来,活动形式可以是艺术、体育甚至可以是一段演讲、一句对孩子说的话等等,父母不仅能在活动中更加直观的了解孩子的学校情况,增进对孩子的信心,加深与孩子之间的感情。

【点评】

在主题教育课中,班主任老师可以根据自己班级的实际情况,运用班集体的力量对学生进行教育和开展工作的有效形式。从而打破常规,让家长参与到主题教育中来,让他们与孩子一起感悟主题教育课的教育意义,有时也会取到事半功倍的效果。

(4)个别化的活动

家长会是大家熟知的家校活动形式,在认真组织形式和内容丰富的家长会之后,初中教师也可注重家长会后的个别交流活动,让家长会的效益最大化。

【案例】

家长会后的"家长汇"

每当我接预备班时,我总是很担忧,因为预备班学生刚从小学进入中学这个新环境,有很多不适应,状况不断,这需要家长的耐心引导,更需要老师的指导。一开学,我就在家长的帮助下,建立了一个班级家长群,旨在通过这个平台,加强与家长的沟通,有时我会发一些怎样帮助初中新生顺利迈好进入中学第一步的文章,指导初中家长调整心态,正确对待初中学生的学习成绩和心理的变化,从初中学生的行为习惯、细节入手开展教育。这样交流下来能帮助大多数初中学生适应学校的学习生活,但也有个别学生出现各种各样的问题。

叮铃铃……一个星期六的早晨,我被一阵急促的电话铃声吵醒,一个非常熟悉而焦虑的声音的声音传来:"王老师,我想问一下,在你心目中我们小S笨吗?"当我明确回答小孩子不笨,只是学习习惯较差时。小S妈妈又说:"我现在在外面给你打电话,等会我再给数学老师和英语老师打电话,等我回到家后,我再给你打电话,麻烦你当着他的面把你说的话对他说一遍。"

经过与她沟通,我了解了事情的原委,小S不愿意做作业,并且说自己比别的同学笨,读不好书,这下把他的父母给惹急了。这对父母是典型的"望子成龙型父母",自己文化程度不高,所有的希望都寄托在孩子身上,但孩子的表现并不尽如人意。从开学到现在,我与小S的母亲经常在微信上交流怎样教育个性较强的孩子的体会,我建议她尊重孩子。平时我们的电话联系也非常频繁,到学校见面的次数也不少,我们成了无话不谈的朋友,我劝慰她不要操之过急。在我的劝慰下,小S家长认识到自己的教育方法有问题,但遇到实际问题时,他们又粗暴、简单地解决。于是他们与孩子矛盾越来越激化。

记得刚接班时,我到他家家访,踏入他家门,映入我眼帘的是不大的客厅挤着两个麻将桌,我当时心里就咯噔一下。后来他的父母向我提出小S小学时学习成绩还过得去,就是上课注意力不集中,一直坐在第一排,让老师多提醒提醒,并且要求我也能照顾一下。当我看到他们那殷切的眼神时,我感到他们对儿子还是充满期待的。与孩子交流时,他东张西望,不敢正视我,孩子既流露出对新的学习生活的憧憬,又对自己能否适应新的环境感到担忧,缺乏自信。我当时就建议家长,训练孩子的注意力,在他学习的时候给他一个相对安静的环境,让他做40分钟作业,休息10分钟。另外,初中与小学的学习方法是有很大差别的,在小学时,学习内容少,只要孩子认真去学、认真去记,仅靠重复记忆就可以取得好成绩。但到了初中却完全不同,学习内容增加,不仅需要孩子记忆,更需要孩子掌握知识之间的联系、把握知识之间的规律。要提高课堂学习的效率,上课注意力不集中,势必影响听课效率,学习成绩也会下滑,这会让孩子更自卑。

小S是个学习习惯和行为习惯都有问题的初中学生,每次上课讲练习时,都能看到他脸涨得通红,在书包里着急地翻找练习卷,运气好时被他找到了,运气不好时练习卷无影无踪,一节课就这样在他的寻找中流逝了。再看他课桌底下,这边放了一个杯子,那边放一个文件夹,还有几张废纸,我看在眼里急在心里。我就找他家长来学校,让他们看了这样的情况,他母亲一边数落儿子的不是,一边唉声叹气,问我怎么办。我建议她从日常小事抓起,就从一个书包、一个书桌开始,养成每天整理书包,每天睡觉前把要交的作业放专门的作业袋里,对着课程表整理第二天上课要用的书。我告诉他们,一个习惯的养成不是一朝一夕就成功的,需要父母有足够的耐心。经过一段时间的努力,小S在这方面有所进步。我也把他的进步告诉了他的父母,他的父母也很欣慰。

一个在批评声中长大的孩子,我们要给他耐心与尊重;一个在光环中长大的宠儿,面对失败,我们应给他时间与信任。

小Z在小学时是大队长,刚进中学时,她的脸上总挂着笑容。记得在暑假第一次家访时,她的父母骄傲地介绍自己的女儿多么优秀,我也很高兴有这么一个班干部。经过一段时间,她的成绩并不理想,有一次她的父亲激动地对我说:"一个在小学拿了一百多张奖状的优秀学生,到了中学学习成绩居然那么差,班级工作不要做了。"看着这位快崩溃的父亲,我劝慰他,要相信孩子的能力,给孩子时间,有的孩子适应能力强,有的孩子适应能力弱,不要急躁,家长要调整好心态,不要把负面情绪传递给孩子。接着我们交流了一下孩子在家的情况,小Z书写速度较慢,导致作业做得很慢,没有时间复习,影响学习成绩。在学校平时测验、她默写的速度总比别的初中学生慢。鉴于这些情况,我就让小Z的父母训练她的写字速度,加快作业速度,小Z的成绩渐渐赶上来了,语文成绩多次在年级里名列前茅,笑容和自信又回到她的脸上。

作为初中班主任老师,我非常清楚自己的责任,除了指导学生学习和进行日常行规管理外,还要从心理和生活上对学生进行引导,更要从方法上指导家长疏导学生的心理,使他们从小学平稳过渡到中学。每次接新班,我都会在家长会上建议家长们要有耐心对待自己的孩子,给孩子一个适应阶段,不要一味地批评,要多鼓励,多给一些实际的指导,让孩子们走好这关键的一步。

我愿化作春泥,护好祖国的花朵,做好"向导"的工作。

【点评】

案例中的小S和小Z都是刚上初中的新生,学习习惯、生活习惯和行为习惯一时没调整过来,心理上也存在一定的不适应,因此班主任老师除了对学生的学习进行指导外,一定要关注对学生的全方面引导,对家长耐心指导。对于初中适应期学生,教师抓住家长会后的机会,与家长进行个别化"约会",可以家长会上提到的问题进行个别解决,更重要的是可以指导家长们怎样去关注孩子,怎样去耐心教育孩子,与学校形成合力。这种针对个别初中学生的家长"约会"活动,往往能起到事半功倍的成效。

5. 家校活动的组织

家校活动一般由学校方组织,具体由校政教处组织实施;也可由年级组或班级进行组织(根据开展活动的规模和范围而定)。

无论组织的规模大小,家校活动的组织程序一般都应包括以下几个程序:

(1) 设计活动方案并上报学校批准。

在活动方案中应有组织管理、活动主题、活动目的、活动方式、活动准备、活动时间、活动要求、注意事项等。

(2) 由校方确定活动主管部门及协调管理和宣传。

(3) 由活动组织方汇报活动情况及总结。

(4) 由校方主管部门对活动进行测评。

(5) 学校要经常通过一些成功案例,宣传和学习家校活动开展的技巧。

以下案例,或许对如何开展家校活动有所启示。

【案例】

与孩子一起体验快乐课程

每月的最后一个星期五下午,总是父母和孩子们期盼的日子,因为这天下午有学校开设的家长孩子志愿服务活动课程。

既然是课程,就有要求,每个项目都由一名主管老师负责,有课程标准和要求,每位初中学生都需要参加课程。家长对课程的选择是自由的、可变的。角色是志愿者、是活动主体、是教师、也是学生,与孩子完全是平等的。课程是开放的。

开设的课程及内容介绍,通过孩子所在班级的微信群发布。这里不只是传播课程及内容,家长或孩子都可以发布对课程的看法,吸引大家对喜欢的课程进行关注,同时也不断督促着管理课程的初中学校老师改善课程;课程的另一个特点是活动内容没有要死记或用笔反复抄录的东西,没有课业负担和心理负担,只与孩子养成好的习惯、能力、性格等相关,因此,得到孩子和家长的认可和参与;第三个特点是家长在课程是与孩子一样,是活动体验者。

本案例的主角是初中学生小丁同学,他是在一学期后成为学期课程优胜者,下面,他讲述了他参与课程的经历和发生在他身上的故事:

起初,我也不太情愿参加这个活动,只是学校要求,我才硬着头皮和家长参与,即便是参与了,我也只想混在其中。可能是因为我性格内向,怕在他人面前失面子,班级组织的活动基本没有我的份,并不是老师不许我参加,而是我内心拒绝,这种心理我也说不清,不知道怎么会这样,其实我内心还是存在羡慕我们班徐鹏同学(样样都很能干,放得开)的冲动。但自从我参加了学校的家长孩子共同体验活动后,情况慢慢变了。

活动报名很简单，只需要在班级微信群中里选择好课程，记住上面规定的地点和时间就行了，可能是没了班主任监管或是常规文化课堂的那种气氛，我内心里对参与这类活动课少了排斥。记得第一周我参与了带球跑接力活动，参与的同学很多，不分大小，重在参与，我与家长轻松地完成了这次活动。当然，课程老师设置的花样不少，有孩子单独带球跑，有家长单独带球跑，有家长孩子混合带球跑。参与一次，老师就会在微信上为你点个赞，只讲参与，不分名次，大家轻松乐呵。到学期结束时，每个人需选择参与不少于两个课程，就算完成了课程。一不经意，我还在学期课程比赛中取得了前十名的奖励，这让我心情放松不少，我开始有更多同学朋友，也能够与更多人交往了。我喜爱这种课程和活动，喜爱与家长共同成长的过程。我有时会琢磨一个问题，如果我的父母原来在家就经常与我这样活动该多好。与父母一起参与各类有益的活动，这是我原来没有经历过的，也不知道这其中有如此多的乐趣。我对做帮助别人等有益的事有了新的理解，它与分数排名无关，这使我更愿意参与各种活动了。

这些活动课程的好处还在于学校成了家长与我投身志愿服务的课堂，你可以不断变换你的活动内容，尽享活动的乐趣。原来我的家长还不是很情愿参加，但看到我获得如此多快乐和妙不可言的变化后，他们成了参与学校志愿活动项目的热心人，好像是找到教育我的好方法一样。

我和父母一起又参与过很多其他活动。学校老师一直说身教重于言教，我总算明白了这个道理，原先我的父母总是用各种语言教育我，我知道他们讲的对，但我听不进去，甚至感觉到非常厌烦，没想到学校的志愿活动课程改变了我的父母与我。

我的父母说，以前教育我，遇到了抵触，不知如何下手，只感到我越大越难教育，越不听话，现在我慢慢改变了，自己要看书了，成绩也上来了，性格也更顺了。

当然，我自己也有这种感觉，与父母更亲近了，对文化学习的信心和自愿程度高了。我有信心把文化成绩也抓上来。

以下是志愿活动课程简介：

1. 宣传报道活动（主题自选）
2. 商品推介活动（看谁推介的有吸引力）
3. 双向招聘活动（家长孩子扮演不同角色）
4. 家长孩子共背古诗得赞活动
5. 家长孩子协作描绘活动
6. 家长孩子文明环保宣传活动

7. 组织交通秩序活动
8. 团结合作活动
9. 各显其能活动

活动各个环节都是家长孩子共同参与，与负责教师一起做布置整理以及收尾工作。家长学生志愿者队伍也从学校活动课程中得到培养，并走向家庭和社区，成为教育的一块"肥田"。每学期学校组织一次大型社区志愿服务，家长孩子共同参与，为社区进行法制宣传、义卖奉献、环境卫生、看望孤老等志愿服务，家长、孩子热心参与，得到社区居委的好评。

【点评】

家校活动是学校对外开放的一个窗口，通过一种比较轻松活泼的形式，让家长到学校来与学生、老师一起参加各类课程或者活动，同时走进社区，形成家、校、社合力。

6. 家校活动需要注意的问题

(1) 活动目的要明确、内容要紧凑

学校组织方不能为搞活动而活动，要有明确的目的意识，宣传要到位，组织内容要紧凑，特别是对有家长参与的活动要巧妙设计，起到家校活动应有的作用，引起学生的兴趣。因此，开展家校活动一定要做好前期论证，做好前期准备，确保设计的活动能让家长与学生乐于参与，令人难忘。这样才能给家长更多启示，给家长和孩子更多情感交流的时间和空间。

【案例】

创建学习型家庭

"同学们，今年的上海书展大家都买了哪些书，看了哪些书？爸爸妈妈们又读了多少书？有继续遵守当初的约定吗？"在9月份的开学班级会议上，初中学生与家长坐到一起，对每年都要进行的家庭学习阅读活动进行一年的总结。这是班主任王老师在预备班时期对自己班级的家长和学生提出的要求。经过不到两年的努力建设，班级中大多数学生家庭建立起了良好的学习型家庭氛围。

然而在这届初中学生刚刚进入预备班，开始初中的学习生活时，他们的学习、生活、习惯完全是另一种状态……

在这届预备班刚入学的那年，学校、社会开始号召建立学习型家庭，希望造就多方面人才，为国家的科教兴国战略提供人才支持。相应地，王老师也在班级家长会上向家长与初中学生传达了相应的学习要求、学习方式和推荐书目。当时学生与家长们也是积极响应并表示支持，但是一个月后，到了国庆假期后的第一个检查节点时，同学们交上来的反馈报告让王老师大失所望：有的学生家长从网络上照抄了一份建设学习型家庭的反馈报告；有的学生家长干脆把自己公司里的相关进度汇报照搬过来；更有的家长直接在报告上写上节假日忙着旅游，没有时间补报告。只有寥寥两三位家长与学生互相监督、鼓励着完成了相关的学习计划制定和第一阶段目标。

回到办公室，王老师深感沮丧与困惑，原本想通过这次的建立学习型家庭的社会大活动，让初中学生在家也能获得良好的学习氛围、培养学习习惯，在活动中让初中学生与家长增进了解相互沟通，如今却落得家长帮着初中学生弄虚作假，难道这样一个双赢的活动竟会变为教育变革中的累赘？

下午的语文课上，王老师发还建立学习型家庭的反馈报告时，认真完成任务的初中学生小A问道："老师，你还没给我们推荐下个季度的阅读书目呢。""是啊是啊，王老师上次推荐的书，我还是缠着妈妈好久才买回来给我看的，但是看得十分过瘾。"初中学生小B附和道。"对呀，王老师上次推荐的《三体》过了不久就获得了雨果奖，我爸爸还称赞王老师选书有眼光呢！"班级里的科幻爱好者小C高兴地大声说道。看到学生们的积极反馈，王老师的心理稍稍得到了慰藉：原来问题不是出在学生不愿意看书上面。那么家长是怎么想的呢？

放学后，王老师特意等到了来接小A的妈妈，向她询问情况。小A的妈妈这两年渐渐辞去了外面的工作，开始自己在家开网店，在社区里面办一些兴趣班，这样一来既有时间在家帮助小A学习，也能创造一部分收入补贴家用，她在新学期开始前就报名参加了家长委员会。当王老师向小A妈妈诉苦，大部分家长都不愿意在学习型家庭的建设上多花时间后，小A妈妈出谋划策道："其实家长们喜欢这个创建学习型家庭的活动。我在与其他家长私聊时了解到，有不少家长工作繁忙，好不容易有个假期休息放松一下，才想起来还有这样一个学习型家庭进度汇报的任务。像我这样在家时间比较多的人都感觉到一个月一次的报告有些吃紧，更不用说那些双职工的家庭了……"

了解了家长们的实际情况之后，王老师开始逐步对原来的计划进行修改。首先，通过在家校微信群里发放问卷进行调查、数据统计汇总的方式，王老师了解到：现在的年轻一代父母不仅工作压力比自己父母当年更大，而且在日常的工作之中还要不断地学习新知识、新技能，来面对不断变化的社会需要。工作技能、知识的学习已经让家长们不能脱身了,和自己孩子的日常交流都能省则省,更不用说和孩子一同看书了。

找到了问题的原因,就好对症下药了。

王老师与班级家长的共同协商,并结合初中学生们的意见,对原有的方案进行了修改:原先一月一次的学习汇报变为了一学期两次,而且分别在期中期末考试之后的家长班级会议上进行。这样一来,不仅能分析学生在学校学习上的长处与不足,也能在家长这方面找原因,让学习型家庭的建设首先对初中学生的学习起到帮助作用。其次,建立明确学习目标,营造民主、平等、和谐的家庭学习氛围。家长在自己工作技能的学习中,让孩子作为旁观者参与进来,让孩子了解到父母工作生活的艰辛,学会感恩。同时拉近家庭成员之间的关系,在学习方面家长与学生地位平等,互相监督、互相学习。

经过一年多的不断磨合与改进,班级学生中不少都建立起了稳定有效的学习途径,在全校范围内的建设学习型家庭的主题活动中成为表率,越来越多的家长在学习型家庭的活动中得到了收获,学生也得益于学习氛围的改进,在课堂学习之中有了长足的进步。

【点评】

本案例中的班主任老师,为了更好地为孩子创设家庭教育环境,积极倡导班级学生与家长创建学习型家庭,这其实是社会发展的需要。学习型家庭的基本特征是:以学习为中心,以终身教育体系为保证,孩子和父母都有受教育的权利。而创建学习型家庭是加强和改进家庭教育,促进孩子的学业进步、健康成长的需要。

(2) 活动设计适切学生和家长

活动设计要难易适当,太简单的活动,学生和家长参与兴趣不大,难有区分度,不适合学生的参与。太难的活动,使学生有畏难情绪,有后怕感,甚至家长也不能明白活动如何进行,这样的活动都难以奏效。活动设计要考虑家长参与是否合适,比如:大多家长都是上班族,不宜设计两天或更长时间活动,造成家长无法参与。

(3) 活动设计要充分考虑安全因素

活动内容可以不拘一格,但活动设计上要注意安全问题,确保家长和初中学生在活动中不因活动本身存在的危险性而出现问题。有较大安全隐患的活动是不适合作为家校活动的;即便是安全的活动,也要有相应的安全预案和保障措施,做好对突发情况的应对和处置。

(4) 家长重视不够,参与热情不高

在当今考试才是硬道理的前提下,许多家长除了不支持孩子参加学习之外的活动,对各类有益于孩子成长和身心健康的活动认识也很不足,一旦学业不理想,就无端指责孩子,或无端指责学校。一些有技能特长的家长,也不太愿意接受班级邀请,发挥自身特长。家校活动要想吸引家长参与和投入,老师要以情动人,让家长看到老师对学生的真情付出,才会愿意投入到家校活动中。

【案例】

新媒体巧促家校活动

又到了一年一度的清明节,我正准备动员班级里的学生与家长一同开展一个有关清明的主题班会活动。

"同学们,学校里要开展一个'走进清明,感受传统'的主题班会活动,请大家回家询问一下各自家长的想法与意见,请他们一起来参与这个活动。"

学生们听罢便积极地互相讨论了起来,有的学生还对活动安排提出了不少切实可行的方案。看到这幅场景,我不禁十分欣慰,也开始系统地构思了起来,希望将这次主题班会活动办得学生开心、家长满意、学校添光。

没曾想,第二天学生们给出的反馈确实让我傻了眼。家长们热度明显不高,大多都以难以安排出时间为由不参加本次活动。更有甚者,推出"爷爷奶奶、外公外婆"等老一辈作挡箭牌。

我无比懊恼,垂头丧气地走到了班级门口的走廊,尝试着拨通了一位学生家长的电话。那位家长在电话中道出了这种情形的原委。

"张老师,不是我们不想来。每年的家长会与家长接待日就不下五六次,再算上一些特殊的活动,若是再办这种活动,很难在繁忙的工作中再请出额外的假期。况且,这种家校亲子活动与孩子们的学业并无太大关联,我们本着能不来就不来的态度让孩子他爷爷来一起参加。真是抱歉了。"

了解了情况后,我无奈地取消了这次活动,望着班里学生失落的眼神,我意识到学生们的参与热情与积极度还是很高涨的,可是问题出在了哪里呢?

回到办公室,我仔细地推敲了这件事情。作为一名人民教师,这种既关乎家校又联系亲子的活动对学生的全面发展与素质教育是有很大的裨益的。让学生了解文化并传承文化、让家长与孩子和学校增进了解、让老师更进一步认识学生并加以引导,对三方面都有所增益。而这效果的保障就是全员家长——尤其是父母的参与。可是如今号召发出后响应的声音却寥寥无几,这样下去如何动员组织家长参与各类活动，开展进一步的素质教育工作呢？

"滴……"微信的提示音启发了我的思维。为什么不引入新媒体从而更好地开展工作呢？鉴于现阶段学生家长对网络与新媒体等方式较为熟悉，那么就让老师以新媒体为平台，向外辐射建立一个完善、互联互通的、不受地域限制与时间干扰的家校互动体系。例如建立班级、年级、学校的微信通讯群，将分散的家庭整合在一起。这样既能提供完善的方案，也打破了家长与教师之间沟通的壁障。我们可以通过及时的反馈让家长获取更多的信息，并且呼吁家长共同创办活动。与此同时，我们可以更多地举办这类线上活动，通过线上与线下的紧密结合，寓教于新媒体之中。

此次之后，我在保证线下活动数量的同时，与家长共同开创了不少有意义的线上活动，通过视频会议、照片传达、语言交流等新媒体手段，切实有效地解决了之前的问题，也令家长意识到了对于孩子的培养不仅仅是成绩方面，而应是多元化、全面化、素质化的。家长们能提前知晓学校的进度、活动安排，而校方也能及时了解到家长的态度，两全其美。

对于新媒体微信群的利用，主要集中在如下几个方面：

1. 政策、告家长书、费用清单等同步发布电子稿。
2. 各项活动安排、队团务工作、班集体建设等详细内容优先发布。
3. 亲子活动提前发布策划案并设立投票项目择优举行。
4. 线上开展一定文娱活动充实初中学生课余生活。
5. 及时发表班级、年级教学、德育近况与反思。
6. 打造有沟通、有交流的家校群，群策群力共同出谋划策。

总结下来，各级群的建立将沟通的时效性提高了不少，不但对宣传班级、学校活动起了积极的作用，还对家长们了解学校、了解自己孩子的近况，反馈孩子表现等起到实时、快捷的作用。

作为一名老师，我在这次改变后也着实感悟到了一件事：教师，不能仅仅照本宣科，照搬以前的方式方法；而要紧抓时代的大动脉，紧跟技术的发展与进步，利用信息时代多元化的教学手段，并加以不断修正与创新，才能有所收获。我想这恰恰证明了新媒体在动员组织家长参与各类活动的过程中所取得的积极作用。

【点评】

本案例中的班主任老师，本来想邀请家长一起与孩子参与主题班会，碰壁后，他利用微信群这一现代信息技术动员家长参与学校活动，听取家长意见，搭建家校桥梁,起到了意想不到的好效果。所以,做好家校沟通,需要有效利用新媒体在动员组织家长参与各类活动中的积极作用,使家长们能提前知晓学校的进度、活动安排,而校方也能及时了解到家长的态度,确保沟通的时效性。

(三)班级家委会

1. 班级家委会的功能和定位

(1) 班级家委会的功能

家庭是班级的重要合作伙伴,本着尊重、平等、合作、共赢的原则,争取家长的理解和支持,让他们积极参与到班级事务管理中来。家校合作已经是现代教育的一种趋势,可以让家长及时了解孩子在校在班的表现,又可以经过沟通,帮助家长提高教育能力,同时让社会、家庭、学校与班级之间相互联系、相互沟通,相互配合,共同完成教育教学任务,是让家长放心,让学生满意的一种有效举措。

第一,加强家校沟通,起到桥梁纽带作用。班级家委会是维系班级和社会、老师和家长的桥梁,通过家委会,学校可以及时让家长了解学校和班级工作的计划、工作的重点和难点。家委会及时把他们的意见、建议和工作向老师反映,进行双向沟通,让每一方都能准确无误的表达自己的意愿,并得到良好的回馈,达到共通共融。家委会促进了家长参与班级管理,加强了家长和老师之间的交流和理解,增进了家长和孩子之间的感情,同时也增进了孩子和孩子之间的友谊。通过家委会,家长和老师互相配合互相交流,打通了班级教育和家庭教育的双向渠道;老师和家长多交流多互动,合力营造群策群力的班风。

第二,积极协调家校关系,及时协助处理突发事件。家长对班级管理的有些意见,可能会因为各种因素,不便直接向老师反映,可通过班级家委会提出;对学校管理工作上的一些安排,认为正确的,大力支持,认为可以改进的,就努力建言献策。班级面临的困难和一些突发问题的处理,可由班级家委会向家长做协调工作,家委会要客观公正地表明态度。在家长与学校,学生与家长发生纠纷、冲突时,家委会可以及时做一些调解工作,化解矛盾,增进相互理解和信任。总之,家委会要善于协调班级、老师、家长和学生之间的关系,努力营造和谐、信任的气氛,支持班级的科学管理,支持学校的教育教学事业。

【案例】

加强家校合作,促进共同成长

前两年班里有一个小张同学,与父母的关系到了水火不相容的地步,任何一件事情,总是要和父母对着干,比如到了吃饭时间提醒他,他偏偏不吃,恨不得看都不要看到家人。常常为了一丁点的小事,小张就觉得父母亏待了他,不重视他,和父母闹别扭。后来父母都不怎么敢和他说话了,因为每说一句都被他顶到死胡同,父母很伤心,也很无奈。

小张同学在学校也逐渐表现出了偏激的一面,有时老师的一句鼓励,他认为老师是违心的,因为要顾及学生的自尊心;有时一句批评,他又觉得老师对他有意见,针对他。虽然在学校的表现没有在家里那么激烈,但是从他的眼神中经常看到的是不屑和冷漠。

基于学生已经对老师有所误解,如果班主任直接介入,可能效果反而不好。于是我想到了班级的后援团——班级家委会。让班委会的成员出出点子,和孩子沟通一下,孩子是不是更容易接受,效果是不是更好?于是我和其中的一位家长进行了联系。这位家长 A 性格开朗,而且是小张好朋友的爸爸,在同济大学从事对外联系工作,严谨而不失风趣。

如果采用对话的形式直接和小张进行交流,孩子可能会认为又是新一轮的理论教育炮弹轰炸,而本能地抗拒,所以我和 A 家长商量以后,让他采取不经意的方式和小张发生接触。如,放学后小张和朋友走出校门,A 就迎上前去,装作不经意地问班级情况,如有什么拓展课程啦,体育课上什么内容啦,在学校一天是不是很开心啦……小张虽然对父母的态度比较极端,但是他的本质还是一位善良敏感的孩子,A 是自己好朋友的父亲,亲切的话语让他觉得很亲近,温和的态度在他的心里泛起了涟漪,而且没有触及一点他的敏感地带,所以一下子拉近了和 A 的距离。相比之下,父母整天除了成绩就是学习,要么批评自己不努力,要么觉得与某某同学有差距,让自己每天生活在负能量的压力下,久而久之,感觉自己越来越差,离父母的期望越来越远,慢慢地有点心灰意冷。A 和他畅谈了几次后,慢慢地,他觉得 A 是一位可以信赖的大朋友。然后 A 慢慢和他聊到学校的学习以及和父母的相处,他也坦陈心迹。其实小张有自己的学习目标,不过在努力的过程中,虽然有时有收获,有惊喜,但是大多数情况下离目标有差距,有时还在退步,这时的沮丧无人诉说,这样的迂回曲折也经常让他迷茫无助。对于父母的期望,小张也是理解的,但是他们的唠叨就好像揭开了他的伤疤,激起了他的心头怒火。他心目中的父母应该是宽容的,能了解他的内心并化解他的郁闷情绪的。

A 向我反馈的同时,我和小张父母也进行了沟通。确实发现他的父母对孩子有着过高的期望,热衷于把自己的愿望强加给孩子。当孩子学习受挫,希望得到父母安慰和鼓励的时候,小张父母毫不掩饰地表达了自己的失望,小张会因为达不到父母的期望与要求而自惭形秽,对自己的能力产生怀疑,最终从根本上动摇对自己的信心。所以我建议他们适当放低对孩子的要求,充分尊重孩子的自尊和情感,不管学习成绩进步与否,争取每天让孩子感受到家的温暖,对话时不要居高临下,学会尊重孩子的人格,以温和的态度和孩子平等沟通,要让孩子感受到父母对他的关爱和信任,这样他才可能迸发出小宇宙的力量,达到甚至超越目标。同时要考虑孩子的实际情况,明确孩子的成长与进步是一个漫长的过程,不可能一蹴而就。建议父母时常提醒自己,克制自己的情绪,让孩子感受他们对他的爱。

A平时也经常和家委会的其他成员就小张的情况进行讨论,以便能针对性地解决孩子遇到的问题。同时也与小张的父母有联系,对他们提出了一些建议,也分享了一些自己的家庭教育经验。还及时了解小张在家的情况,便于有针对性地和孩子聊天。

同时,我也关注着小张的一言一行。利用他值日、午休前等时间,在他精神比较放松的时候,问问他生活情况、和班级同学的相处情况,拉拉家常,和他拉近距离。我慢慢发现,原来小张是在用抵触来表现他的逃避,用决绝的态度来抗拒家长的期望。但是他的内心也是非常矛盾的,一方面觉得愧对老师和家长,一方面又觉得目标遥不可及。一天天接触后,小张也逐渐对我敞开了心扉。

经过A的不断努力,小张已经能理解父母的一片苦心,也不抵抗父母对他的期望了。他的父母也认识到了自身的问题,尽量给小张创设一个民主和谐的家庭环境,平时以鼓励和支持为主,多用商量和讨论的口吻和他交流,而且还经常一起外出踏青、看电影等,逐渐走进了孩子的心里。小张也一扫以前的阴霾,逐渐回归阳光和自信。家庭氛围早已不再剑拔弩张,取而代之的是欢声笑语。

【点评】

本案例中的小张同学一开始始终把自己封闭着,班主任老师巧妙地运用了家委会的力量,借助小张班级好朋友的父亲来突破小张内心的防线,不再像小张父母之前那样只关注成绩分数,而是用心走入孩子的心灵,打开他的心结,班主任老师也趁热打铁,让小张重新回到家庭的欢歌笑语中来。

第三,出谋划策,促进班级的和谐发展。家委会的谋划,是在沟通、协调的基础上,群策群力,形成方案,分工落实,及时解决班级的实际困难,为班级多出点子多办实事。如班级开展综合实践活动,家委会可以根据家长的工作性质、爱好特长,结合班级开展综合实践活动,制订班级活动计划。家长分工合作,可以查资料,充实相关知识，联系参观活动基地，设计活动开展的内容、方式，预期达到的效果，设定奖品等，参与整个活动过程。通过班级家委会，提高家长参与班级管理工作的意识，调动家长的积极性，充分体现家长的知情权、参与权和发言权。

【案例】

绿色的纽带

作为班主任，我们理所应当承担班级管理者、学科协调人、各项活动组织者等多重身份。但身兼数职的我们常常感到疲惫不堪，毕竟也有任教学科的压力。同时，即便自认为是各方面发展全面的老师，也不能保证自己能够在各个领域游刃有余，做到非常专业。班级家委会的成立，让忙得焦头烂额并陷入困境的我看到了一丝转机。俗话说得好，一个好汉三个帮。这次学校开展的生态园种植活动，更让我深刻地感受到，家长这个队伍所拥有的强大教育力量，以及无穷的潜力。

上学期期末，生态教学活动如火如荼地开展起来，每个班级需要在学校生态园里承包一块菜地。这可让我为难了：首先，我并不会种菜，对生物学科也不熟悉。如何带着一帮孩子们搞好班级菜园，并让他们在此过程中学到和生物学有关的知识呢？其二，班级日常的教育以及自己任教学科的教学工作也让我无法抽身去和孩子一块种菜呀！于是，我请来了家委会的主要成员，并且和他们沟通了此次活动目标和内容。不久之后，家委会成员就针对生态园活动召开了一次会议。在会议上，几位家长纷纷献计献策，制定活动的方案，并且确定几位主要负责人，分管不同的版块。显然，这几位家委会成员的能力和执行力都是相当强的，当天晚上便开始了行动。小A的妈妈在单位是负责人事管理的，当天她便在微信班级群里开始了"广纳贤才"的活动。而平时搞市场营销的家长，也制作了宣传海报并分发给班级其他家长。海报制作精美，不仅介绍了此次活动，还开展了"金点子"评选，欢迎各位家长为生态园出谋划策。

短短一个星期，资源、人力方面都有斩获，整个活动成形了。家长们不仅通过讨论，决定了生态园里种植蔬菜的种类、种子的来源、播种日当天参与的家长名单，连日常的维护也安排得妥妥当当。

前期工作的充分准备使得当天的种植园活动也开展得格外顺利。家委会成员通过投票，推选了五位家长参与第一天的播种活动。家长们有的带着蔬菜种子，有的拿着锄头、浇花桶等工具来到学校。我们班的孩子们也一起参与进来，孩子们自发选择铲子、水壶等工具，进行松土、种植、浇水。五位家长中有专攻农业环境研究的教授，充当学术顾问以及"活的生物课本"；年长的爷爷奶奶有着"自留地"种植的丰富经验，可以传授给孩子一些种植的技巧；而那些身强力壮的爸爸妈妈们更是承包了填土、施肥和除杂草这类苦活。老中青三代人也许在平时的生活里没有共同的爱好，在菜园里却忙得不亦乐乎！活动结束后，家长都表示，这次活动拉近了自己和孩子们的距离。一位爷爷更是开心地说："孙子很久没有和我这么亲了！""平时我的孩子在家什么都不干，今天看到他那么努力地干农活，实实在在地感受到'汗滴禾下土'的艰辛，我觉得很有意义。"一位妈妈说道。听到这里，我也不禁对家委会的特别安排啧啧称赞。

生态园的种植活动仍旧在继续着。如今，在家委会成员的统筹安排下，每星期都会有家长轮流到生态园帮忙打理。前期家委会开展的网上"金点子"评选也有了新的进展。一位家长提出可以把生态园的种植活动延伸到每位同学的家中，这样同学和家长的参与面可以扩大。

而家委会的意见箱里也收集到这样一些信息：有些孩子们不重视副科的学习，生物课上的纪律比较松散。家委会立刻针对收集到的意见和建议进行了研究讨论。他们觉得孩子们不喜欢副科，是因为所学的东西既不需要考试，又和生活离得太远。能否通过生态园的活动，把课堂里所学的知识延伸到孩子们的生活里呢？经过几位主要家委会成员的出谋划策和牵线搭桥，又一个出色的活动诞生了。班级网站上发出了倡议书，要求做一个"植物生长和环境变化"的课题研究。学生们完成这个报告不仅需要自己在课堂上学到的知识，还要结合自身生态园的种植经验和观察报告。在此之后，每位学生家的阳台上都多了一盒蔬菜，家长和孩子餐桌上的话题不再仅仅是学习，还有他们共同努力播种的那抹绿色。那抹绿色慢慢让"更年期遭遇青春期"的亲子关系更为融洽和谐了。更让家长和老师惊喜的是原本沉闷的生物课堂活了起来。学生不仅课堂上更专注了，纪律问题不存在了，连课后都缠着生物老师问这问那。学期结束，终于到了课题收尾的时候了。由家委会牵头请来了同济大学环境专业的教授家长，给孩子们做了一个有关"植物生长和环境变化"的讲座。先前的种植观察和课堂课后学习，让学生更有兴趣也更容易接受讲座的内容。在讲座后，有些孩子对于最前沿的生物科技产生兴趣，甚至也要立志将来从事这块的研究；有些孩子更是对环境对于植物生长，甚至我们整个人类的影响有了更为深刻的思考。最后，课题的评议结果采取家委会监督，网上投票的方式公布，此次活动圆满结束。

此次活动的圆满成功，让作为班主任的我很有感触。因为这次活动，从刚开始的倡议、出谋划策、组织交流，到过程中的参与管理、沟通协调、助教讲座，到后期的评议……全程都是靠着家委会成员的努力完成的。这让我看到家委会这个组织的强大教育力量和无穷的潜力。家委会变成了学校和家庭的纽带,变成了老师和家长间沟通的桥梁,更变成了我们学校教育的一个强有力的后盾。作为教师,我一个人的力量是微乎其微的,只有得到家长甚至是整个社会的支撑,我们的教育才会产生最大化的效果。

感谢这一抹绿色!绿色代表着希望,代表着明天,代表着生机勃勃……有了这条坚韧的绿色纽带,相信家校合作以后会更为紧密和有效!

【点评】

班主任老师不仅要处理班级平时的事务,也担任了繁重的教学任务,而本案例中班主任老师利用生态园的种植活动,通过与家委会合作,不仅提升了班级的凝聚力,拉近了教师、学生和家长之间的距离,同时也让孩子们学到了生物学等各方面的知识,提升了学习兴趣,达到了家校合作的效果。

第四,拓宽教育,促进孩子全面发展。通过班级家委会,拓展家教指导的阵地,扩大教育信息的收集范围和信息量,提高家长素质和教育指导能力,使家委会更具实效性和可持续性,让孩子的教育成为全方位的、立体的教育,并可以弥补学校教育的不足。同时可以引导学生学会生活、关爱生命、全面发展、健康成长;又可以促进家长之间的相互交流和相互提高,以达到和孩子、和班级共同进步的效果。

第五,营造良好的班级生态环境,形成特色班级文化。学生的发展应当涵盖知识、品德、智力、情绪与人格等各个方面,是全面的和具有实效性的。班级生态环境,一旦有机形成,就成为一个学生特有的教育生态链。正像一粒种子找到合适的土壤一样,可以在阳光雨露中茁壮成长,让学生在班级中有存在感和归属感。班级家委会和老师共同构建班级的生态环境,结合学校教育教学工作和社会教育的时间,依靠班级文化,有所侧重地影响学生的发展,协助推动孩子的健康成长和班级环境的良好发展。

【案例】

来自家委会的一份倡议书

学校是学生成材的摇篮,家长是学生的第一任老师。为了更好地关心学生,帮助学生,了解学生,为了在教育教学方面收到更好的效果,为了协调好家长工作,充分发挥家长对班级教育的参谋和监督作用,进一步增强家庭、班级的共建力度,推进班级建设,构建和谐班级,我班成立了家长委员会。

家长委员会成立之初,我并不知道如何发挥它的作用。很多事还是靠自己处理,自己解决,但是也经常会有很多困惑和苦恼,比如孩子们沉迷游戏的问题。现代社会的发展,你想完全杜绝孩子不玩游戏是不可能的,但是往往有很多孩子一玩游戏就没有节制,影响到学习。有一次,在和我们班班长的聊天中,我问他:"你学习这么好,平常在家里是不是不玩游戏的?"他说:"没有啊,老师,我也玩的。""那你家长不管吗?""管啊,爸妈和我约法三章。"我一听,马上感兴趣起来。利用休息的时间,我给班长的妈妈打了个电话,了解了一下他们家的具体办法。班长妈妈在电话中给我作了详细的介绍,几分钟的交谈,使我豁然开朗,觉得这倒是个好方法,是否可以在班级中推广呢?

班长的妈妈就是我们班家委会的会长,于是,我与她商量是否可以把他们家的办法在家委会成员间讨论完善一下,发一份班级倡议书,在全班推广。在会长的积极联系和组织下,通过电话微信等方式交流,家委会成员们草拟的倡议书出炉了。

没过几天,我们的会长就发来了家委会成员们草拟的倡议书:

倡议书

亲爱的初一(2)班的各位家长们:

电脑作为开放式信息传播和交流的工具,走进了我们的生活。电脑网络在给社会带来新的文明和进步的同时,其负面效应也日益彰显,它就像一个陷阱。特别对于我们的孩子而言,他们没有很好的自控能力,很容易迷失其中,造成上课没精打采,影响听课效率,影响学习成绩。经家委会讨论,我们倡议如下:

1. 在孩子学习的时候,我们在旁边不看手机,不玩游戏,以身作则,做孩子们的好榜样。

2. 引导我们的孩子树立正确的游戏观,不沉迷于网络游戏。

3. 与自己的孩子约法三章,周一到周四坚决不玩游戏,其他时间每天最多一小时。

4. 实行上网预约制度,上网游戏可以预约,只有表现好,才能预约成功,获得玩游戏的机会。

5. 多带孩子接触自然,多陪伴自己的孩子,不要让游戏成为他们唯一的消遣方式。

一切为了孩子,让我们大家一起携起手来,帮助我们的孩子正确看待游戏,健康上网。

初一(2)班 家委会

倡议书经班级微信群发出，在家长们中间引起了强烈的反响，大家纷纷表示提的好，一定积极配合行动起来。慢慢地，一些平时经常打游戏，上课注意力不集中的孩子有了很大的改观，我问其中一个孩子："最近游戏还打吗？""爸爸妈妈和我订了协议，每星期只有双休日可以各玩一个小时。"我鼓励他说："怪不得最近上课认真多了，也不打瞌睡了，有进步哦，继续努力！"

俗话说"一个好汉三个帮""众人拾柴火焰高"。班级家委会的宗旨就是宣传和贯彻班级的活动和管理，充分发挥家长对学校教育、班级教育活动和管理的参谋、监督作用，为更多家长支持、参与学校管理、班级管理提供制度保障，协助班级打造优质教育，形成合力，架设学校和家长之间有效沟通的桥梁，让其成为班级工作最大的支持力量。通过这次的倡议活动，我深深体会地到了这一点。

班级的工作不是班主任一个人的工作，它需要家长的配合和支持。在以后的工作中，我也要学会依靠家长，让家委会成员有更多的机会参与到班级管理中来，携手家长，把我们的班级建设得更好。

【点评】

沉迷电脑游戏一直是影响孩子学习的主要原因之一，也是一直令老师和家长头疼的一件事情。而本案例中的班主任老师巧妙通过家委会的会长，利用家委会的力量，与全班家长和学生达成共识，制订好管理孩子玩游戏行为的制度，让班级建设管理工作更加完善。

(2) 班级家委会的定位

教师如何正确处理好家校关系，是当前学校教育和班级管理工作中必须要面对的一个新问题，也是一个难题。大多数家长虽然为孩子的成长出钱出力，但对青春期身心发展特点和科学的教育方法知之甚少；虽然也想了解并参与班级管理，却缺乏有效的渠道，以至于有时会出现沟通不畅，或不理解学校的教育手段和教师的教育策略，甚至产生误解和矛盾，出现纠纷。

第一，依靠班级家委会加强班级管理。自主自理的班级家委会让家长能接受、理解、支持、参与，充分调动家长参与学生教育和管理的积极性，避免家校矛盾，努力建构有利于学生发展的学校、家庭、社会一体化学习环境，让孩子在和谐健康的家校关系中受益，使学校与家庭在教育观念、教育方法上达成一致，形成教育的合力。

第二，班级家委会与校级家委会相互作用相互影响。班级家委会是校级家委会的有机组成部分,其中的成员可以经推荐成为校级的成员。班级家委会可以就班级反映出的学校情况向校级家委会反映,校级家委会可以就班级的具体情况联系班级家委会,共同寻求协商或解决的方法。校级家委会成员可以由班级家委会成员自荐或推选产生。

第三,为班主任和家长搭建了一个交流的平台。让家委会成员积极参与班级活动,充分发挥家委会对班级的管理作用,增强了班级凝聚力,使家长关注学生成长的同时,也积极关注班级和学校的发展;促进家长和老师之间的关系和谐,使老师与家长的交流、沟通更加方便,老师和家长能够形成合力对学生进行教育,家委会成了班主任班级管理的坚强后盾。

第四,班级家委会起到了一个纽带的作用。班级家委会作为学校家委会的组成部分,其中一部分成员可以作为代表参加校级家委会,既可以把各个班级、各个年级的情况进行汇总、归类、总结,又可以把学校的办学理念通过代表传达到班级家委会,可以全面、客观真实地了解学校的教育教学情况,从而主动宣传学校形象,为提升学校的品牌献计献策,从而形成由点到面的良性循环。班级家委会起到了一个纽带的作用,通过家委会成员的共同努力,可以实现家庭、学校和社会教育的共赢。

第五,学校家委会的主要职责:

支持学校教育教学工作,积极参与学校管理,为学校发展出谋划策;组织家长对全体教师以及学校工作进行监督,并通过有效渠道提出合理化建议,促进学校与社区、家庭建立更加密切的联系;及时反映广大家长要求,让学校及时了解家长的心声;做好学校宣传工作,扩大学校影响和知名度,同时协助学校办好家长学校,不断提高家长自身素质;积极带领广大家长参加学校组织的各种活动以及家长学校的活动;对学校的各项工作进行有效的评价和反馈等。

第六,班级家委会的主要职责:

关心和支持年级、班级教育、教学工作,为班级进步出谋划策;协助年级、班级以及各任课教师开展家长学校工作;加强家长与教师的沟通和联系,积极参与班级教育、教学管理;对教师的教育、教学工作进行适时的评价与反馈;积极带领年级、班级、学生、家长参加学校的各项评估活动等。

【案例】

一次活动的背后

我们班的7位家委会成员由家委会的主任蒋妈妈牵头,成立了家委会群,其他成员2位分管学习，2位分管活动，2位分管生活。大家会定期反映些问题，群策群力，班级的大小事务也在家委会的参与管理下，变得井井有条。有一天蒋妈妈在群里提出了孩子们的课外实践活动是否可以提上日程，询问大家是否有好的提议。这也是我一直关心的问题之一，于是在群里大家开始交流资源。有一位委员邹妈妈说可以带孩子去可口可乐工厂参观，了解制作流程。大家纷纷表示很好，只是这恐怕不能活动多次，很难持续办下去。还有身为大学教授的朱爸爸提出可以让孩子们去参加同济大学的活动，他也可以负责几次讲座。蒋妈妈坦诚地表示，她是杨浦区一敬老院的院长助理，建议定期带学生去慰问看望老人们，与敬老院结对。几个方案都不错，综合考虑觉得敬老活动可以持久地开展，而且对于培养孩子的感恩之心，志愿服务意识，活动组织能力等都会有帮助。家委会最终决定班级课外活动以"孝亲敬老"为主线，大学科研讲座为辅，间或进行其他参观活动为补充，并表示要征询全体家长意见。在一天时间内，通过聊天工具，就能把班级活动策划安排好，家委会确实是班主任的强大后援团啊。

　　于是端午、重阳等节日或双休日，蒋妈妈会负责敬老院的接洽，我负责组织和统计有时间参与的学生，家委会再出一位负责人，和我一起在现场协调，并负责拍照摄像。我们会带着一些小礼物和小节目去看望老人，为他们带去欢乐。其他家长们见活动有意义，也非常支持，主动帮忙负责接送孩子，有的家长还会买些适口的点心送给老人。组织的几次活动进行得很顺利，看到学生关爱老人，变得越来越乖巧懂事，我和整个家委会成员都表示很高兴，在群里也会互相点赞。

　　第二年的五月底，学校准备庆祝六一儿童节。而我希望孩子们的这个儿童节能过得更充实更有意义，建议庆祝活动结束后带学生去敬老院看望老人们。因为这一天是周五，学生参与率特别的高，纷纷报名参加。可全班这么多人前往路程较长的敬老院，交通问题怎么解决呢？我在家委会群里提出了疑问，朱爸爸想到学校都有校车，可否问学校借校车，但不巧的是校车已经事先借出。怎么办？难道这次活动只能放弃了吗？

　　微信提示音响起，原来是家委会主任蒋妈妈在问我：这次一共有几位同学能去？有多少家长能提供搭车？我回复：28人参加，包括我。这时候其他委员也很快就有了回应，好几位家长表示那天可以来接送孩子们。看着跳出来的一条条消息，心中暖暖的，不过家委会成员里那天能来的只有4位，只能解决一半学生的交通问题。蒋妈妈又建议说："我再去家长群中发消息，一定还会有家长有时间的，毕竟这是很有意义的活动，家长如果能帮上老师和班级的忙，一般都会不遗余力的。"家委会成员都赞成，于是，蒋妈妈赶紧在家长群里发出邀请，果然，不到半小时，又有4位家长报名,问题解决了。

蒋妈妈和这8位家长另外建了个微信群,把我再拉进去,取名"志愿者在行动群",他们说这样活动起来交流更方便,这一场爱心活动就此正式拉开序幕。六一当天虽然天气阴沉,但大家的心是火热的,"志愿者在行动群"中午之后就开始活跃了,有细心的家长将去往敬老院的路线图贴上来,相约2点半左右在校门口附近等。2点10分,一位家长到了,过了几分钟,又一位家长发微信说到了校门口……放学前,8位志愿者家长到齐了。我抓紧时间结束班级事务,带着全班同学赶往校门口,由于事先已经将他们4人为单位分好小组,家长开车的学生作为联络员,所以学生们很快在学校附近找到相应的车子。校门口人渐渐少了,车子一辆辆出发赶往敬老院,一切有条不紊地进行着,我悬着的心也落了地。

到了敬老院,身为院长助理的蒋妈妈忙着安排活动;孩子们认真听着工作人员的指点,分组服务老人;家长们大多没有离去,也在一旁帮忙;家委会分管活动的家长在给孩子们拍照留下纪念。孩子们卖力地哄老人们开心,给他们捶背,讲故事,表演节目,院子里充满欢声笑语。活动结束后,家长志愿者们将自己负责的孩子分别送到家,爱心行动落下帷幕。

这次活动能顺利开展,离不开家长委员会成员的鼎力支持,正因为有了大家的群策群力,分工合作,才能克服困难,让活动顺利进行。这次活动也让家长、老师和学生的心变得更近,大家通过活动增进了理解,为以后的班级活动展开打下良好的基础。

【点评】

学生社会实践活动是学生接触社会、感悟成长的很好平台,案例中的家委会从敬老爱老出发,通过去敬老院为老人献爱心,让他们明白尊重老人的价值和重要性,而当组织活动遇到困难时,家长们也群策群力,利用自己的资源,想尽办法解决问题,为活动的顺利展开作了有力保障。

2. 有效家委会的特征

(1) 有合适的领军人物

要有效发挥班级家委会的作用,就得有个领头人。家委会成员的综合素质、水平和对班级事务的热心程度,决定了其是否能成为核心人物。那些具有热心、爱心和关心并且具有一定能力的家长,都可以作为班级家委会的组织者、指挥者和领导者。

(2) 家长积极参加活动

根据学校和班级发展需要,家委会对自身的定位进行思考,明确当前学校教育、家庭教育和社会教育的动态,及时收集和反馈家长的意见和建议,协调并参与班级管理,提高实效。对每次活动要达到的目标有清晰的认识,清楚地知道为了达成目标需要做什么工作,十分明确如何分工和合作才能实现目标,而且每一位成员都愿意为此共同努力完成任务。

(3) 具有各方面的专业知识

有效家委会的服务工作不仅仅局限于为孩子提供后勤服务,还可以利用各行各业家长的专业知识和技能,开发家长教育资源,让孩子们开拓视野,丰富课外知识。也可以把所学的知识和实际有效结合,让孩子们学以致用,让学习的过程从平面的书本知识延伸到立体的社会实践,不仅提高了学习兴趣,同时还培养孩子向善的道德品质和向上的精神追求。家委会成员应发挥自身的优势,在条件许可的范围内为班级的发展、为孩子的成长建言献策,为学校的发展尽心尽力。

【案例】

家校合作,事半功倍

学期初,我们班级就遇到一件事,有两个学生先后向我反映自己的钱放在课桌里不见了。这种事情谁都知道很棘手,怎么查呢?上学期就有一个学生报告说他的钱包不见了,我想可能有人开玩笑把它放在别人的桌肚里,放学后请同学帮忙一起查看了一下。粗粗看了一下没有收获,就作罢了(真后悔当时没有认真看清楚,那时的皮夹子还真有可能在某人的桌肚里)。根据后来的调查,证据指向小 A,小 A 刚转来我校,本着对孩子负责的态度,我并没有揭穿,而是采用在全班教育的方法,一是再次希望 30 元物归原主;二是希望同学们提高认识,加强防范。我在期待这个孩子是有良知的,只是一时糊涂,我想给他足够的机会,希望他能好好把握。但是上次 30 元钱还没回来,这次又有同学钱不见了,问题严重了。我吸取上次的教训,一方面要求学生加强防范,一方面展开调查。当天放学后就认真查看了每个同学的课桌,果然在小 A 同学的课桌里发现了 100 多元钱,钱发现了,后续工作怎么做?

作为教师,我深刻地认识到这样的事情不管是否能处理好,对学生来讲都是重大的转折。第一时间,我想到了联合家长解决这个的问题。就在我思考如何联系小 A 同学家长的时候,班级里的小 Z 同学妈妈给我打来电话,小 Z 同学妈妈是班级家委会的成员,经常会为班级工作出谋划策,这次"受害者"里就有小 Z。我看到电话以为是这位妈妈要"兴师问罪"了,心里实在有些尴尬。没想到小 Z 妈妈第一句话就说:"张老师,一定要慎重对待这件事,我建议先保密处理,不要声张,要对孩子的终身负责哦!"我一听非常感动,作为"受害者"的妈妈却能如此换位思考,实在令人敬佩。我之前就了解到小Z同学的妈妈在法院工作,但基于小Z同学同学是"受害者",没好意思开口求助,没想到小Z同学的妈妈主动打电话来了。她在电话中跟我交流了一些青少年犯罪的案例,分享了对轻微犯罪的青少年的教育经验,她建议我先跟小A家长开诚布公地谈,让家长感受到老师的真诚,是真心实意为了孩子的发展,从而争取家长的合作,妥善地解决这次事件。于是我当晚就约小A爸爸,小A爸爸也非常配合,立马赶到学校,我也并没有转弯抹角,直截了当地告诉他班级最近发生的失窃情况以及在他孩子的课桌里发现了钱。基于对孩子负责的态度,我不能就此肯定钱就是小A拿的,但是我认为家长应该是最了解孩子的,希望家长协助我一起了解一下放学以后为什么他的课桌里会有钱。当然对这次谈话我也事先设想了很多种情况,跟小Z爸爸一起讨论准备了各种应对办法。大概是因为我诚恳的态度,小A爸爸十分合作,确认孩子不可能有这么多现金,而且也有可能做这件事。随后孩子的妈妈和孩子一起来到学校,让我感受到这两位家长对孩子是负责的,也让我看到这件事能妥善解决的希望。我和家长一起就此事询问孩子,虽然过程不是很顺利,当时小A坚决不肯承认钱是他拿的。孩子的妈妈希望我再给他两天的机会,让他好好反思,我征求了孩子的意见,愿意给他机会。

在家、校的共同努力下,孩子终于承认了自己的错误,并当面将钱还给了同学,我也履行了我的承诺,并没有向全班宣布,维护了孩子的尊严。同时也邀请了小Z妈妈在班会课上说说她的工作,带领孩子们一起学习了相关法律,让孩子们一起学习我们应当遵守的"界限"。后续,我也在小Z妈妈的指导下,再找小A谈话,动之以情、晓之以理,希望他能真心改过,我们才能既往不咎。在谈话后又与家长作了沟通,赞扬他们对孩子负责任的态度,希望孩子能以此为转折成长好。家长也对我表示了感谢,一场风波就在家、校的共同努力下化解了。这样一件棘手的事因为有了热心、专业的家长委员而做到了既教育了孩子又保护了孩子。从家长的角度出发处理问题,让家长感受到老师的真诚,换来的是家长的信任,从而配合老师妥善解决孩子成长道路上的各种问题,可谓"事半功倍"。

【点评】

诚信友善是社会主义核心价值观中对孩子行为规范的基本要求,本案例中一件很普通的财物失踪事件让班主任老师也一度陷入困境,但他并没有乱了手脚,而是仔细分析如何认真地处理好这件事,通过专业的家长委员的帮助,做到了既教育了孩子又保护了孩子,家校合作让风波化解。

(4) 家委会的自主运作

家委会成员之间能相互合作相互信任,对于活动方案的具体实施,如果存在不同意见,能平和表达之间的观点,说明理由,也能积极就不同意见进行分析讨论,以期达到更好的合作效果,从而确定更好的活动方案。另外,如果在和孩子们一起拓展活动,遇到各种矛盾或困难时,能用各种沟通方式达成目标,给孩子们上了生动的一课,既提升了家长教育孩子的实际水平,也用实践让孩子明白沟通的意义,让他们学会站在别人的立场上思考问题,摆脱以自我为中心的习惯,学会宽容和理解,才能赢得朋友,有所收获。利用家委会的力量来达到更好的效果,无须教师事必躬亲。

(5) 关注班级孩子的全方位发展

家委会如果总是以定期开会讨论的形式或让家长走进课堂,这样的传统模式虽然也可以有一定的积极作用,但是形式未免单一,而且这样的方式可能让学生总觉得老师和家长高高在上,难以靠近。所以可以采取一切有效的方式,来开展家委会的活动,促进孩子的全面发展。比如家委会成员为孩子开展多种多样的知识讲座;家委会成员利用休息时间配合老师,组成护路队,确保孩子上学和放学路上的安全;利用互联网的优势,用 QQ 群、微信群等方式分享家教经验,加强家校联系;学校的重大活动可以和孩子们同台演出,一起体会成长的快乐;可以组织家长和孩子进行辩论赛,就热点或敏感问题直抒胸臆;可以带领孩子利用节假日走出家门,去寻找城市的历史文化古迹、去感受浓浓的书香、去触摸大自然的美好风光……让孩子们在学习文化知识的同时,关注社会,拓宽视野,提高层次。同时,还能让他们感受到父母和老师对他们的浓浓爱意,逐渐消除与家长和老师之间的隔阂,更加健康快乐地学习和成长。

【案例】

<h3 style="text-align:center">一个好汉三个帮</h3>

作为一名年轻的初中教师和班主任,凡事都需要从头学起,在不断摸索中积累总结经验。为了更好地了解初中学生的特点,我经常向身边有经验教师虚心求教,但从另一方面而言,最了解自己班级学生的除了老师应该就是学生的家长了,因此,与家长的及时沟通必不可少。现今,家长的工作都非常忙碌,但又时刻心系孩子在校的学习生活情况,因此,手机成了一个非常实用的沟通交流平台。而我们的

家委会的交流就可以建立在这些互联网工具上。

有家委会成员在聊天时向我倾诉，自己第一次为人母，第一次面对青春期孩子的种种症状，不知道怎么和现在的孩子相处，不知道怎么处理这些棘手的问题。虽然我是年轻班主任，但是，我与孩子接触的时间长，也受过专业的心理和教育指导，了解这个年龄孩子的特点，并且，在与老教师交流的过程中我也学到了许多育人之道，周围老师也会经常给出十分有针对性的意见。我将我的经验时常在家委会的平台中分享，不是就教育理念泛泛而谈，而是结合发生在自己孩子身上或周围同学身上的具体事例，以及解决方案与解决效果，这样，家委会成员在教育孩子的策略上可能会更有方向性，可选择的方法也更丰富，他们也会将自己的感悟分享给班上的其他家长。

年轻教师也有自身的优势，与学生年龄差距小就是一个非常有利的条件，现在的我在遇到不少事情时，还能回想起自己作为学生时经历类似事件的情景与感受，因此，更能从孩子的角度出发考虑事情，更能理解孩子的想法。同样，在一些家长已经管不了的事情上，学生可能更愿意听我的，比如家委会成员在班级群中了解到家长对孩子的手机瘾毫无办法，于是，家委会成员一同商量对策，由我出面与学生协商对使用手机约法三章，较好解决了这个问题。

在教育孩子的问题上，学校与家庭缺一不可，行为习惯的培养就是一个典型的例子。班中有这样两个孩子，他们在校与在家时的表现大相径庭。其中一名男生告知家长，同学经常欺负自己，却未告知自己的所作所为。另一名女生，回家抱怨班级里的女孩子常欺负男生，毫无规矩，该生家长前来质问，但实际上这名女生自己也屡次参与。遇到这类情况，我们通过家委会，及时、尽可能多的沟通，使老师、家长双方了解情况，并及时遏制不好的行为，使得一些谎言无可趁之机。又如，在校期间，我们班的班规是统一由我为孩子保管手机，而我的班里曾发生这样一件事情：我在班级微信群中发布了今日上交手机的名单，但有一位家长告知我她的孩子并没有手机，经过一番调查才知道，孩子原本的手机被家长没收，孩子用零花钱在淘宝上自己买了一个。然而，这些问题的责任并非全在孩子，"缺爱""缺关注"是很多孩子犯错误的根源所在，作为班主任，提醒家委会关注这些问题，提醒全体家长意识到问题所在，才能有有效的后续教育跟进。

家委会作为一个班级的核心团体，大家在提升自己的同时，让更多的家长们一起探索该年龄段孩子的教育方法。同一个年龄段、同一个班级的孩子在校时的表现、在家时的表现，与家长相处时的矛盾都是有共性的，因此，通过家委会的介入与及时交流，年轻的我与年轻的家长们在育人的方法上可以互帮互助、共同进步！

【点评】

如今很多年轻的80后、90后家长本来就是独生子女,本身就是在自己父母的呵护下长大成人的,所以如何正确地教育孩子的确需要班主任老师去指导,因此年轻班主任也需要自己去学习家校沟通的方式方法,不断提升自己的教育理念和方法。

3. 家委会的组织和运行

(1) 家委会的组织

班级家委会成员的数量,可以由班级人数确定,也可以不拘泥于数量,让有心参与孩子共同成长的家长一起参加。以组织班级活动和提供帮助等形式为主,同时积极配合学校的各项活动。不管是哪一种分工方式,都是为了合作完成家委会参与的活动。通常家委会有一些分工方式:

按负责的内容分:可以分为策划部(负责组织、策划班级内外的各项活动及安全,协助完成学校安排的各项活动)、宣传部(宣传学校新的教育理念、学校和家长委员会的工作和成果。宣传班级好人好事,好的学习、教育方式等。宣传班级活动、班级动态、协助完成班级活动的策划、摄影、摄像、影音制作)、后勤财务部(进行财务把关,负责制定后勤采购方案,预算管控,统管一切花钱的所有事务,并为班级活动提供后勤保障,包括活动所需器材的租用与购买方案的制订,具体物品的采购)等。

按组成的人员分:可以分为会长(对学校即将倡导的活动事宜把握方向,提出相应的活动方案或计划)、副会长(落实各项任务分配工作,责任到人,遇到困难积极及时协商协调)及成员(参与各项活动的过程,分担责任,配合完成工作)。

【案例】

家委会成员有效协助教师开展工作

我班的家委会主要由热心班级工作的家长组成。家委会充分认识到网络在联系家、校、学生之间的重要性,建立班级微信群,为大家创建一个学习、交流和讨论的互动空间,家校互相交流、互相沟通,为培育孩子创造良好的教育环境和氛围。微信群发挥着家校联系功能,是促进家校互动,提供了教育孩子的交流平台。

家委会成员各有分工,有的家长负责活动,有的负责学习,有的负责事务的召集。一年一届的校运会又将举行,怎么让我班的入场式更有特色呢?我征求家委会成员的意见,依靠家长的力量来为班级出谋划策。负责活动的家长帮我一起想办法,并帮班级买好入场式用的道具,我只要给学生编排动作就可以了,入场式的问题迎刃而解。这让我真切感觉到班级的事情不是我一人孤立无援的在做,而是一群智囊团一起来完成,这让我做起事来更得心应手。由于大家的一起努力,我班的体育节入场式表演获得了二等奖。

我班还有负责学习的家委会成员,班里小 C 同学学习成绩很好,家委会成员就邀请她的家长与大家分享育儿经验。小 C 妈妈还把预备年级以来小 C 学过的古诗文做成了 PPT 课件,分享给家长。

学校布置的各种活动,每次都有很多同学积极参与,这得益于家委会的带领,家长背后的支持,而且每次活动的质量很高。例如体育节获得广播操、入场式的二等奖,团体比赛第二名,拔河比赛第一名;小 L 的书画作品获得区级奖项;小 Z 获得上海市中学生作文比赛三等奖。

总之,家委会工作促进了家校的沟通与交流,为班级建设和学生们的成长起到一定作用,有效协助教师开展各项工作,通过创造多样化的家校联系方式,达到了共同教育的目的。

【点评】

班级家委会应该是一个有计划、有目的,为班级的各项工作出谋划策的组织,本案例中校运会入场式的工作,优秀学生小 C 同学家长的育儿分享,都体现了家委会的力量,进一步为班级建设和孩子的健康成长给予了一定的帮助,达到了家校共育的效果。

(2) 家委会的运行

俗话说:"火车跑得快,全靠车头带"。要有效地发挥班级家委会的作用,成员是关键。虽说家委会成员没有职位没有待遇,但并不是每个家长都能胜任,因为家委会要有质有量,并且要胜任各项工作。班主任可以借助学校的倡议书,让家长明确家校合作的必要性,在全面调查了解、做好家访工作、掌握第一手资料的基础上,将那些具备热心、爱心、关心同时又具有能力和实力的家长选入家长委员会,使之成为班级管理的组织者和领导者。然后按照一定的组织形式,让家长各司其职。

尽快熟悉并获得家长信任。在家委会成立后,班主任可以借助各种活动,在各种场合下树立家委会的形象,让他们积极参与班级的日常管理工作,确立他们在班级中的地位,使他们真正成为班级的主人,参与班级各个方面的工作。家委会成员通过参与管理,充分发挥各自的特长,为班级活动和发展献计献策,从中体会到自身价值的存在,从而产生一种光荣感、自豪感和使命感,进一步提高他们对家委会工作的热情。在积极参与学校工作中,让他们亲眼看见教师为了精心培育孩子而不辞辛劳,情感上与老师产生共鸣,激起他们的回报之情,从而产生参与班级管理工作和扶持班级发展的强烈欲望与热情。

家委会参与学校活动。家委会参与学校活动可以不拘一格,家长可以参加学校的各种节日,如体育节、艺术节等;可以走进课堂和孩子们一起听课,了解孩子在学校的表现;可以利用自身专业,给孩子们上拓展课,让孩子了解不同的行业,见识不同的领域,开拓视野;可以和孩子共读一本书,分享读书的快乐,并在班级开展读书交流讨论会;还可以定期组织开展有关家庭教育的讨论会,分享家教经验,交流教育困惑,既有助于家长之间相互切磋,也有助于班主任从中借鉴和学习。

家委会成员统一认识。家委会是班主任班级管理的强大后盾。家委会全体成员需要统一认识,明确家委会的权利和义务,发挥各自优势,分工合作,发挥好家委会参与、监督、评议和促进的作用,成为化解家校矛盾的重要保障,沟通家长与班级的纽带和桥梁。

【案例】

十四岁生日的来信

十四岁意味着什么?意味着幼鸟儿仰望蔚蓝的苍穹,即将振翅飞翔;意味着初航的水手,面对波澜壮阔的大海,即将扬帆起航;意味着青春飞扬的少年,站在人生的十字路口,即将策马奔腾,走向远方……

为了庆祝这重要的日子,学校决定在我们初二年级举行十四岁集体生日活动,要求每位家长都给孩子写封信,作为十四岁的生日礼物。我积极配合学校的工作,早早就把任务在我们班的家长微信群里公布出来,并邀请班级的家委会成员——小琳妈妈,协助完成这项工作。没过几天,我就陆陆续续收到了部分家长的来信,可另一部分家长却迟迟没有动静。

"华老师,您好!您要我写的信我已经发到您的邮箱了,请注意查收。"潇潇爸爸的一条微信让我有些不悦,明明应该是积极主动写给自己孩子的信,怎么说得像是为我而写的呢?当我在邮箱里找到了潇潇爸爸的来信时,我更惊讶了,整封信寥寥数行,不足百字,内容前言不搭后语,像是网上随便摘录过来的。我的脑海里闪现出潇潇看到这封信时的情景,他会失望、愤怒?还是麻木、迟钝?潇潇爸爸的这个做法真是太不负责任了。看着桌面一叠或包装精美,或平实、朴素的家长来信,我的心里打起了小鼓,真不知道这些信又是怎样的情况。

我来到教室,跟孩子们聊起了家长写信的事情。有的孩子说,爸爸妈妈非常重视这次集体生日活动,特别认真地写了信。可另一些孩子却无奈地表示,爸爸妈妈并不太愿意完成这项任务,随手写了一封。更有甚者,有一个孩子居然告诉我,信是他妈妈让他自己写了交差的!听到这些,我陷入了沉思,是什么原因导致家长如此忽视这样一个亲子互动的好时机?是因为应试教育的重压,让爸爸妈妈只关注孩子的学习,从而忽视了心灵的沟通?是因为工作太忙,无暇顾及孩子的心理需求?抑或是因为没有意识到十四岁这个年龄的重要性?

我带着这些疑问向小琳妈妈咨询,小琳妈妈觉得可能是我的宣传力度还不够,没有引起家长的重视;抑或是每位家长情感表达方式各有不同,不习惯向孩子书面表达关爱之情;也有可能是部分家长文化程度不高,难以胜任这个任务。在我的恳求下,小琳妈妈以相互交流为名,把自己写给小琳的信发到了家长的微信群里:

亲爱的小琳:

你好!

当我知道你们学校即将举行十四岁集体生日活动的时候,妈妈的心情比你还要激动!

你知道十四岁意味着什么吗?它意味着你原来那个天真无邪、无忧无虑的儿童时代已经慢慢远去,而另一个由你主宰、多姿多彩的世界正在向你走来!

还记得三年前,当你刚刚升入初中的时候,浑身上下洋溢的稚气是那样可爱!每天早上,你用甜甜的嗓音跟妈妈说再见;每天晚上,你都在家笨拙地练习新的广播体操,努力地学习新的课程,你的小脸上总是挂满天真与喜悦。

三年来,你渐渐长大了,不再有兴趣去爬公园里的那棵老树,也不再留恋小区生态园里的花花草草;你对爸爸妈妈越来越体贴,常常帮我分担家务;你在亲戚长辈面前更加有礼貌;你举止得体,遇到矛盾学会了换位思考;你积极参加公益,把青春和活力散播到每个角落;你更专注于学习,为即将到来的初三做最充分的准备。

你的同学们也都和你一起成长着,男孩们组建了球队,在校运会上为班级的荣誉奔跑;女孩们也不甘示弱,在艺术节上展示自己的风采。你们开始有了自己的小秘密,习惯于和同伴而不是师长分担成长的烦恼;你们甚至个个都比你们的班主任华老师高了!

妈妈为你的成长感到高兴,同时也为你捏着一把汗!十四岁,是承担法律责任的起始年纪;是理性与感性冲突最大的年纪;是个性趋向独立的年纪;是把同伴看得比父母还重要的年纪。十四岁,对世界的认知还很有限,经验和阅历都远远不够,却向往着寻求新奇和刺激。十四岁,更是为将来的人生打下坚实基础的关键时刻。

在这青春飞扬的日子里,妈妈希望你要学会自立、自强、自省,因为自立能"成人",自强能"成器",自省能"善身"。还希望你懂得感恩,用积极上进的心态去面对成长中的困难,走好青春的每一步!

孩子,去热情地拥抱你们的青春吧!妈妈是你坚强的后盾!

如我们所愿,当天晚上,家长微信群就热烈地讨论开了,不少家长主动承认,之前没有重视这个特别的生日活动,写给孩子的信太过敷衍了,应该重新写一下。小琳妈妈顺势给出了一些指导意见,建议家长们可以在信中回顾一下孩子的成长历程,总结一下孩子的优缺点,抒发对他们的真挚情感,提出对他们的殷切期望,还要注意关于学习方面的忠告要有节制地提出,不能引起孩子的反感……总而言之,在这个激动人心的日子里,孩子们会比平常更富有责任感,更容易体会父母对自己的真挚情感,更愿意倾听师长的教导,更乐于接受他人的意见,千万不能错过。

第二天,不少孩子都交来了爸爸妈妈重新撰写的来信,我和小琳妈妈开心地统计着来信的情况,却发现小嘉的爸爸妈妈还没有动静。让我和小琳妈妈不安的是,小嘉的爸爸妈妈是班里唯一没用微信的家长,我们在微信群里讨论的内容,他们都无从知晓。我找到小嘉,问他为什么没有及时上交父母的来信。小嘉没有说话,默默地从口袋里掏出了一个皱皱的、封了口的信封,递到我手上。一接过信,我就感觉不对劲,因为它太轻、太薄了!我对着阳光仔细看了一下,发现这压根就是一个空信封!我将质疑的目光投向小嘉,却发现他目光躲闪、面露难色。我不动声色地打发走小嘉,立刻给他妈妈打了个电话。原来,小嘉的爸爸妈妈都是在火车上工作的列车员,最近一直出差在外,根本没听小嘉说起过写信的事情,平时在家照顾小嘉的,是患有白内障的爷爷和不识字的奶奶。了解到这个情况,我和小琳妈妈都忍不住红了眼圈,小琳妈妈自告奋勇,以小嘉父母的口气,给他写了一封信,偷偷塞进了他的空信封。

就这样,我们终于收齐了所有的家长来信,我们想象着拆信的那一天,孩子们一定会有特别的感动和惊喜!

【点评】

十四岁生日是对一名初中孩子一次重要的仪式教育,本案例中学校组织家长在孩子十四岁生日之际通过传统的书信形式拉近亲子关系,表达对彼此的情感。

而小嘉同学因为父母工作的关系,爷爷患病而奶奶又不识字,因此没有收到来信,聪明的班主任老师找了班中另一位晓琳妈妈为他写了一封信,虽然是善意的谎言,但也让孩子倍感温暖,起到了这次书信沟通的效果。

三、指导与引领:家庭开展青春期教育

青春期是指性器官发育成熟、出现第二性征的年龄阶段。青春期具体的年龄段,在世界各地稍有差别,世界卫生组织规定为10—20岁,我国一般指11—17岁。男孩进入青春期较女孩晚1—2年,发育早的女孩9岁就开始了。人们把青春期称作"暴风骤雨期",在这个阶段,孩子们的身心会发生非常快速而显著的变化,随之而来会产生很多的心理甚至行为问题,因此青春期教育越来越引起学校的重视。

近年来,大量的案例与研究表明,青春期教育仅有学校的关注是不够的,它应该引起社会、学校和家庭各方的重视,形成合力,系统地开展,才能取得成效。根据有关部门调查显示,家庭中开展青春期教育的情况并不十分理想。家长不能正确定位自己在青春期教育中的作用,他们认为自己在对孩子进行青春期教育的过程中只起到辅助的作用,而且也缺乏相应的方法。因此改变家长的教育理念,提升家庭青春期教育的能力变得刻不容缓。

1. 指导家庭开展青春期教育的意义

(1) 家庭中开展青春期教育更易取得成效

青春期教育是依据进入青春期以后的青少年生理、心理发展特点与需要所实施的包括生理、心理、道德、审美等方面的综合性教育。从内容上看,由于青春期最显著的特点就是身体上的性成熟,因此性教育是其中的主要成分。但仅仅将性相关的知识传授给青少年是远远不够的。青少年真正需要的教育是如何适应这些身体上的和生活上的变化。具体包括:如何重新认识自我,如何重新认识自己与他人的关系,包括与父母的关系、与同伴的关系、与社会的关系、与异性的关系等。从这个角度来看,可以说青春期教育的实质是帮助青少年重新认识自我与适应新的人际关系,是一种以青少年的人格培养为主旨,以塑造其健康人格为目的的教育。

家庭对青少年的心理影响巨大,尤其在青少年儿童的人格发展中,家庭的影响力远大于学校和其他因素。在进入学校之前,家庭一直是孩子唯一的世界,孩子的价值观和信念都发源于家庭,学校教育的影响都是后来的,同时家庭的影响也在持续着。孩子的言行态度无不深深刻着家庭的烙印。所以在家庭中开展青春期教

育,效果会更好。

(2) 家庭中开展青春期教育更有针对性

每个学生进入青春期的时间不可能完全一致,他们面临的青春期生理发育和心理发育状况也不尽相同,遇到的与青春期相关的问题也因年龄、性别和个体的差异而不同。这就要求除了教给他们普适性的一些知识以外,还需要根据孩子的发育特征,有针对性地进行青春期的个别指导。显然,学校是无法做到这一点的。而家长最有资格和义务承担这个责任,他们每天和孩子生活在一起,对于自己孩子青春期的生理、心理发育情况都能及时察觉,完全有条件做到根据孩子提出的与青春期有关的具体问题给予恰当的解释和引导。

(3) 家庭中开展青春期教育更适合涉及私密的话题

青春期教育中的很多内容比较私密。学校可以传授青春期相关知识,主流价值观和态度。但对于每个学生自己私密的问题则无法一一照顾到。有些话题学生不愿意公开讨论也不愿与同学朋友交流,但是在家庭环境中讨论此类问题,学生的心理压力就会大大减轻。比如在一项针对青春期教育状况的调查发现,在生理发育等问题上,比起老师、同学和朋友,子女更愿意向父母请教。可见,家长无须担心和孩子讨论青春期某些私密的话题是否不妥,相反,这种问题正需要家长来给予关心和指导。

【案例】

这是我的错吗?

"老师,我女儿完了,我白养了,小小年纪就这样,长大了怎么得了!"一个家长坐在我的办公室的沙发上哭泣。我不知道发生了什么,只好先安抚她激动的情绪:"你先别哭,要告诉我发生了什么事情,我才好帮助你啊。"家长递给我一个手机:"老师,你看看!"我拿过来一看,手机上有一张很下流的图片,还有一段非常下流露骨的文字。我非常惊愕,是谁会给一个上初一的小女孩发这样的东西? 家长又哭起来了:"这个小姑娘肯定在外面不三不四,瞎混啊! 我骂她,她还跟我吵架。老师,你说怎么办?"

我叫来了这个女孩。当小姑娘看到我手里的手机时,脸一下就红了。我问她:"你告诉老师这到底怎么回事? 是谁给你发的?"小姑娘低着头:"是外面补习班认识的小高。我也不知道他为什么要发这样的东西给我。也许他只是开玩笑。"我有点意外:"你觉得这是开玩笑? 你不生气吗?"小姑娘抬起头看着我:"我没有生气,也没想告小高的状,是我妈妈发现了,她很生气,就来找老师了。"

我看着这个已经具有青春气息却仍旧满脸稚气的女孩,一时无语。过一会我问她:"你的意思是,这没什么大不了的,妈妈不应该来找老师?"小姑娘不做声。我接着又问:"所以你就跟妈妈吵架?"小姑娘却突然哭了:"我妈妈骂我,她说一定是我在外面瞎来,认识不三不四的坏人,所以人家才发这种东西给我,还说我不要脸!老师,你说,别人给我发这样的信息,是我的错吗?"我摸着小姑娘的头,看着她大声地哭泣,再一次无语了。

等小姑娘平静下来,我问她:"你看到这图片和这段话有什么感觉?""我觉得很不好意思,还觉得心里不舒服,觉得恶心!"小姑娘嘟着嘴说。"是啊,这样的图片和文字含有明显的性的挑逗,让你产生很不舒服的感觉,这其实就是性骚扰,这可不是开玩笑! 以后再碰到类似的事情,不一定是图片和文字,还有可能是一些语言,或者某些动作,你都要及时告诉家长和老师,明白吗?"小姑娘瞪大眼睛看着我,点了点头。我又告诉孩子,这件事情不是她的错,妈妈只是太着急了,才会说错话,等妈妈平静下来,她会意识到自己的错误。

小姑娘走了以后,我陷入了沉思,然后拿起电话,请小姑娘的妈妈再来学校。我告诉这位焦虑愤怒的母亲,其实她的女儿根本不知道这样的信息意味着什么,缺乏自我保护意识。发生了这样的事情,作为母亲应该第一时间安慰并用妥善的方法保护自己的孩子,而不是指责自己的孩子,这样做会让孩子觉得被骚扰都是自己的错,以后万一再有类似的事情发生,她就不敢再声张,非常容易出事。我建议她和女儿好好谈一次。

几天以后的课间,我在教学楼的楼道里巡视,突然听到一个熟悉的声音:"我告诉你,我们都长大了,以后你不可以跟我开这样的玩笑,我听了不舒服! 而且,也显得你没有修养!"是她,那个小姑娘。我不禁微笑着转过身去,看到她正在和一个男生说话。我走过去拍拍男孩的肩膀:"你瞧,说话要注意,否则可没人愿意理你!"那个男孩摸着脑袋一脸不好意思。我又看着小姑娘说:"你刚刚说得很好!"小姑娘告诉我:"妈妈教过我,我现在知道了,我长大了,要懂得自我保护。而且,我妈妈那天回家跟我道歉了,她说那件事不是我的错,还说,如果再发生那样的事情,我应该告诉她,她会帮助我的。""那上次那件事情,妈妈是怎么帮助你处理的呢?""妈妈跟小高的妈妈联系,后来小高也跟我道了歉,保证以后也不再发那样的信息!"我欣慰地笑了。

近年来,似乎经常听到关于孩子被性骚扰,甚至性侵害的新闻,作为一名教师,也作为一名母亲,我总是为这些不幸的孩子感到痛心。我常常在想,孩子们为什么这么缺乏自我保护的意识和能力? 学校在这方面应该进行教育,可是作为家长,更应该关注自己的孩子,而且有一些教育内容由家长来进行教授更加合适。

安全的需要是孩子最基本的需要。家长们都期望自己的孩子将来能有所作为,他们关注孩子的学业和各项能力的提升,这无可厚非,可是所有的发展都是建立在孩子健康安全的基础上。因此,每一位家长都应该为孩子撑起一把保护伞,在家庭教育中增强孩子的自我保护意识,告诉他们什么是性骚扰、性侵害,教会他们在平时的生活中如何防范,一旦意外发生,如何求助等等。

每一个孩子都是家长的宝贝,爱他们是我们的本能,如何爱是一种能力,我们需要不断学习!

【点评】

青春期是每一个孩子都要经历的时期,而案例中的母亲也是无意中看到了孩子手机中的一些信息而产生了误会,首先对于青春期的孩子要给予安全教育和指导,教会他们青春期的相关知识,而此时在家校沟通的过程中更要给予父母指导,让他们学会用发展和爱的眼光去关心孩子。

2.指导家庭开展青春期教育的常见问题

(1) 家长对于青春期教育缺乏足够的重视

在家庭教育中,家长最关心的是孩子的学习成绩、品德修养以及身体健康,往往忽视了孩子的心理发展。在孩子进入青春期以后,家长们往往困惑于孩子行为、情绪等的变化,却对导致这些变化的原因并不重视,经常以"孩子不懂事""过了这个阶段就好了"等想法自我安慰,只要求孩子不出现"大问题",尤其是学习成绩没有大的影响,家长们也就不再关注。很多家长甚至认为自己在年轻的时候也并没有人给予自己所谓的青春期教育,自己一样长大成人,所以现在我们也没有必要小题大做地开展青春期教育。这些观念导致青春期的孩子缺乏有效的指导,只能自己独自面对青春期的困惑,产生很多青春期行为以及心理问题。

【案例】

不许你批评我

我新接手的班级中有一个特别有个性的学生——小文。

最早关注到他是开学第一周的一个早自修,学生们正在阅读背诵语文古诗文,我回办公室取落下的课堂纪律记录本。3分钟不到的时间,远远的我就听到班级骚动的声音。我快步走到门口,看到小文嗖地从讲台蹿回位子。值日班长生气地反映小文不仅自己不好好看书,还走来走去,值日班长管他,他也不理不睬。这一过程中,小文安然地坐在位子上,还微笑着向着我和其他同学点点头。

看到他那自豪的表情,我火一下窜上了头,让他站起来解释一下,小文辩解道:"我也没干什么,就丢个垃圾。""之前干嘛去了,自修开始了怎么可以走来走去?!值日班长让你不要走来走去,你为什么不听?"我生硬尖锐的声音越来越高,小文脸上满不在乎的笑容收敛下去了,取而代之的并不是知错后的羞愧而是不满和不屑!这个学生怎么如此不受教!我生气极了:"怎么?你还觉得是值日班长和老师打扰了你,老师不对是吧?!"严厉的语言并没有吓唬住这个学生,他不屑的眼神开始左右漂移,最后投射到了窗台外的灌木中,仿佛上面开满了绚烂的花朵。我更加生气了,大声说:"小文,老师在跟你说话,你眼睛看哪里!"小文"哼"了一声,说:"就是不许你批评我!"

我愣住了,从来没有遇到过这样的情况,这到底是个怎样的孩子?

在同学们那里了解到小文在小学里就是一个皮大王,而且不能被批评,一被批评就会"发"得特别厉害。难怪,我越批评他,他行为越失控。面对这种情况,我决定对他进行一次家访。

到了小文家里,我发现他的父母都对孩子的要求比较高,都希望他能在校好好学习。在得知他在学校的违纪行为后,父母都十分气愤,批评他。我留意到小文在受到父母批评时也是满脸不满的神色。小文妈妈在送我出门的一段路上向我大吐苦水:"老师,这个小孩现在是管不了了,逆反得不得了。今天你在还好,平常批评他,他声音比你还响。如果我们要看他的作业,他就偏偏不写。早上叫多少次都不起床,迟到了就怪我们家长。让他去补课,他在课上玩手机游戏……"同时,我还了解到小文父母工作非常繁忙,常需值班,有时甚至不能帮小文烧晚饭,常让孩子在外面吃,就更谈不上与孩子经常沟通,了解孩子的想法了。进入初一后,小文父母感觉孩子更难管理,越管越反,家里时常爆发争吵。

这种情况下,我决定改变教育方法。对小文的错误不像以前那样当面批评,而是将他请到办公室让他自己分析为什么这么做,觉得感受如何,如果站在其他老师或者同学立场上,他们会怎么看这件事。同时,我留意他在班级中的点点滴滴并及时和他沟通:他帮助女同学擦窗户,是个男子汉;他组织男生周末踢足球,说明他爱运动、组织能力强;他给同学抄作业,老师不希望他这样"帮助"同学;老师批评他他给老师脸色看,这让老师觉得没有得到他的尊重;直言班级劳动弊病,说明他关心班级有正义感……我的关注与及时沟通,让小文觉得得到了我的关心,他和我的距离拉近了。

我也单独与小文父母多次联系,希望他们分析孩子逆反的原因。我向他们指出,他们是非常关爱小文的,但是,他们由于工作较忙,没有给小文提供足够的关注和情感支持。平时与小文间的谈话也常围绕小文的学习进行,沟通到后面就变成指责小文不努力不认真,这样的沟通当然是孩子拒绝的、无效的。

我建议家长每天能有一些时间与小文一起完成一些活动或谈话,多谈论一些学习以外的话题,要尊重孩子,减少严厉强硬的态度,更多一些温暖随意;尽可能多地表达对他的关注和支持。同时我也对小文提出希望:每天与父母谈谈学校生活或同学趣事。每隔一天我会与小文聊聊他如何跟父母谈天,也会微信与小文妈妈沟通孩子与他聊了些什么,同时交换小文在家和在校的信息。

说实话,在很长时间内小文还是我们班级的皮大王。但是,老师(特别是我)批评他,他不会虎着脸了,也不会不满不屑了。上课废话少了,插嘴现象还有,但是成绩慢慢提高了。同时,他爸爸妈妈也常跟我说在家与父母顶嘴的现象有了改善,对父母态度也好了很多。

逆反好像已成为青春期孩子标志性的特征了,但是这真的是每个青春期的孩子必然具有的吗?我并不这样认为,任何一个逆反的孩子背后都必然有催生逆反的家长。或者是过于专制的管束,或者是过于放任的民主,或者是过于繁忙的工作忽视了孩子的情感需求……最终让孩子用逆反来表述他的需求。有效的沟通和情感的支持是杜绝逆反的最佳武器。

【点评】

处于青春期的孩子往往比较逆反,案例中的小文同学其实也是位个性特点非常鲜明,优点和缺点非常明显的孩子,其实这个阶段如果孩子在学习上遇到点困难,老师和家长如果越逼他,反而效果不好,倒不如从正面引导鼓励他,发挥他的优势和长处,从而起到事半功倍的效果。

(2) 家长对青春期教育缺乏足够的知识储备

大多数家长并未接受过系统的青春期教育,他们对青春期的了解往往局限于自己成长中的经验。成年以后也并没有机会学习青春期的知识,所以对青春期教育缺乏足够的知识储备。他们对孩子进入青春期以后的身心特点缺乏了解,不知道这个年龄的孩子常见的问题有哪些,该以怎样的方式开展教育。家长的传统观念和陈旧的知识体系已经不能再适应现代孩子的发展要求。曾经有一项针对家长开展青春期教育情况的调查,被调查者中,有一半以上的家长还传统地认为青春期要到13岁以后才会到来,有近1/5的家长认为自己不知道该如何进行青春期教育。缺乏必要的知识储备导致家长们即使意识到了青春期教育的必要性,也无法有效开展。

【案例】

一 封 情 书

在家校互动中,我们常常会遇到一个无法回避又相当棘手的教育难题,那就是如何指导家长处理所谓的早恋烦恼。

心如是一个非常乖巧的女生,今年上初二,学习成绩一直都不错,在班中名列前茅。心如的形象、气质也不错,多才多艺且工作能力强,是学校的队干部。

有一天我突然接到了心如妈妈的电话,她向我倾诉:"宋老师,我无意中发现心如抽屉里有一封信,当时我觉得封面挺美的,就鬼使神差地打开,一看内容,吓了一跳,上面写着'世界上最远的距离,不是生与死,而是我站在你的面前,你却不知道我爱你……'宋老师,你说我是否应该和女儿点明这件事?"

听到心如妈妈的叙述,我很庆幸心如妈妈找到了我,而不是心急火燎地戳穿这件事情。因为正处于青春期的心如很有可能因为妈妈私拆自己的信件,认为自己的隐私权被侵犯而产生逆反心理。而且心理学上有"罗密欧与朱丽叶效应",也就是说,父母的极力反对反而会促进"青春期恋情"的发展。

我开导心如妈妈说:"心如没有把这件事告诉你,说明她并不想让你知道,而且现在仅是怀疑阶段,最好别着急把窗户纸捅破。你可以尝试在心如不设防的情况下,通过愉快地谈天说地、讲别人的故事来加强教育,让孩子学会正确对待青春期两性间的情感。这样心如就不会感到父母是在针对她、教育她,她会比较容易接受。相反地,如果你处理得不够冷静,过早捅破窗户纸,心如很可能因你偷看她的情书而生气,产生强烈的逆反心理,搞不好还会弄巧成拙,弄假成真,把担心变成事实。"

心如妈妈又进一步说出自己的担忧:"宋老师,你不知道,情书是被心如叠放整齐地保存在抽屉里,也就是说心如很在乎它,或者说是很在乎那个男生。我很担心放任自由下去,他们会互相产生好感,真的早恋……"

我进一步解释道:"青春期的孩子们开始对异性产生好感是正常现象。心如是个优秀的孩子,有男生对她表示好感也是情理之中的事。我们家长要做的,就是教会他们如何正确处理这个阶段异性间的情感,这将会给她的成长带来帮助。

要达到这一目的,家长首先要得到孩子的信任。所以我建议你既不要过早地横加干涉,也不能不管不问、放任自流。平时注意多观察孩子,听其言、观其色、察其行,发现问题及时引导。比如在晚饭时间,边吃饭边聊天,聊一聊自己青春期的趣事,现身说法,丰富孩子的经验;找一些书放在家中明显位置,看看别人,尤其是一些伟大人物和成功人士是如何度过中学时代的。"

事后证明,我的猜测是正确的。有一天,心如主动告诉妈妈,班里有名男生写了一封情书给她,不过她已经妥善处理了。心如也用书信的方式告诉那个男生,很高兴自己能得到他的喜爱,但这究竟是不是爱情,还需要时间和人生经验来考察,现在谈情说爱为时过早。

心如妈妈高兴地打电话来告诉我这个结果,并且感谢我对她的帮助。

我深深地感觉到,教师和家长都应该以一种客观的眼光来对待孩子与异性的交往。首先要意识到两性间产生情感是青春期正常的现象。其次,要明白,这个阶段是进行两性教育,帮助孩子树立正确爱情观、了解爱的真谛,从而收获未来幸福人生的关键时期,因此我们要重视两性情感教育。我们不妨在合适的时机,开放、坦白地和孩子谈"爱情",打破孩子对恋爱的神秘感。告诉孩子恋爱首先需要付出,需要有责任心,要学会如何去爱。更加要让孩子知晓,无论是多么真诚、多么浓烈的爱情,都有成功或失败的可能,以便增强孩子对失恋的心理承受能力,预防意外事件发生。

青春期对于每一个人都只有一次,孩子们会遇到各种困惑,希望通过家校合力帮助孩子们顺利地度过这个"多事之春",让孩子们健康成长!

【点评】

关注青春期学生的成长需求,关注学生在每个发展区内的发展点,这是每一位老师和家长都必须做到的。案例中的心如同学很好地处理了来自一位男生的一封信,所以当家长碰到此类事情,千万不要急于指责孩子,而是要找到事情的真相,与孩子在合适的时候把问题抛开来说清楚,通过家校合作顺利度过孩子的青春期。

(3) 家长进行青春期教育的渠道不畅

由于我国传统观念的局限,有些家长对于青春期这个话题有些难以启齿。他们往往不会主动询问孩子是否需要帮助,即使谈到青春期问题,也往往含糊其辞,态度暧昧。有的家长甚至发现自己的孩子有青春期问题,往往会不正确对待,导致与孩子之间产生矛盾。同时,青春期孩子特有的自我意识增强以及闭锁性等心理特点,使得孩子不愿意向自己的家长谈及这方面的问题,他们关上了自己的心门,在遇到青春期问题的时候,常常向长辈隐瞒,更不用说主动寻求家长的帮助,使得家长失去了教育的契机。

【案例】

其实你不懂我的心

进入初一,班级进入了有序管理的阶段,学生们也逐渐适应了初中的生活。班级中的许多同学成绩上都取得了较大的进步,可是我们班级的学习委员小邹同学却变得怪怪的。曾经活泼可爱的她,下课总是独自一人在一个角落发呆抑或趴在桌上睡觉,上课也不见她活跃的身影,喜欢举手发言的她现在上课总是埋着头,好像有什么心事。

下课我把小邹叫到办公室,"小邹最近有什么烦心事么?"

"没有,就是有时头晕可能跟缺睡眠有关吧!"

"你跟你妈妈说了吗?"

"我才不跟她说呢?越说越心烦。"

我纳闷地问:"你妈怎么你啦?"

她气鼓鼓地说:"她每天就知道让我做这做那,我回家根本就没有自己的时间,无论我做什么她都不满意,不论我在学校做完了多少作业,回家总是还有一堆的家庭作业等着我,无论我考得好不好,她总会有新的要求提出,我就是一个不停歇的陀螺。"

"你每天几点睡觉呀?"我追问道。

"差不多11点吧,如果学校作业多,一般就要接近12点了。"

天哪!我心想这样做作业的状态,到了初三还怎么了得。听了小邹的话,放学后我拨通了小邹妈妈的电话:"小邹妈妈,最近小邹学习状态不太理想,上课也无精打采的,我跟她聊了一下,她说你在家给她布置的作业太多,天天都做得比较晚。"

"谢老师,你也知道的,我们是公办学校,三年后如果想考好高中,没有年级前5,希望是很渺茫的,所以只有早发力才能有比较大的把握,其实我现在让她做的那些作业,都是为她好,现在多做点,基础打打好,以后就可以少花些力气。"小邹妈妈看似无奈地说。

"可是也要孩子承受得了呀!拔苗助长可能会适得其反的。"我担忧地说。小邹妈妈胸有成竹地说:"老师,你放心,我们小学就是这样过来的,她行的。"我们的对话就在小邹妈妈信心满满的话语中结束了。

时间过得真快,转眼就到了期中考试,全班的各科分数都稳中有升,可是有一个人却退步得厉害,那就是小邹同学,她从年级的前5一直退到了年级的20名左右。公布成绩的当天我就接到了小邹妈妈的电话,在近一个小时的电话里,小邹妈妈向我讲述了她是如何地尽心尽责地辅导小邹的学习。每天回到家,家务就交给爸爸,她就负责监督小邹学习。从学校各科的作业,再到课外各类复习资料,她都安排得妥妥的,做完作业后她还要陪着小邹练习琵琶,每天都弄得很晚。小邹也是一直很争气,在她的一路辛勤耕耘下,成绩一直名列前茅,也顺利地考入了区的民乐团。

可是进入初一后,她发现小邹对于她的安排渐渐表现出不满,以前回家小邹总能及时完成作业,而现在回来作业小邹总是很拖拉,在家庭作业方面更是可以用抵触两个字来形容。更有甚者,曾经乖巧的孩子现在经常为作业顶撞她,这让她很苦恼。一开始她以为小邹只是闹闹情绪,只要她苦口婆心会换来小邹的浪子回头,可是近来她越跟小邹讲道理小邹越不搭理她。看到现在的小邹和她的成绩,小邹妈妈真是焦虑万分,她让我无论如何找小邹好好谈谈。

听闻其言后,我心想我一定要乘这个机会好好地与小邹妈妈沟通一下。于是我对她说:"小邹我是一定会找她谈的,可是邹妈妈你有没有想过自己的教育的方法是否有什么不妥的地方?"她恍然大悟地说:"老师是不是指上次跟我说给她布置太多作业的事。"我肯定地回答:"是的,以前小邹小,样样事情能够听大人的意见,可是随着年龄的增长,进入青春期的孩子自我意识觉醒,渴望独立的愿望也日益变得强烈,父母应针对青少年独立意向的发展,尊重他们正确的意见,有事同他们商量,逐渐给他们更多的独立权利和尊重。小邹是个有上进心的孩子,可是当你的期望高于她的能力时,她就会自我保护,选择放弃她能力以外的事。"

接着我给了邹妈几点建议:一、分析小邹现在的学习状况,与她协商制定学习计划;二、在完成约定的学习任务后,给小邹一定的时间做自己想做的事;三、可以指出小邹的不足,但尽量不要拿她与他人攀比成绩,多肯定小邹做得好的地方;四、当小邹取得进步时,要及时奖励与鼓励,给予她信心,鼓足她前进的动力。

小邹妈妈很认同我的看法,决定按照我的建议去尝试一下。事后我也找小邹谈了一次,沟通了一下想法,小邹所说的大致与我与她妈妈交流的内容一致,小邹明白妈妈的苦心,可是实在不能苟同妈妈那种打鸡血的做法。小邹跟我说她愿意尝试与妈妈协商安排自己的学习计划,她也很希望看到自己有所进步。通过这次与小邹和她妈妈的交流,她们两人终于能够心平气和地进行沟通,互相也能坦陈想法、体谅对方,做到遇事有商有量。之后小邹的情绪平稳了,学习状态也恢复了,成绩渐渐地有所回升。

天下没有不爱孩子的父母,父母们愿意为孩子付出,可是前提是你要读懂你的孩子,否则你深沉的爱便是孩子身上的枷锁。父母们要尝试走近孩子,多倾听孩子的心声,多尊重孩子的想法,这样就能读懂孩子的心,真正给予孩子们所需要的爱。

【点评】

案例中的小邹同学本来是位品学兼优的乖孩子,而到了初一年级后成绩退步明显,究其原因还是处于青春期的孩子不像以前一样会对父母百般服从,他们开始有自己的想法,开始有主见,所以家长和老师要"走进学生",更要"走近学生",一起沟通,读懂孩子,让孩子真正地健康成长。

【案例】

请为我打开一扇心门

我抬头看看天色已暗,冬天的傍晚黑得特别快,下周就是期中考试了,这些天同事和学生们一样,紧锣密鼓地备考,为考试做最大的努力。我挎上包准备离开学校,忽然手机响了,一看不是别人,正是班级里的小张同学妈妈。

这位母亲是典型的虎妈,在她的教育下,小张同学从小到大,头上永远有着别的同学家长羡慕的光环,成绩名列前茅,书法荣获了好几个奖项,和班级其他同学相比各个方面都可算是佼佼者。

"陈老师,我是小张的妈妈,我一直有个问题想和您沟通。不知现在方便吗?"

"你说吧。"我边走边和小张妈妈交谈着。

"其实,这或许是很多妈妈困扰的地方,小张上了初中之后,每天回来就不太愿意和我说学校里的事情。像今天刚吃了饭,他说要做作业就跑到自己房间,我等到8点多进去检查他的作业,他也不和我多说一句话。所以想问问您,下周就要考试了,小张在学校表现如何啊?"

"小张在学校表现得很好。"我又追问:"这段时间可能临近考试作业量多了点,之前小张也是这样不愿和你交流吗?"

"陈老师,我家小张很少回家没作业的。刚开学的时候,是有过一段时间,天天基本把书面作业在学校做完,回家就是背背书。我那时看他挺闲的,除了每晚练习书法,就再让他做做数学卷子。他一副不情愿的样子,现在居然都不和我交流了。"

"小张妈妈,你不用担心,他在学校里表现挺好的,下周要考试了,学校学习任务也挺紧张,每天不是语文卷子,就是数学英语卷子,孩子们或多或少都有些心理负担,你不要再让他额外做卷子了,尽可能让他放松,不要给他压力。"

"好的。那我放心了。"

挂了电话,我心中不禁感叹:可怜天下父母心!

过了几天,在我批阅作文《打开一扇门》的时候,我发现了小张同学的作文,他别出心裁,正是写到了自己的妈妈。"妈妈,我多么渴望有那么一天,你可以打开我的一扇门,而这扇门里不再是语数外的卷子,不再是宣纸与毛笔,不再是日复一日的说教,而是真正地理解我,可以像小时候那样,我们谈天说地,一起去科技馆,去野生动物园那些美好的回忆……但是妈妈今晚又是这样,回家看到你,就知道你又想问我考试成绩,我回到房间马上关上门,你在门口说'你今天考试了吗?'妈妈,你不知道我关上的这扇门同时,你也让我重重地关上了另一扇门,我的心门,妈妈,我真的期待,你能再次打开这扇门。"

我看了这篇作文后,觉得心里五味杂陈,这是小张的心声啊,他是多么需要母亲的理解和体谅。而小张的母亲其实又是多么担心和关心孩子啊。

于是我用手机立即把这篇作文拍了下来,发给了小张的母亲。小张的妈妈收到后,表示今晚要和孩子好好坐下来聊聊。

第二天小张妈妈发来信息说,原来这孩子是怕回家有额外作业,所以在学校不再抓紧时间做作业了,回家也尽量避开妈妈。她说以后要多问问孩子的意见,这次考试也不再给小张过大的压力了。

对于小张这件事,我进行了反思,小张妈妈的烦恼其实不是个例,班级里其他孩子的家长也面临同样的情况,他们反映似乎孩子年龄越大越不愿意和家长接近。

于是在考试后,我布置了一个任务:"同学们考试也结束了,从你们的脸部表情看,还是几家欢喜几家忧啊。"同学们有的唏嘘不已,有的则做出胸有成竹的样子。"暂且我们不去管考试结果如何,我知道这段时间大家都非常辛苦,爸爸妈妈和你们都在一起努力备课,现在考完了你想对爸爸妈妈说些什么?把这些话写在周记本上。"

周一本子收上来看了后,发现孩子们虽然想说的情况各异,但是都有几个共同点:第一,爸爸妈妈辛苦了,但请不要以这次考试成绩来论英雄。

第二,平时多点时间来陪伴我。

第三,不要给我布置家庭作业。

第四,少点说教,不要将你们的观点强加在我的身上,请尊重我的想法,能理解我。

第二天,我让孩子们把周记本带回去,让自己的父母看看并写回话。

同时我在家长微信群发了一个信息:"今天带回去的周记本,是孩子们对你们写的心里话,请你们给予回应。"

家长们第一次知道了自己孩子的心声,也非常认真的在周记本上进行了回复,通过这种方式,亲子之间拉近了距离,也增进了相互的理解。

考试成绩公布的那天,孩子们的心态比之前好了很多。事实上,许多时候我们只停留在孩子心房的门口,根本没有打开这扇心门,有一天,有心的家长真正去打开它,就会发现孩子的心声,他们并没有排斥父母的关心,反而是多么渴望得到父母的理解啊!

孩子们正处于青春期,这个阶段他们更渴望理解,希望得到父母的关注和鼓励。所以在这个成长期,千万不要由于工作忙,而忽略了陪伴。因为往往当我们想要和孩子沟通的时候会发现和孩子的关系已经疏远了。

值得注意的是,一个孩子所需要家长的关注是多方面的,除了学习以外,孩子的身体健康、人际交往、兴趣爱好等更需要我们去关心,而不应仅仅停留在分数上,只有真正关心孩子的成长,了解他的内心需要,才能让孩子打开自己的心门,让你真正走进孩子的心里。

【点评】

孩子们是需要老师和家长们去一起去爱的,案例中的小张就是典型的例子。在孩子青春期的时候父母不应一味给他们增加学习任务,要知道此时他们最需要的是与父母真心地沟通,说出自己的心声。让老师和家长了解孩子们目前最需要的是什么,家长和老师不仅要给孩子打开一扇窗,更要打开一扇门。

3. 指导家庭开展青春期教育的原则与方法

(1) 原则

尊重信任

中国青少年研究中心副主任孙云晓指出:"没有尊重,就没有教育"。尤其青春期的孩子的自我意识不断增强,对于事物有自己的看法,他们有了成人感,希望自己能掌控自己的生活。家长只有用平等的态度、诚恳的言行,让孩子获得尊重,孩子才会与你沟通心灵,才会将心里的烦恼痛苦告诉你,才能让父母获得解除孩子苦恼的机会。同时家长要充分信任自己的孩子,相信他们正在长大,学着开始自己思考问题,家长不再适合替孩子做决定,而应成为孩子坚强的后盾,放手让孩子自己为自己负责。即便心里有些担忧,也不要表现出"你还太小,我实在不能放心,没有人指导你一定会走歪路"的态度。

【案例】

假冒签名的背后

"王老师,你看下这个签名是小莉同学家长签的吗?"课间,英语老师拿着一张考试不及格的试卷递到我面前,试卷的分数旁有一个看起来略微别扭的签名。

"这张卷子先放我这儿吧,等下我去问问看。"拿过试卷,我仔细看了一下这个签名,是用铅笔签的,字迹非常潦草。随后比对了小莉同学备忘录上的家长签字,基本可以确定这个签名不是小莉妈妈的笔迹。小莉的这一举动让我觉得非常惊讶,作为她的班主任,小莉在我眼里一直是个乖巧可爱的学生,实在难以想象她竟然会偷偷仿冒家长签字,向家长隐瞒自己的英语考试成绩。到底出了什么事呢?

课间休息时,我走到小莉身旁有意无意和她聊起了最近的学习情况。

"小莉同学,这次英语测验考几分啊?听说你发挥失常啦?"

"嗯……这次没考好……"小莉支支吾吾地回了一句,低下了头。

"怎么啦?昨天回去,妈妈看到分数说你了吗?"

小莉听了后,整张脸涨得通红,不一会儿眼泪掉了下来,她对我说:"王老师,我没给妈妈看考卷,那个签名是我自己签的。"随后,她哭得更厉害了,见小莉情绪比较激动,我轻轻拍了拍她肩膀,带她走到一旁安静的角落。

"小莉,你在老师心目中一直是个乖巧听话的学生,老师得知你假冒家长签名这件事觉得非常不可思议,你能告诉王老师为什么要这么做吗?"

小莉仍哭得非常伤心,断断续续地告诉我:"王老师,妈妈说我样样不如妹妹,什么都做不好。"

"小莉,能不能告诉王老师,妈妈为什么这么说你呢,是你做了什么让妈妈不开心了吗?"

"妈妈骂我是因为前两次在学校英语默写没有默好,我被老师留下来重默,妈妈回家就凶我了,说我什么都做不好,以后默写默不到 100 分就不给我签字,我很生气就躲在房间里,已经快一个礼拜没和妈妈说话了,所以昨天的英语考卷也没给她签。既然她把我想的这么糟糕,那我就糟糕给她看。"小莉把心事吐露出来后,情绪渐渐平稳了下来,也嘟起了小嘴,显然对妈妈的看法仍有很大的意见。

基本了解情况后,我知道这并不是一起单纯的仿冒家长签字的事件,这个假冒的签名背后反映的是家长和子女之间的沟通出现了问题。显然,这件事单单通过对小莉进行教育是不够的,还要协调家长方面一起配合,才能解决根本问题。

我和小莉说:"谢谢你能把自己的心事和老师分享,但是你要知道假冒签名这件事的性质要比考试成绩不理想严重得多,成绩不好我们可以通过自己的努力来提升，但是假冒签名涉及一个人的诚信问题，品德是老师最为看重的。"

小莉听了这番话，似乎意识到了事态的严重，难以抑制自己的情绪，又涌出了泪水："王老师，我以后不会了，我就是怕妈妈再骂我，我也不想这样做的。"

"好，老师再给你一次机会相信你，这件事不告诉妈妈，考卷也还给你。"

小莉惊讶地抬起头望着我，然后拿着试卷回到了班级，她一坐到位子上就抓起橡皮将试卷上的签名用力地擦去。

回到办公室，我拨通了小莉妈妈的电话。因为要遵守和小莉之间的约定，所以我并未将代替家长签字一事直接告诉小莉妈妈，而是先询问了她最近孩子在家的学习情况。果不其然，小莉妈妈对自己女儿的反常表现也大为头疼，向我吐了一番苦水，她觉得女儿一直和自己唱反调，批评她几句就立马顶嘴，这几天一直在冷战，不知道该怎么和孩子沟通了。谈话中，小莉妈妈也显得颇为无奈，她曾试图找女儿好好谈谈，但是看到孩子对她的抵触后也很难控制自己的情绪好好说话。

通过和家长的对话，可以发现小莉妈妈在和孩子的沟通中经常会对孩子进行负面评价，影响了孩子的自信心。青春期的学生自我意识逐渐显现，会很在意外界如何评价自己。对于小莉而言，她其实非常在乎妈妈对她的看法，而妈妈对她的否定让她觉得很受伤。如何帮助小莉在妈妈面前重获自信，是解开母女俩心结的关键所在。

我想到了下周即将召开的主题班会，于是我增加了一个活动环节"父母眼中的自己"，邀请了小莉妈妈在内的三位家长，通过写信的方式谈一谈，在家长眼中自己孩子拥有哪些长处及令自己骄傲和感动的地方。小莉妈妈表示很愿意参加，当晚就写了一封电子邮件发给了我。

在主题班会课上，我朗读了这封匿名信，信中的这位同学拥有很多文艺特长，在校内外各项比赛中屡获佳绩，在家中她也非常孝敬长辈，是个乖巧懂事的姑娘。字里行间无不透露出这位家长对女儿的喜爱和自豪，大家都不知道这是哪位同学的家长写的。这时坐在第一排的小莉同学握紧双手，眼里似乎还泛着晶莹的泪花，紧紧盯着我手中的信纸。

下课后，小莉来到了我的身边，她问："王老师，刚刚那封信是我妈妈写的吗？"

"是啊，你妈妈写完这封信还特地打了一通电话给我，说你一直是她的骄傲呢。"

小李听完后，眼睛突然就亮了，她略带腼腆地冲着我笑了一下，然后跑回了教室。

当天晚上，我又接到了小莉妈妈的来电。她说，今天孩子回家后特别兴奋，她在厨房做饭,小莉就围着她转,帮妈妈洗菜拿碗。吃完晚饭也不用大人喊,就很自觉的开始做作业,非常认真。小莉妈妈很惊讶女儿的转变,我告诉她:"那是因为她得到了来自妈妈的最有分量的肯定和表扬,就是那封信消除了孩子与家长之间的沟通障碍,小莉明白自己在你的心目中并不是一无是处的,她从你的眼中看到了自己的闪光点,获得了肯定的评价,因此想通过自己的实际行动来证明你的评价是正确的。"

在后一周的英语测试中,小莉获得了不错的成绩,之后小莉交上来两份英语试卷签名,其中一份就是上次那张不及格的考卷。我问小莉:"妈妈看到这个分数有指责你吗?"小莉使劲摇了摇头:"妈妈没有骂我,妈妈说一次没考好没关系,况且这次又有了进步,应该要表扬我的努力。"她不好意思地挠了挠头微笑着说道。

好孩子是夸出来的。每个孩子都需要被肯定和尊重。家长平时在和孩子沟通的时候,多一些肯定和鼓励,能更有利于孩子自信心和自尊心的培养,同时也会让孩子更愿意亲近家长。

【点评】

本案例中的小莉同学发生了假冒签名的事情,实际是与母亲沟通出了问题,母亲对孩子一直是高标准、严要求,对孩子缺乏鼓励,总是给予负面影响,导致最后孩子的诚信也出了问题,因此孩子在青春期阶段一定要多鼓励,让他对自己始终充满信心。

保持乐观

青春期的孩子在各方面都和幼儿乃至儿童阶段有很大的差异。比如情绪不稳定、不愿意和家长交流、逆反、过分敏感、出现两性情感问题等等。其实孩子本身也正为自己的变化困惑,因此家长一定不能比孩子更慌。要明白这些变化大多数是由于孩子的身心发展造成的,是大多数孩子都会遇到的,而且是发展性的问题。要相信自己和孩子有能力面对一切困难。即便不能凭一己之力解决,也可以寻求学校和社会的帮助。

授之以渔

在进行青春期教育的时候,少讲大道理,多进行具体的指导和帮助。教给孩子处理问题的方法,然后让孩子自己去完成。家长在孩子遇到困难的时候拉一把就可以了。孩子一开始做不好很正常,家长要有等待孩子成熟的耐心,给孩子犯错的机会,多把生活中的事情交给孩子去做,锻炼孩子的能力。比如在孩子出现两性情感问题的时候,家长要做的不是一味地告诫孩子过早地陷入情感漩涡是多么的危险,而是要指导孩子如何正确地处理。

(2) 方法

以身作则

"父母是孩子的镜子",意即在孩子成长过程中,父母始终起着导向、楷模作用。鲁迅也说过,"即使是父母之间的对话,其实也是做给孩子们看的"。因此,在家庭这个孩子最重要的学校里,作为孩子第一任教师的父母首先应以自己健康的心态,良好的素质,言传身教,来熏陶和引导孩子。父母只有自身言行一致,在教育孩子的时候才更有说服力,甚至不用教育,榜样的力量自然会潜移默化地影响孩子。

帮助引导

青少年时期是形成男女社会角色分化,规范两性社会关系的重要时期。青少年性别意识是青少年社会化的重要组成部分,青少年能否形成一个积极健康的性别意识对于其以后一生的生活和工作都有着十分重要的意义。作为教育者,教师和家长要做好榜样作用。教师在青少年性别角色形成之前,要给予适当的帮助和引导,多和家长沟通,给予孩子恰当的青春期教育,尊重和关注青少年成长的心理变化,并正确引导班级舆论,为青少年创建一个健康、向上的成长环境。

【案例】

安能辨我是雌雄?

班会课上,高老师正在和全班同学讲学校的活动安排。

"同学们,下周歌咏节比赛的时候我们班要统一服装,男生上身穿白衬衫,下身穿黑色长裤,女生上身穿白衬衫,下身穿黑色短裙,男女生都穿白袜子和皮鞋。没有的同学抓紧去问别人借,一定要记住哦!"

"好——"

"老师,我不穿裙子,我也要穿裤子!"一句话打破了教室里热闹的气氛,七嘴八舌的同学们都停下来转头看向声音的来源——小王。

高老师看着小王说:"其他女生都穿裙子,你穿裤子很不统一哦。"

"老师,我从小就没穿过裙子,我穿条裤子人家会认为我是男生,不会觉得不统一的。"小王还是极力争取穿裤子。

"老师老师,她小学的时候就是个男人婆!"

"对啊对啊,我们真的从来没看到过她穿裙子哎!"

……

班级里顿时议论纷纷，高老师推了推鼻梁上的眼镜说："小王，下课到老师办公室来一下，我们再商量，现在我们继续讲下一个内容。"

班会课后，小王来到了高老师的办公室。

"小王，你能告诉老师你为什么一定要穿裤子吗？女生穿裙子是再平常不过的事了呀。如果我们班服装不统一，歌咏节的表演就打折扣了，这可影响我们班级荣誉啊！"高老师轻声地问道。

"老师，我从小就被人家叫做假小子。你看，我从来不留长发，也不穿裙子。"

高老师仔细回想了一下，自从教小王以来确实从未看到她留长发。小王总是剪着帅气的短发，夏天也总是穿带裤的那套校服。平日里，小王爱和男生一起玩，班里有很多男生都是她的"好哥儿们"。想到这里，高老师决定先和小王的父母沟通一下。

"马上要上课了，你先回教室吧，让老师再想想。"

小王离开办公室之后，高老师拨通了小王妈妈的电话，将事情的始末和小王妈妈述说了一下，并约小王妈妈到学校和老师面对面地交流一次。通过和小王妈妈的谈话，高老师了解到小王的父母很希望生一个儿子，小王出生后父母把她当成男孩养。从小父母就给她剪短发、穿裤子和运动鞋，时不时地还会在小王面前流露出"如果你是个男孩就好了"这样的话语，从而让小王不喜欢自己的性别，在生活中也在穿着打扮和行为举止上尽力模仿男孩。高老师告诉小王妈妈孩子不接纳自己性别会对孩子的心理产生不良影响，更会影响到将来的婚恋观，父母要及时纠正自己不恰当的行为，引导孩子正确认识自己的性别优势，学会悦纳自己的性别。

高老师告诉小王妈妈，首先父母不能再有"重男轻女"的老思想，列举了很多女孩的优势。比如，女孩语言能力较佳，善于表达；情感特征上女孩更复杂，考虑问题更加周到；抗压能力方面男孩是"短跑选手"，女孩的持久性更强，面对挫折和困难，女孩的适应性更强等等。其次，要让小王重新认识并接受自己的性别，小王妈妈必须多陪伴女儿，可以经常带女儿去逛逛商场，让小王试穿一下"女人味"十足的衣服，让小王看到镜子中美丽的自己。一开始小王一定不愿意试，妈妈可以自己先试穿，再"怂恿"小王，比如"穿一下又没人看到""就穿穿看而已"，时间久了小王一定会迈出这第一步。再次，高老师也和小王爸爸打了一通电话，要求小王爸爸不要吝啬他的赞美，经常夸夸小王，不仅是外貌上的"我女儿长大了，漂亮了"，更要有"我女儿真贴心""女儿长大了懂事啊"之类赞美女性特质的话语。只要持之以恒，相信小王会慢慢转变对自己性别的认识，并且愉快地当一个女孩子。

要转变小王的性别认识不是一两天就能成功的，可是歌咏节却迫在眉睫，高老师想了一个折中的办法。高老师告诉小王,她可以穿一条黑色的裙裤,这样既保证了班级服装的统一性,也顾及了小王的感受。小王的集体荣誉感还是很强的,对高老师这样的安排也乐于接受,歌咏节的表演顺利地完成了。

之后,高老师总是时不时地留意着小王的一举一动。夏天到了,一天,小王穿着一件T恤来上学,高老师看到了便问道:"你今天怎么没穿校服?""老师,校服昨天洗了没干。"高老师又看了看那件T恤,上面的图案是个卡通美少女战士,看来小王的衣着品味开始改变了呀!再看看小王的头发,尽管还是短发,但已不是那种很短的类型,现在的小王留着波波头,越来越有女孩的样子了!

【点评】

本案例中小王同学出现的情况,关键是由于父母重男轻女,从小把小王当假小子养着。而班主任老师通过与父母沟通,让父母要改变想法,多赞扬孩子,让她回到女孩的特性,任何教育,都必须建立在尊重孩子天性的基础上。

随机教育

在家庭中开展青春期教育不用系统地有计划地开展。说实在的,大多数家长也没有系统开展教育的能力。家长只要善于把握各种随机出现的教育契机,根据当时的具体情况施加教育影响,就能达到教育的目的。家庭生活中时时处处都是教育机会。比如很多家长难以启齿的性教育,就完全可以结合孩子第二性征出现,开展教育。当孩子出现第二性征的时候,他(她)渴望了解身体的变化是如何产生的,自己身体发育是否正常,这个时候家长给予正确的指导,会给孩子带来非常积极的影响。

【案例】

小伊瘦身记

"小伊,动作快一点,出去排队了!"体育委员小云大声地喊道。可是,小伊依旧在忙着照镜子,似乎没有听见,小云又大声喊了一遍,小伊这才慢吞吞地起身朝着小云走去,嘴里嘟囔着:"叫什么叫,没看见我在照镜子?"顺势还推了小云一下。小云受不了委屈,就跑到了班主任办公室反应情况。

班主任王老师了解情况后,突然想到之前好像小伊的妈妈也说过,最近在家里小伊也是经常照镜子,有时要花上十几分钟,以前梳洗动作挺快的她,现在变得非常慢。王老师想正好利用这个机会教育一下。她叫来了小伊,告诉她以后按时出操,在家动作快一点,小伊点头说了声:"知道了!"同时,她也向小云道了歉。本以为这场风波就此结束,没想到这只是一个开端。

没过多久,一天晚上九点多,王老师接到了小伊母亲的电话,电话那头的她显得非常的焦虑:"王老师,怎么办啊?今天我整理小伊的房间,发现她的写字台的抽屉没锁,一拉发现了一盒青春瘦,这是减肥药啊,怎么能乱吃!不知道她吃了多久了!王老师,你说她又不胖,吃这个干嘛啊!现在她还不知道我已经知道了,不知道最近她在学校里有没有什么反常的举动?"

听着对方的求助电话,王老师不由自主地在脑海中搜索着有关小伊的一切情况,而唯一让人觉得反常的举动就是之前发生的那场风波。"就是之前跟你提及的照镜子事件,其他的就没什么特别的。"王老师说道。

"哦,那次事情之后,在家照镜子的时间确实少了不少,洗漱的时间也恢复到了以前的样子,可是不知道她什么时候开始吃这个东西了……"

在电话那头,隐约传来了抽噎的声音:"王老师,她平时最听你的话,你能帮我问问,她为什么要吃吗?我想她应该会告诉你实情的。"为了安抚小伊母亲那颗烦躁的心,王老师对她说:"你放心,了解实情后,我会第一时间告诉你。"有了王老师的承诺,小伊母亲那颗悬着的心总算可以落地了。

通话之后,王老师陷入了沉思,脑海中不断地浮现出小伊的身影,怎么看她都不胖,为什么会吃减肥药呢?也许她只是买了没有吃,也许她有其他原因……王老师的内心有着一万个假设,可是真相只有一个,于是王老师下定决心,明天一探究竟。

第二天一早,王老师找来了体育委员小云,询问有关最近小伊有没有特别的行为。小云回忆了一番说道:"有一次,和小伊一起吃中饭,没看到她吃几口,就把荤菜给了其他同学,而把素菜和饭都给倒了。而以前班级里同学都称她是大胃王。"

听了小云的汇报,王老师似有所悟,这一信息的提供很有可能就和小伊使用减肥药有关。午休时候,王老师找来了小伊,当小伊走进办公室的时候,王老师仔细地观察了一番,看上去小伊的身形是比以前丰满了些,原先白净的脸上有了零星的小红点。

"最近是不是生病了,好像胃口不太好嘛!"王老师微笑地说道。

"没有啊,只是觉得现在有些胖了,想控制一下。"她说道。

"那在家的胃口好吗?"王老师继续问道。

"也一般,不怎么想吃。"小伊轻声地说道。

"可是我觉得你不胖啊,你的身材非常匀称!"

"是吗？老师！你觉得我不胖嘛？"小伊的脸上露出欣喜的神情。

"是啊，你已经长成大姑娘了，越来越美丽了！"

"可老师，你看我脸上这些痘痘，烦死人啦！"

"这些都是青春痘，过一阶段就会好的，不要总是关注它。对了，你经常照镜子，是不是就是因为它啊？"

"是的，老师，还有就是看看自己有没有发胖！"

"原来如此，其实你正处于生长发育的时候，身形和以前不一样，是一件很正常的事情，不用刻意地去减肥。健康、自然的才是美，不要把成年人美的标准来衡量青春期的美；而且，盲目减肥会给身体带来危害哦！"当她听到这些时，若有所思地点点头。

下午时分，王老师拨通了小伊母亲的电话，告诉她不用过于担心，小伊进入青春期以后，开始在意自己的外表，希望自己更符合大众的审美，这是可以理解的。同时王老师建议小伊妈应该关注孩子的身体发育情况，与她进行积极有效的沟通，告诉她什么是真正的美，还可以和她分享以前自己的经历，让她知道减肥的途径有多种，比如通过体育锻炼，合理的饮食等；此外，也应该告诉她，想要保持身材匀称的想法是可以理解的，但是吃减肥药的做法是不可取的。

"建议你多关心她，多看些相关的书籍，以此更了解这一阶段的孩子。"最后王老师真诚地说道。小伊母亲非常感激。

事后，小伊再也没有去吃减肥药，人也变得更阳光了。

【点评】

本案例中的小伊同学非常注重自己的外表，爱照镜子，居然还吃减肥药，班主任老师及时与母亲沟通，一起教育孩子，最后小伊同学还是改正了这些不恰当的行为。爱美之心人皆有之，但青春期的孩子处于身体生长发育阶段，一定要注意补充营养，才能让孩子更阳光更健康。

青春期的女孩体型有些变化是一件非常正常的事情。家长要学着走进自己女儿的内心，与女儿保持良好的沟通。青春期的孩子生理变化很大，思想情绪也常不稳定，作为家长应该和老师多沟通，家校合力一起密切关注青春期孩子的身心健康，引导他们正确认识青春期的生理变化，使他们能够顺利地度过青春期。

使用资源

有些家长往往苦于教育知识的匮乏，不知道该如何开展教育。其实家长可使用的青春期教育资源有很多。有些是家长本身的资源:每一位家长都经历过自己的青春期,因此在开展青春期教育的时候,可以用自己丰富的人生阅历影响孩子。青春期的孩子有很强的成人感,希望被人当作成年人看待,父母若以一个已在社会上获得充分磨炼、能驾驭世事,特别是拥有丰富阅历的成熟者的形象出现,心平气和地与他们分享自己的人生经验,既能使他们将父母引为榜样和知己,更能促使孩子自觉争取成熟。还有一些资源来自社会与学校。家长可以主动寻求外界的帮助,获得更多青春期教育的知识,和学校充分合作,形成合力,共同开展青春期教育。

【案例】

单亲妈妈的困惑

"老师,有件事我想请你帮忙,家长会后能不能单独和你谈一谈?"

"当然可以。"

对于这种要求,凌老师并不觉得意外,张妈妈似乎总有很多难言之隐,这已经不是头一回了。

从预备班的第一次家访凌老师就得知,张妈妈和女儿小C一起生活,小C的父亲在她幼儿园时得病去世了。张妈妈和婆婆、小姑的关系紧张,为了小C的健康成长,她坚持一个人照顾小C,母女俩靠低保生活,日子过得艰辛。张妈妈脾气暴躁,对小C的要求特别严格,碰到了青春期同样脾气暴躁的小C,两人经常闹得不可开交。于是,凌老师就成了母女俩"和事佬"。但"和平"总是维持不了多久,一有风吹草动,两人间的"战争"一触即发。

早在预备班的时候,张妈妈就满腹心事地找到凌老师。"老师,为了她,我辛辛苦苦一个人,老房子要拆迁,她姑姑和奶奶怕我分房子,想赶我走,处处为难我,天天找茬跟我吵。为了她,我忍气吞声。可是她还不争气,事事跟我作对。昨天我看到她又边做作业边玩手机,我不让她玩,她偏要玩,我忍不住打了她,她就说我不关心她,要离家出走……"听着张妈妈竹筒倒豆子一样地诉苦,凌老师皱起了眉头。小C同学性格直爽,外表坚强、内心脆弱,和她妈妈一样的直肠子。如果张妈妈一味地用这种怨天尤人的态度和苦大仇深的语气和她说话,小C是不可能接受的。而张妈妈之所以如此焦虑,和她日常生活中的种种不如意有密切的关系。她把长期压抑在心底的各种不满全都发泄在女儿身上。

于是,凌老师耐心地劝张妈妈:"你是不是觉得和孩子沟通越来越困难?""老师,你说得没错,我觉得她事事都达不到我的要求。只要她达不到要求我心里就特别气,忍不住发脾气。我一个人辛辛苦苦把她养大,她一点都不会体谅我的苦心,事事跟我对着干。这种日子我再也过不下去了。"凌老师一边安慰张妈妈,一边帮她出主意:"首先,调整一下自己的心态,你该有自己的生活,不能围着她转。其次,对青春期的孩子,注意说话的语气和态度,不能硬碰硬,有时候适当地示弱倒能起到意想不到的效果。每天和她聊聊天,跟她说说自己的工作,问问她学校里的事,千万不要一开口就谈学习、提要求。"张妈妈觉得有理,表示愿意试试。

那次谈心之后,张妈妈很久没有找凌老师,小C也整天乐呵呵地,尽管也会有不开心的时候,但很快会雨过天晴,直到初一寒假后。凌老师发现小C不像以前那样活泼开朗了,有时还趴在桌子上无声地哭泣,凌老师决定和她谈一谈。

犹豫片刻后,心直口快的小C终于一吐为快:"我妈妈结婚了,她以后不会管我了……"原来是这么回事。凌老师先安抚了一下孩子,等小C情绪稳定了之后,又问了一些她们家现在的情况。从孩子的话语中,凌老师发现,孩子对未来的生活充满了不安。于是,她决定找张妈妈谈谈。

再次看到张妈妈,凌老师发现张妈妈的气色出奇地好,那种发自内心的幸福感溢于言表。她很坦诚地把她和现任丈夫的认识和结合的经过告诉了凌老师,凌老师也表示了对她的祝福。张妈妈说,小C很反对她再婚,她不愿意跟她一起搬到"新爸爸"那里去住。她为了照顾小C,还是住在原来的家里,可是这也不是长久之计。凌老师决定帮张妈妈一起想办法,让孩子接受"新爸爸"。

首先她建议,让"新爸爸"多和孩子接触,比如全家每周一次聚餐,一家人其乐融融,让孩子感觉到家庭的温暖;其次,要让"新爸爸"更多地承担起做父亲的责任,比如辅导孩子学习,来学校参加家长会等;当然,更重要的是妈妈的态度,要让孩子感觉到,妈妈最关心的始终还是她。如果妈妈过得幸福,心情好了,就不会再像以前那样暴躁……

张妈妈显然是接受了凌老师的建议,以后凌老师每天在家校联系册上看到了"新爸爸"的签名,每次的家长会都由"新爸爸"来参加……小C的成绩提高了,有时会开心地跟同学们聊她的新家,聊她的"新爸爸",聊"新爸爸"辅导的数学题。她的脸渐渐地明朗起来,又像原来那样活泼开朗了。

新学期开学了,小C兴高采烈地告诉凌老师,她有弟弟了,她的弟弟多么多么可爱。她妈妈忙着给弟弟喂奶、洗澡,她最喜欢抱弟弟,会和妈妈一起照顾弟弟。她现在学习都是爸爸管的,她让凌老师把爸爸拉到班级的微信群……小C的一番言语让凌老师越来越放心。

单亲家庭的家长往往内心的焦虑与压力比一般的家长更加强烈。他们会不自觉地将这些压力施加给孩子。所以,单亲家庭的家长尤其需要安慰和扶持,只有家长内心的焦虑得到舒缓,幸福感增强了,才能更好地教育孩子。作为老师,要做好孩子和家长间沟通的桥梁,帮助解开家长和孩子之间的结。

【点评】

单亲家庭的家长和孩子往往都容易出现焦虑和压力,本案例小C的母亲主动和班主任凌老师沟通,当班主任知道家里的情况后,也是很理性地跟她分析,排除一切家庭其他因素干扰,把重心放在孩子生活学习上,并让孩子逐步适应新的家庭,这次的家校共同教育的确很有效地解决了家长和孩子的最大困难。

四、应对与干预

学校安全直接关系着学生的安危、家庭的幸福、社会的稳定。因此,做好学校安全工作,营造安全的学习环境是学校办学的前提和基础。在保障校园安全的工作中,积极应对、干预突发事件是保护师生合法权益和学校财产安全,维护学校稳定与正常教育教学秩序的一个非常重要的环节。

(一) 常见突发事件

校园突发事件,是指在未预警的情况下,学校发生的,可能直接或间接威胁到学校正常的教育教学秩序,带来不良后果,而以学校现有的人力与资源难以立即有效解决的紧急事件。可被广义地理解为突然发生的事情:第一层含义是指事件发生、发展的速度很快,出乎意料,如校舍及设施设备引起的安全事故、集体活动中挤压事故、公共卫生等严重危害师生安全的事故;第二层的含义是事件难以应对,必须采取非常规方法来处理,如火灾事故、来自校外的袭击、自杀、伤(杀)人等造成生命、财产损失或严重伤害,会对师生造成相当的心理冲击的事件。

当然,在硬件建设、软件管理都比较完善的校园中,老师们常常遇见的大多是一些直接影响班级正常教育秩序的突发事件。初中学生正处在身心发展的高峰期,自我意识、性意识逐渐增强,随之而来是亲子及同伴交往矛盾、学习压力过重、体相烦恼等。因此,初中阶段突发事件主要表现为自杀自伤、离家出走、打架斗殴、违反校规等。

这类事件因其突发性而令每一位老师不可回避,如果处理不好,常常会对学生的教育造成严重的负面影响。同时,学生的监护人是否配合、理解、认可、接受,也直接影响事件的处理进程和结果。因此,积极应对和干预这类突发事件便成了每一位教师必备的教育管理能力。

(二) 处理突发事件技能要求

作为一名教师会碰到各种各样的学生,每个学生的表现也都各不相同。教师很难预料到每天会出现什么状况,会有哪个学生突然做出一件什么事情。每个学生的背后都有一个家庭,突发事件的处理往往需要牵涉大量的人力、物力,所以学会如何应对突发情况就显得尤为重要。那么,我们究竟应该如何积极应对和干预突发事件呢?

1. 了解突发事件的处理预案和流程

学校要做好预防工作,必须建立健全可能发生校园突发事件的应急预案,加大应急演练的力度,让教师和学生学会校园突发事件的应急处理办法,掌握应急的自救和互救的基本技能。当学校突发事件不可避免地发生时,学校主要领导就要沉着、冷静、理智、果断地处理,争取主动,教师应了解和熟悉学校突发事件的处理预案和流程。

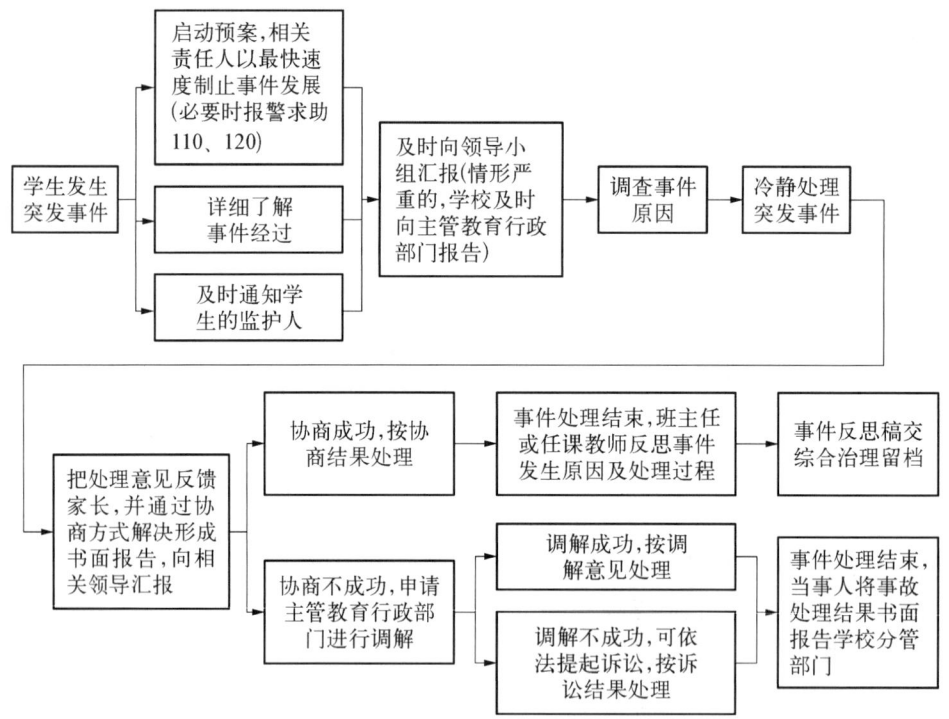

突发事件处理工作流程图(以杨浦区为例)

2.处理情绪放在首位

突发事件出乎人的意料,让人难以接受,当事人及其家长情绪会激动、焦虑、甚至无法自控。此时,教师首先要做的就是安抚——处理情绪。一句轻轻的问候、一个小小的拥抱,可以帮助当事人及其家长稳定情绪、平复心情,为事件的妥善处理奠定好基础。

【案例】

抢救孩子要紧

某日放学后,学生已经扫除完毕,我也整理好东西准备离校时,走廊里一阵风呼啸而过,几个学生奔涌进来,七嘴八舌地、大声地、乱哄哄地向我陈述着——我们班的小杰同学在校外某路口被车撞了!

我立即跟随学生前往出事地点,并在出校门前简单与校门口值勤的德育处老师说了一下情况,路上整理了一下学生们的陈述。原来,放学后几个同路的学生一起回家,小杰因为离校前去上了个厕所,没有跟上平时同路的人,而在走到这个地方时,又在马路对面看到了他们,他一激动,在没有横道线、没有红绿灯的马路上,边挥手边朝同学们跑去,就在这片刻间,一辆面包车正朝这个方向驶来,短短的几秒钟,马路对面的同学在惊呼中目睹了小杰被车撞到的瞬间。

也许是同学们受到了一些惊吓,说的时候一脸紧张的样子影响到了我,我心里万分焦急,一路小跑赶到出事地点,不远处就看到人群聚集,边上还有一辆同学们口中描述过的肇事车辆和一辆110警车。我挤进人群中,向警察了解情况,和同学们陈述的相差无几,确实是由于小杰不遵守交通法规,乱穿马路而造成的交通意外。好在当时车速不快,小杰身体也有一定的避让,但最后还是轧到了他的脚,初步判断脚部可能骨折,其他部位有待检查。而肇事司机也比较配合,第一时间停车,报了110,拨打了120急救,并给小杰的父亲打了电话。

当我赶到时,110已到,小杰躺在路边抱着腿,因为疼痛难忍,满头大汗,脸色也不太好,发出痛苦的呜咽声。我蹲下身来,因为不能确定其他部位是否有受伤,不好挪动他,只好用纸巾轻抹去他混着眼泪的汗水,并安慰鼓励他。

小杰的父亲很快也赶到了,还未了解具体情况,只看了一眼痛苦躺在路边的儿子,激动的情绪难以控制,上前就朝司机的脸打去。这样过激的举动引起了围观路人的注意,责备声和劝架声在人群中传开来,但并未能阻止情绪激动的小杰父亲。面对情绪激动正在打人的学生家长,我立即对他大喊一声:"小杰爸爸!"也许是没有想到孩子的老师也在场,他立即停了手,看向我,我赶紧将小杰的父亲拉到一边,穿过人群将他带到小杰身边,告诉他:"事情已经发生了,事故警察会处理,我们千万要冷静,送孩子就医要紧。"他看着孩子痛苦的表情,不住地点头说:"是是是,孩子送医院要紧!"就这样,他的关注点集中在了孩子身上,冲动的情绪缓和了下来,只是为小杰的伤情焦虑不已。

没多久,120救护车赶到了,医护人员的一句话让小杰家长再一次急得团团转——"医保卡在身边吗?"小杰的父亲当然不会随身携带孩子的医保卡,在和120医护人员沟通时情绪又激动了,言语上有些过激。我立即提出,可以由我先跟随120前往医院,小杰父亲先回家取医保卡再到医院与我会和。小杰的父亲连声道歉,我说:"你放心去取医保卡,我会陪在小杰身边的,你别着急,路上注意安全。"

一路辗转,最近的医院因为小杰未满14周岁而无法收治,只好再赶去别的医院,我便立即电话联系小杰的父亲,告诉他120的新目的地。到了医院,我先带他就医,分别检查了几个项目,刚将他推入CT室,手机响起,小杰的父母都赶到了。

小杰的父亲已经情绪稍缓和,而母亲看到医院CT室肃穆的灯光,想到儿子还不明的伤情,愁眉不展。见状,我立即将之前的检查单据交到他们手上,并将医生说的情况详细地和他们进行了沟通:医生初步检查下来,基本确定只有脚部骨折,其他没有大碍。他的父母明显猛松了一口气。

他的母亲叹了口气,感慨道:"怎么会发生这种事呢?"我说:"交通意外,确实我们都不想发生。事故警察会处理,但是教训我们自己要吸取啊,今天确实是小杰乱穿马路了,接下来,我们首先要照顾好他,然后也必须让他认识到遵守交通法规的重要性。另外,他在学校里有什么需要注意的地方我会多多关注的,你们放心。"

我的陪同已经让小杰父母感激万分,这番话更是让他们情绪平和了些,也对接下来可能会面临的事情感觉安心了许多,都表示会更重视孩子安全意识的培养,教育孩子遵守交通法规。

【点评】

孩子在成长过程中多少会出现意外伤害事故,本案例中小杰的父亲在刚到案发现场比较激动,好在班主任老师赶到现场立马劝阻,明确先送孩子去医院救治为先。在平时的教育中,我们要时刻关注安全教育,要教育孩子要遵守交通法规,并时刻有自我保护的意识。

3. 详细了解,快速分析

遇到突发事件,教师可通过当事人或了解事情整个过程的其他学生获取事件的起因、经过，可以让学生将事件经过用书面形式记录下来，并快速对事件作出初步分析和判断。面对特殊学生时，教师更需要用足够的耐心、责任感和对学生关爱的本心，去处理遇到的突发事件。

【案例】

就这样走近你

新学年开学后第二周周一上午，同学们陆续来校，交完作业后安静地在自己的座位上自习，我一如既往向学生们问好，并催促他们把作业交了，尽快进入自习状态。时间已经七点三刻了，却不见小明来，我拨通家长电话询问情况，小明妈妈焦急又气愤地说，小明不肯起床，大吵大闹不愿来学校。

暑期新生家访中，我了解到小明家庭经济状况良好，父亲多年经营一家游戏厅，生意一直不错，妈妈全职在家照顾小明衣食起居，也做些小生意。小明平时爱看书，性格较为内向，语文基础薄弱，数学英语成绩中上。当时，在家长的提醒下，小明勉强和我打了个招呼。

安排好工作，我急急赶到小明家中一探究竟。

小明不说话，坐在床边，窗外的树叶被风吹动，唰唰的响声格外刺耳。

"小明，为什么不愿意来学校？"没有得到任何答复。

"你上周语文、数学、英语、政治等，让我们看看还开了什么学科，你一样作业都没交啊？"

"是不是课代表搞错啦？不可能一门功课都没交吧？是不是周末没做作业，所以今天不愿去学校啊？"

他一声不吭，对话陷入僵局，我提高了嗓门："不说话解决不了问题的呀！老师也不相信这是真的。"等到的不是回复而是涕泪俱下。这样的无效沟通让我有些烦躁，我起身站了会儿。小明对我还是不理不睬，我只能悻悻地离开小明家。

第二天小明依然没来学校，小明父母来了。任课老师向他们反映小明的课堂表现与作业的情况。但我觉得比不做作业更严重的是小明在与人沟通上存在障碍的问题。小明妈妈一开始表示小明只是内向，其他没有什么异常，但我觉得没有那么简单，凭我经验觉得小明妈妈在有意隐瞒什么，小明爸爸不表态，只是表示愿意全力支持配合学校教育督促小明尽快补好作业，不会再有这样的事发生。家长既然这样说了，我也不好再多说什么。

接下来连续几周的周一，小明都不愿来学校，如果硬把他送到学校来，他就会呕吐，坚持说自己肚子痛，然后回家。小明不做作业的问题也依然没有解决，他课间频繁出现在办公室里补这补那。周末老师会适当增加一些拓展作业，于是周一小明更不愿来学校面对老师了。

作为班主任，我敏锐地嗅到小明厌学逃学的征兆，决定再与家长做深层沟通，充分了解事情的原由。这次交流，我直奔主题，根据我开学几周下来对小明的观察，发现他课后与师生之间的沟通障碍不像一般的内向腼腆，小明平时的一些表现，我都跟家长做了详细的介绍，希望家长引起足够重视。这次交谈之后，家长表示会带孩子去看看心理医生。同时，我与任课老师及时做好沟通，在对待小明作业的问题上，既守好底线也做到特殊处理。首先在课堂上予以关心，通过提问和练习了解小明的学习状况，课后多布置口头作业，第二天课内口头检测，减免掉部分书面作业，尽量让他利用在学校课余时间完成主要的书面作业，当场面批不带回家。正视了小明的特殊情况后，各科老师无不关怀备至，同学们也向他伸出了援助的手，课后老师同学都主动和他交流，与他一起玩耍。渐渐地小明的脸上露出了笑容。

【点评】

本案例中的小明同学有厌学情况，作业总是拖拉完不成。面对这样的孩子，班主任老师首先肯定要与父母取得联系，并反馈真实情况，同时采用特殊照顾，分层减免作业，让任课老师和同学们一起帮助他，给本来内向的孩子提供最大的帮助。

4. 务求冷静正确判断

教师遇到任何突发事件都不可急躁，冷静可以让教师做出正确的判断和决定。突发事件发生后，老师要尽可能地减小影响面，如照顾好其他相关学生、及时疏散围观学生等。而对当事学生，只有当其情绪稍为平静后才能找其谈话，这样，当事学生对老师的教育往往易于接受。

【案例】

"大闹天宫"背后的故事

初春的阳光肆意地洒落在清晨的校园，这个时候的校门口是最热闹的，上学的孩子们一个个喜笑颜开，送孩子上学的家长也都在目送孩子走进校园后露出满意又期许的笑容。突然，我看到小佳撅着嘴，垂头丧气地走进校门，就连日常行规的问好都没有做。我走上前询问他，是不是身体不舒服或者是上学的路上遇到了不愉快的事情，小佳都不予回答。由于小佳的不配合以及大厅里面学生较多，我没有继续追问下去。15分钟后，我正在食堂吃早餐，小佳的班主任匆匆来找我，说小佳出了点状况，在教室里面不交作业，口出脏言并且肆意骂人，甚至把板凳都拎起来摔在了地上，希望我能赶快去教室帮忙处理一下。联想到他早晨进校时的状态，我的脑袋"嗡"的一下就有点懵了。我多希望在那个发现他情绪低落的瞬间继续跟他了解情况，多么希望能把这一切都控制在萌芽状态。但是，事情已经发生了，我们就必须及时地、积极地处理。于是我立刻来到小佳的教室，看到了情绪激动、暴跳如雷的他。

看到我走进教室，小佳有意识控制了一下自己的情绪，但仍然气呼呼的、似乎随时就要爆发。平时我一直跟小佳有互动和交流，他见到我总是会打招呼，偶尔的小错误一经指出都可以及时改正。突然间，我就有一个想法：或许，他这次突然的爆发是跟家庭的某些事情有关。

到了德育处办公室，我没有责备小佳的不是，而是给他拿毛巾让他去洗脸。洗脸回来就让他安静地坐着，半小时之后，他脸上的怒气消失了，心情逐渐恢复了平静，于是向我道出了原由。

小佳从小跟着外婆生活。外婆住在浦东曹路，而他的父母因为工作原因住在杨浦，也就是他现在居住的地方，这里是他爷爷奶奶的家。他从小身边的小伙伴都在浦东，他更希望在浦东上学，而不是在较陌生的杨浦读书。这个假期，他基本都是在外婆家度过的，外婆平时就是照顾他吃喝，从来不会盯着他，要他学这学那，他可以尽情地跟小伙伴玩耍。假期快结束的时候，妈妈把他接回杨浦，他虽然十分不舍，但是又无可奈何。没想到一回到奶奶家，爷爷奶奶对他非常严格，询问和检查他的假期作业，还安排额外的很多练习给他。于是小佳觉得非常苦闷和反感，觉得还是外婆疼他，爷爷奶奶只知道让他做功课，甚至到后来连奶奶做的饭菜都觉得难以下咽。一转眼假期就结束了，在很多次跟父母说想转学回浦东无果之后，只能选择继续在杨浦读书。他妈妈甚至对他说，奶奶这里要拆迁了，让他无论如何也要在这里等到拆迁。虽然尚未成年，但是小佳深深地感觉父母在利用他，为了拆迁的福利，为了能得到更多的利益，不考虑他的感受。他觉得爸爸和妈妈好自私，他觉得爷爷和奶奶好烦。他再也不想好好上学，他宁愿天天在学校惹是生非，以达到让家里把他转到浦东去读书的目的。今天事件的导火索就是上学的路上，奶奶还在盯着他的功课和成绩。从出了家门他就没有开心过一分钟，到了学校同学催他交作业，他再也忍不住爆发了。

听完小佳的叙述，我心里的一块石头落了下来。此时小佳的情绪已经趋于稳定，我在征得他同意的前提下，联系了他的奶奶。在等待奶奶来学校的这段时间，我教育他,不论爷爷奶奶怎么要求你,都是想让你有更大的进步,也许他们使用的方法比较老套,爸爸妈妈也没有过多地考虑你的感受,但是你要相信,他们对你的爱是跟外婆一样的。小佳说他以后就想好好照顾外婆,其他的人都不搭理。对于这个说法,我回给他一个琢磨不透的笑容,他愣了很久,或许是最终还是无法猜透我想说什么,他催促我说:"胡老师你觉得我说错了?"我只是跟他说:"不管你以后想照顾谁,你都需要好好学习,使自己进步,这样你长大以后才有照顾别人的资本。那个时候你想住浦东就可以住浦东,为了你的这个愿望,你可以开始严格要求自己了。"这时,小佳的奶奶来到了学校,我转身去给老人家拿凳子,留下他自己在那里思考前面的谈话。

  老人家来了之后,我把早晨发生的事情经过跟她说了一遍,然后也把小佳的心里想法跟老人家交了个底。这位挺慈祥的老人也跟我打开了话匣子:"胡老师,小佳的爸爸妈妈平时都很忙,自己的孙子来住,我们总归是想他好的。帮忙带孙辈,我们诚惶诚恐,生怕有什么地方做得不好。带得好,那是我们长辈应该的,带的不好,都是我们的过错,我们的压力真的也很大。他爷爷算是知识分子,当初没条件一直教育他爸爸,总觉得对这个孙子要严格要求,以后能考上好的大学,找个好的工作。我们本身又不求他什么,只是想他能更好。不过今天你跟我这么一说,我也觉得有时候我们对他的要求太严格了,小孩子嘛,也确实应该给他一点空间,真的叛逆起来,还不知道要闯什么祸出来,那就更得不偿失了。"说着说着,老人的眼底竟然微微地泛起了泪光。看来小佳的奶奶没有想到,自己和老伴盯着孙子学习,会给孙子造成那么大的困扰。

  我劝解道:"作为老师,我理解你们严格要求他都是爱他的表现,只不过每天多遍的询问,容易让小佳产生抵触的情绪。既然知道了他对家里长辈的逆反心理比较严重,那就尽量让他爸爸妈妈能多跟他保持良好的,对等的沟通,不要总是要求他按照大人的意思去做事情。想让他做什么的时候,先用征询意见的语气问问他,让他说出自己的想法,或许他更能接受你们的建议。当然,小佳的逆反心理不是一天两天形成的,也希望家长能够关注到孩子的这种心理变化,及时疏导,不要总是压住他的情感和想法。周末时间允许的情况下,多带他去外婆家,让他的情绪可以有机会舒缓下来。"

  小佳的奶奶在听完我的叙述和建议之后表示会尽量不给他那么大的压力,也感谢老师对他的关心。希望老师可以跟家长一起,让他越变越好,家里大人都会尽力配合老师。奶奶走后,我把奶奶的一席话说给小佳听,他一开始不屑一顾的,到最后,竟然哭了起来。

隔代的爱是那么的沉，那么的重，而理解和倾听，同样是那么重要啊！不少家庭由于种种原因，将照顾、教育孩子的重任交给了祖辈，隔代教育有利有弊，作为教育工作者我们有责任使孩子现有的家庭教育状况得以改进，使我们的孩子快乐、健康地成长。

【点评】

隔代教育是目前普遍存在的社会问题，这种教育往往容易产生两种极端要么溺爱，要么对孩子太过严厉。案例中的爷爷奶奶对小佳同学在学习上管教太过严格，反而让孩子有逆反心理。班主任老师通过晓之以理，动之以情，小佳的爷爷奶奶知道了他们教育方法的问题，明确会改进教育方法，让孩子快乐健康地成长。

5. 客观对待，公正处理

处理过程中，老师一定要客观、公正，不能偏袒任何一方，突发事件产生的原因往往不是单一的。老师在对事件产生的原因进行多方面深入、仔细的调查了解后，要客观、公正、注重事实地进行处理，做到以事警人，以事育人，积极引导，使突发的事件得到圆满的解决。

【案例】

带刺的玫瑰

"陈老师，快去食堂看看！小超又打架了！这次是和小彦！"

班里学生的传话让我心头一紧。怎么会是他们两个？小超是我班一个调皮的孩子，讲义气，但在情绪控制上比较薄弱，平时因为意气用事可没少在班里惹麻烦。但是，小超和小彦平素关系一向很好，两人从小学起就是一个班，还都是校篮球队的主力。今天这两个不折不扣的"铁哥们"怎么会打起来了呢？

满腹怀疑中，急急忙忙赶去现场，发现已是满地狼藉。在围观的人群中，小超和小彦两个人扭打成一团。快速处理了现场后，在几个男生的帮助下，两个人被带到了两间不同的空教室。

"陈老师，小超这个月可是第三次了，你真的好好说说他呀！""哎呀，行为规范评分可得扣惨了，都怪小超，流动红旗又没了！"同学们围在我身边纷纷向我抱怨小超的不是。的确，这是他这个月来第三次打架了。在前两次的事件调解中，我发现都是他无事挑衅同学。但真因为前几次的错误就给他定下罪状，对他是不是不公平呢？如果这一次真的是事出有因呢？"同学们，不要着急。陈老师先去问问，如果真的是小超的错,我们力惩不怠;但如果错不在他身上,我们还是给他个机会好么?"我考虑了片刻,还是决定先安抚好同学们的情绪,决定本着公平公正的态度私下和他们两个好好谈谈。

果不其然,刚走进教室,小超就义愤填膺地冲到我面前:"不就玩笑嘛!至于这样么!"他气冲冲地说道,"也不知道他哪根筋搭错了,直接拳头就挥上来了!"教了小超三年,我太清楚他的个性了,虽然冲动,但的确是个敢作敢当的孩子,如果真是冤枉了他,他得委屈个几天。我于是继续问道:"你开了什么玩笑?"小超倒也是心直口快:"班里同学告诉我,小彦天天晚上要给小欣打电话,听说小欣爸爸因为这个事昨天晚上还把小欣骂了一顿。我纯粹就问问他是不是喜欢小欣呗,哪想到动静这么大!"听了小超的一番述说,我开始意识到事情并非男生间寻常吵闹如此简单了。

小彦是一个体育特长生,性格要强倔强。上了初三后,平时一向安分的他总是有意无意地去招惹女生小欣——从一开始课间打闹到后来每天放学都随同回家,状况不断升级。小欣是班委,成绩优异,弹得一手好琴,但在个性上比较内敛。面对小彦的猛烈"攻势",小欣不堪其扰。就这个问题,我之前便已和小彦交涉过,当时他也答应过调节自己的心态,不再打扰小欣的正常作息。但是没想到谈话结束后没多久,他便又重蹈覆辙。昨天,小欣爸爸给我打了电话。这位平素一直温文尔雅的父亲在电话中非常着急,证实了最近家中经常会接到男生打来的电话,因此他特别担心女儿初三的学业会受到影响,恳切希望我能出面解决这个问题。

作为班主任,我深知青春期是学生一生发展的重要时期,而初三又是初中学生最关键的一年。处于这个阶段的孩子因为学业压力大常常会被两性情感这朵带刺玫瑰的芬芳所吸引,然而一旦情不自禁地触摸,又常常被无情地刺伤。作为教师,只有用爱来沟通,才能让他们收起防御的铠甲,对我们敞开心扉,解开心结。联系最近的种种情况,我觉的确是该和小彦好好谈一谈了。

"小彦,情绪平复了吗?""陈老师,我刚才冲动了,对不起……"小彦一直是一个是非分明的孩子,但他此时隐约已经察觉到我要和他谈的并不仅仅是打架问题,显得有些心虚。"我知道你会自己想明白的,但是,你愿意和我谈一谈晚上给小欣打电话的事情吗?"听了我单刀直入的提问,小彦瞬间涨红了脸,结结巴巴地对我说道:"陈老师……我,我知道我答应你了还这么做不好……但我……""上一次谈话中你不是已经醒悟了?怎么这么快就把控不了自己了?"看着我真诚的笑容,小彦显得有些犹豫,支吾了半天,终于道出了实情:"其实是这样的……原先我觉得我自己一定能处理好的,但是有一天我妈妈不知道怎么知道了这件事,她竟然去找小欣说让她不要理我! 我越想越气,自己的事凭什么要她插手! 她又不管我,对我只会骂骂骂……其实我找小欣还有一部分原因就是想故意气气她!"小彦的父母在他很小的时候就离异了,因为父亲常年不在上海,他被法院判给了母亲抚养;重组家庭后,妈妈很快就生了个弟弟,对他的关心自然稍微少了些。但在平时与家长沟通中,我觉得小彦的妈妈对小彦还是非常关心的。对于青春期的孩子而言,压力越大反抗力也越大,拿起大棒强行扭转极有可能适得其反。毫无疑问,在这个事件中,小彦妈妈"关心则乱"了。

学校的教育只是"催化剂",如果没有家庭的引导永远只是"治标不治本"。小彦的妈妈在接到我电话的那一刻立刻明白了我的意图。"陈老师,我晓得的! 那臭小子又去打小姑娘电话了是伐! 这个小鬼搞不好了,给他断了网线,他用手机;收了手机,他索性电话嘞! 估计再下去,就差冲到人家家里去了! 发的QQ消息都是'爱你、想你'什么的,你说这个年龄的小孩能明白什么爱……"小彦的妈妈越说越激动。的确,很多家长都会采取绝对化的方式断绝孩子和爱慕对象的交往;部分家长甚至会采取偷看孩子的信件、短信等方式跟踪监视孩子的日常生活,殊不知这样的行为只会让孩子产生逆反心理,甚至可能会影响到亲子之间的关系。"小彦妈妈,我能理解你的心情。孩子初三了,我和您一样也担心孩子会分心。但是如果发现孩子陷入情感纠葛,因为有爱慕的对象而魂不守舍时,我们用讥讽、责骂甚至惩罚的方式来对待只会引发他们的逆反心理,逼他们向相反方向发展。有时候,我们多一些耐心,将心比心,让他们知道父母是理解他们的,这样才能和他们进行坦诚交流与有效沟通,才不至于让他们感觉父母只是一味不想让自己快乐。"实际上,有爱慕的对象是青少年生理发展的必然趋势,家长们完全不必将它视为洪水猛兽。在我的任教生涯中,有很多像小彦这样的孩子,原因其实也有部分是因为在家庭中情感的缺失。有的是因为父母长期不在身边,忽视了孩子们的身心发展;有的是因为家长长期忙于工作,致使孩子们无处向家长倾诉。这些成长过程中存在的缺失,都会在孩子心里埋下一根导火线,一点外部的推力都会使这些"缺爱"心理一点就燃,演变成逆反的心理。小彦在得知妈妈干涉了自己的生活后,用这样偏激甚至带报复性的行为进行反抗难道不也是一种逆反心理的体现吗?"所以,我建议你不要草木皆兵,可以多和孩子进行沟通,洞察孩子这种内心情感,帮助孩子树立正确的世界观、人生观、价值观,使孩子自身的人格、心理等得到成长与完善。在对话时,你可以耐心地倾听孩子的诉说,并给孩子以热情、严肃的忠告。让孩子知道过早陷入两性情感之中,是对自己前途不负责任的表现,要让他们知道家长培养他们的不易,让他们明白不能因自己的一时冲动而置自己的前途和家长的期望于不顾。我相信,这样的方式会让孩子有所领悟的。"

通过半个多小时的电话长谈,小彦妈妈明白了之前粗暴的阻拦方式对孩子造成的伤害,也愿意转化一下方法和小彦好好地交流。不久后,小彦主动找到了我。他告诉我:"陈老师,妈妈这几天一直在和我沟通。其实,我一直都知道妈妈和老师都是为我好,只是初三压力太大,有时候我也需要一个发泄的方式吧。老师你放心吧,在初中毕业前,我会把全部精力投入到初三的复习中,努力和小欣考上同一所高中。"看着小彦闪烁的眼眸和逐渐松弛的神情,我感到很是欣慰。

【点评】

本案例中的小彦同学父母离异,导致他从小本来就缺爱,而特别是在青春期的时候需要与人交流和倾诉。但是在毕业班这样关键的时候,孩子还是需要老师和家长的共同教育,引导他们把主要精力放在学习上,把内心的爱转化成学习的动力,疏而不堵,达到教育的目的。

6.循循善诱启发教育

不论突发事件的性质如何、负面影响多大,也不论突发事件的当事学生表现怎样,作为班级、课堂的组织者和管理者,老师都要坚持以启发教育为主,不能简单处理了之。

【案例】

小摩擦　大爆发

某一天的体育课上,初一男生小倪与班上同学进行比赛时发生矛盾,当场就与同学发生激烈的争执,将责任全部怪罪于对方。下课后另一名同学已经若无其事,觉得小事一桩,但小倪心中的怒火只增不减。突然,他愤怒地一屁股坐在同学的课桌上怎么也不肯挪动。更令人诧异的是,随后一节课的上课铃响后他也像雕塑一样一动不动,丝毫没有准备离开的意思。老师同学们再怎么劝也不愿下来,同学也拉不动他,就这样小倪居然在这张课桌上端坐了整整两节课!这两节课上他成了老师和同学的焦点,遮挡了同学们的视线,严重影响了上课质量。

目睹了这一情况后,我与小倪的爸爸取得了联系,他爸爸得知后立即请假赶来学校。小倪见到爸爸,在爸爸的劝说下终于愿意从同学的课桌上挪下来了。随后小倪爸爸把他带出教室聊了一段时间,期间小倪一度情绪失控,比之前爆发得更加强烈,大哭大闹不止,好一会儿才逐渐平静下来。

最终待小倪平静下来重返教室后,我和他爸爸单独进行了交流。"刚才你们聊了些什么?小倪究竟是怎么了,和同学的小摩擦怎么会导致这么强烈的情绪失控?"我问道。

"真正使他爆发的不是这么点同学间的小事,而是连同家里的事一起导致的,刚才他自己说觉得是心里的各种复杂情绪一下子冲入脑海,不仅是体育课上发生的事,还有家里的情况,使得自己憋着一股气就是不肯动。"他爸爸说。

"具体是哪些事?能举些例子吗?"我问。

"最主要就是家里的矛盾,哎,家里不太平啊,老师你也知道我和他妈妈闹离婚的事情,孩子也清楚这事,他现在这、情绪那么不稳定也跟家里的事有关。可是我们也没办法啊,他妈妈现在要跟我们闹,要分财产,一直扯不清,我也被烦死了,真是没有一件事省心啊。"爸爸说了一些小倪妈妈的事,一脸的不满,"老师你说这大人的事怎么会不影响孩子呢!他妈妈真是的,现在又不管他,学校里有什么事还不是我来!"

"他妈妈现在不来见他吗?"

"我们不让见!非常难得可以见一面,有时候我知道他妈妈在他放学时候来见他。"爸爸有些愤怒地说。

"这虽然是你们家里的事,我不是当事人说不清对错,但这样肯定对孩子不利,据我从小倪那里了解到,他是想妈妈和外婆的,有次甚至上课到一半都哭了说想外婆,你看这对他的影响是不是太大了。"

"老师我这也是没办法的办法,谁让家里这事一直不解决。"爸爸无奈地说。

"大人之间的事应该尽量不影响孩子,但你们现在却企图想通过孩子去解决你们大人间的问题,而且小倪完全已经把家里的事情迁移到学校,碰到一点点小事就一肚子的委屈,觉得大家都跟他作对似的,感觉没人理解他,所以情绪越来越控制不住。"

"是的,他刚刚自己也这么说,觉得特别委屈,然后一下子爆发了,止都止不住,我只能让他先宣泄完。"爸爸点头说道。

"所以作为家长要正视这个问题了,不然只会愈演愈烈,我建议你们再想想其他办法,而不是切断母子见面,不然耽误孩子可是得不偿失的!另外,小倪自身的想法也有不对,我会找他聊聊再找对策,也需要你们一起协助,常保持联系。"

送走小倪的爸爸,这件事暂时算是平息下来了。但我感到如果这样简单处理一下就结束了,并不能真正解决问题,小倪的家庭、小倪自身问题重重,若不做进一步的跟进,这样的事还会发生,小倪的内心还是不平静的。

于是我又找到了小倪的妈妈进一步了解情况。小倪妈妈说起家里的事,情绪甚是激动,她说:"老师你不知道离婚的原因都是他爸爸造成的!"一边说着眼圈就泛红了,"他们家现在还限制我和小倪的见面,我只能趁放学偷偷来见他,感觉他们根本就不好好照顾小倪,天冷衣服都不加,吃的也没我照顾得细心。"妈妈又说了很多对方的不是,越来越委屈。

我明显感到两边的矛盾很深,都在互相埋怨,任何事都是对方的错,这怎么会不影响孩子呢。"事情我大概了解了,我也很同情你,可是家里的事情已经这样了,现在要做的只能是尽快解决,把对孩子的影响降到最低,你们如果非要争执也请避开孩子,更不要动不动把孩子牵扯进来。现在小倪出现了各种情绪难以控制的问题,和家里的矛盾必然是脱不了干系的。我跟他爸爸也说了要定期安排你和小倪见面,家里的事不应该牵连孩子。"

"老师你说得对,我其实也很不想这样的,我会尽力快些去解决,不让矛盾再升级。"

除了与家长的沟通,我也找到小倪与他交流。由于小倪心智晚熟又易激动,要让他认识到问题并非易事,我便慢慢启发,逐步让他认识到自身的问题。

"当你与别人发生摩擦时会特别愤怒,很想发泄,甚至忍不住大喊大叫是吗?"我问道。

"是的,大家都不理解我,真的是特别生气!"小倪气愤地说。

"能不能说说发泄完的感受呢?"

"还是会生气、难过,但是比之前会好受些。"小倪如是说。

"所以你还是觉得这样的方式还不错,可以接受是吗?"

"嗯……(小倪挠了挠头)老师家长都一直跟我说这样不好,但我也不知道有什么更好的办法,而且往往都是忍不住就这样了,我也确实会舒服些。"

"那么你有没有想过经常这么冲动会给你周围人带来什么影响吗?"

"有时候他们也会跟我吵起来,就越吵越厉害了。还有些同学索性不理睬我,也不会理解我,就留我自己生气。"

"所以你也发现了,这样发泄情绪的方式还是会给别人以及你自己带来很多不好的影响的吧?"

"好像是这样。"

"那我们一起来试着改变一下好吗?"

"能怎么改变呢?"小倪似乎有些自暴自弃地说。

"我们先来想一想其他同学碰到与他人的矛盾时都是怎么做的呢？比如体育课上的冲突,另一名同学是怎么做的?"

"他当时也跟我吵了几句,不过好像下课后根本不放心上,像没事了一样,就剩下我特别气!我也奇怪他怎么做到的。"

"还有其他同学的例子吗?"我问。

"其他有的同学会跟我吵,但到后来就走开,或者会把事情告诉老师。"

"你看很多同学都懂得控制情绪或者是避开寻求其他方式,自动避免争吵,那你能不能学习借鉴一下呢?"

"那我试一试吧,但是我怕还是会控制不住。"

"来,我们现在一起模拟一个情景,你尝试着控制下自己的情绪哦。假如现在有同学打翻了你的杯子,水弄得到处都是,杯子还摔坏了,而且也没跟你道歉,你会怎么做?"

"啊,那我一定会很生气的!打坏我杯子还不道歉,他是故意跟我过不去吧!应该会跟他争吵,这好像跟难控制住啊!"小倪明显激动了起来。

"你现在试着深呼吸一下。"我演示了一下。

小倪跟着我一起深深吸了口气。

"再试几次试试。感觉怎么样?"我鼓励小倪。

"生气的感觉好一些了。"

"好,现在你仔细想一想,也许同学是有急事过于匆忙真的是不小心呢？你有没有想过呢?"

"嗯……是有这个可能吧,那他也应该帮我拿起来收拾一下再赔礼道歉。"

"这你说得没错,但如果能心平气和地跟同学说,他是不是会更容易接受呢?"

"道理是这样吧,只是当情况发生时我可能会一下子比较冲动。"小倪显得有些无奈。

"你以后想要发脾气前赶紧试试深呼吸,同时站在对方角度想一想,如果实在控制不住就来找老师,好不好?"

"好,我会去尝试一下。"

我与小倪进行了多次交谈,与他达成契约并不断跟踪新的动态,契约如下:

(1) 在愤怒想要发脾气时想想自己有没有错,要多站在他人角度考虑问题,实在有情绪要尽力克制,成功克制一次给自己画张笑脸。

(2) 由于小倪的自觉性和自控能力较其他学生弱一些,要关注反馈情况,并想办法让其自我激励,逐步改善。为此,我给小倪设计了一张自我激励成长记录表

(一周记录一张),具体如下:

时间	成功心得	还需努力	我的心得

我也与家长取得了联系,请他们督促小倪填写好这张表格。

经过一段时间的努力,小倪比从前似乎更懂事了,在学校里很少跟同学发生争执,情绪控制方面有了明显的改善,这点让老师们都感到欣慰。家长也反映有了一些改观,例如在家里会开始学着体谅长辈,埋怨声变少了,氛围更和谐了。当然这期间还有不少起伏反复,但总体在向好的方向发展。

【点评】

孩子的教育离不开父母共同的教育,而案例中的小倪父母闹离婚的事情或多或少影响了孩子的情绪。而班主任老师通过与孩子父母分别沟通后了解了具体情况,巧妙用了家校互动的自我激励成长记录表,与家长和孩子一同完成,让小倪同学学会自我控制,最后取得了明显的进步。

7. 及时报告,寻求帮助

在事发的第一时间向学校相关领导报告,报告的主要内容包括:事件发生的时间、地点、概况以及采取措施的情况、进展和下一步打算等。还应听取学校领导及相关人员的建议,取得他们的支持和帮助。有时还要寻求专业教师的介入。

8. 通知家长,有效沟通

在遇到突发事件后,教师注意与家长进行良好的沟通。

(1) 讲究交流的语言艺术

作为教师,应客观地向家长告知孩子在学校的情况,而不应该掺杂主观色彩和情绪。比如,遇到班级学生打架的突发事件,在与家长沟通时,要晓之以理、动之以情地安抚双方家长,在家长稳定情绪后,做好疏通工作,使得事件得以圆满解决。

【案例】

做好和事佬

正是春末的四月好时光，午饭过后的午休时间，孩子们有的在操场上走走跑跑晒着太阳，有的安静地在教室准备着下午的课。

王老师利用午休的空隙抓紧时间批改着最后几本学生的作业，准备去教室看看。突然，班长气喘吁吁地跑到办公室，"王……王老师，不好了！出事儿了，您快去看看吧！"

教室里围了一圈学生，场面有些吓人。小张同学捂着头蹲在地上正呜呜地哭着，一边的小黄同学面孔狰狞，左手的手臂上留着一圈深深的牙齿印，渗着血。地上散落着扫把，还有几本书和歪斜的课桌。见老师来了，学生七嘴八舌地告诉王老师，张同学与黄同学打架了。至于打架的原因，王老师来不及细问便先带着两个孩子去了校医务室检查处理伤口。

好在黄同学被咬得并不算太严重，校医帮其伤口消毒之后便没事儿了。张同学在校医检查之后确定并无大碍。在确认两个孩子没事之后，王老师将他们俩带到办公室，仔细询问事情的前因后果。原来，在午休期间，作为值日生的张同学正在扫地，黄同学在座位上看书。当张扫过黄的位置时，不小心将扫把蹭在了黄同学的新鞋上，白鞋上留下了污渍。因为是喜欢的新鞋，黄同学有些生气，嘀咕了一句："不长眼睛啊！"张听到了便觉不悦，自己也不是成心的，于是赌气又拿扫把在黄同学的鞋上挥了两下。黄同学顿时生气了，跳起来口不择言道："你妈妈没有教过你扫地吗？"这一质问，彻底激怒了张同学。两人便动起手来。王老师了解了事情的经过，安抚了两个孩子。同学之间的吵闹也属正常，两个人很快就握手言和，王老师便让他们回去上课了。

送走两个孩子，王老师决定将事情的经过和结果告诉双方家长。王老师首先给黄同学的妈妈发了信息，告知了黄同学的伤情以及打架的原因。不一会，王老师就接到黄同学的妈妈打来的电话。"喂？王老师吗？我是黄的妈妈。我家孩子怎么样了？要不要去医院？你们学校怎么回事？那孩子怎么还咬人？他家长知道了吗？"黄同学的妈妈来势汹汹，一连串的提问使王老师有些措手不及。王老师定了定神，"是这样的黄同学妈妈，现在黄同学被咬的地方校医已经处理过了，校医说只要注意消毒不感染就没有事情，也不用去医院打破伤风的针。"王老师知道，其实家长最关心的是孩子的健康安全问题，所以她直接开门见山告知了黄同学的情况以免家长担心，并且表示两个孩子已经平复心情握手言和了。黄同学的妈妈好像松了口气，回了句："哦。"王老师的心稍微定了定。接着，黄同学的妈妈好像想起什么似的,"那另外那孩子的家长怎么说。他们家孩子咬伤了我孩子就这么完了?一点声都没有?"王老师感觉到,电话那头又传来战火的味道。意料之中,所以王老师并不慌张,"是这样的,张同学之所以大怒是因为你家孩子那句'你妈妈没教过你扫地吗'刺痛了他。本来张同学是无心之失,黄同学也就是口不择言。但是你可能不知道,张同学的爸爸妈妈在张很小的时候就离婚了,爸爸在外地工作很忙,只有过年的时候回来一趟。所以张平时都和爷爷奶奶生活在一起。"说到这里,电话那头沉默了,相信黄同学的妈妈应该理解了这件事的核心。她顿了顿,回复道:"哎!我之前不知道这内情。孩子处在敏感的青春期,我家孩子这么说肯定伤了他的感情。"听见黄同学的妈妈这么说,王老师安心了。"谢谢你的理解。但是请不要将张同学的家庭情况告诉黄同学",王老师补充道:"我怕孩子间聊起会对张同学有看法。而且这个年龄段的孩子自尊心很强,我也怕他再受到伤害。""好的。我懂的",黄妈妈回答道。两人又聊了几句孩子平时的学习情况便挂了电话。

王老师立马又拨通了张同学妈妈的电话,还是像刚才那样直接告知了今天事情的起因和结果,并表示张同学没有受伤。张的妈妈很平静,似乎已经听出了这件事的核心所在。王老师也就直接单刀直入,表示希望张的妈妈能够多关心张一些。"孩子现在处在青春期,可能他嘴上不说,但是内心还是很渴望来自家庭,特别是父母的关怀。你与孩子的爸爸虽然分开了,但是你们肯定都是爱着孩子,关心孩子的。"王老师说。"我明白,王老师。"电话的那头似乎若有所悟。"下次,你与黄同学妈妈碰面时,记得打声招呼、道个歉好吗?""应该的,谢谢王老师"。

与两位家长通完电话,王老师的心情有些复杂,但也庆幸今天的事情自己第一时间通知了两位家长,并晓之以理、动之以情地安抚了两位家长,同时将学生的安全放在首位。学生的安全应该是家长与学校最基础的诉求。稳定家长情绪后,做双方的思想工作使得事情圆满解决。班主任应该是家长与学校,家长与家长直接沟通的桥梁。

【点评】

本案例中的突发事件看似偶然实则难免,特别张同学从小父母离异,父亲又在外地工作,是一位典型的单亲和隔代教育家庭的孩子。而班主任老师巧妙抓住这一点,与黄同学的妈妈也作了说明和沟通,让大家明白退一步海阔天空,很多时候在保证学生安全的基础上,大家静下来解决问题,才是家校合作的共同目标。

(2) 讲究谈话的语气

教师应用平和的语气，委婉的态度，一分为二的观点与家长交流。可以先向家长客观地介绍一下事件的原委，再由该生的优点谈到不足之处或须改正的地方，这样，便于家长接受。

【案例】

"高达少年"变形记

"你妈才臭呢！你们全家都臭！"

"是你妈臭！你妈妈就叫许臭！"……

在一声声嘶力竭的叫喊声中，我走进了我们班级的教室，班长和体育委员一边拉着一个。同学们看到我的到来纷纷回到座位。两个各执一词的男主角还不死心，恶狠狠地盯着对方，仿佛一根火柴就能点燃这场战争。我看到了这个局面，觉得需要迅速地熄灭火苗。我先把两位同学请到办公室，再听班干部叙述了整个事情的经过。

"其实是小陈不好！他吃完午饭没事乱翻小顾的课桌，他经常这样。刚才翻到了小顾物理测试卷的57分，就嘲笑他笨，奚落他不如自己聪明，还说顾妈妈的签名不叫许香，而叫许臭！所以顾就和他打架了。"听了同学对事件的描述，结合陈同学和顾同学平时的表现，我对事情有了大致的了解，我首先在班级中表扬了班干部在老师不在时发生突发事件的优秀表现，虽然在同学们的眼中小陈同学是个"不良少年"，但在本次事情发生时，同学们还是阻止了顾同学打他，并及时通知了我。因为同学们较强的集体观念，及时地制止了事态的进一步发展。

回到办公室，我看到小顾受到了委屈，默默地掉眼泪，小陈却是一脸不满、不屑一顾的表情。我再次向他们俩询问了事情经过，基本符合班干部所述内容，但是小陈却一味地辩解自己是给别人起绰号，不是什么大问题。我首先安慰了小顾，但也教育他打架是野蛮人的粗暴行为，不可取，今后应当理智文明地解决问题，让他平复了心情回了教室。

我请来了小陈的妈妈。小陈的母亲在菜场卖菜，每天工作很辛苦，对孩子的期望很高，一听到学校老师的电话，立即放下自己的摊位急匆匆赶到学校。一进办公室就责怪小陈不懂事、不听话、不好好读书，一连串责备的话脱口而出，没有给人思考的时间，真是"爱之深、责之切"。最后她居然说，这个孩子她没法教育了，只当没有生过他。从小陈的母亲责备孩子开始，我就仔细地观察着孩子的表情，从习以为常的冷漠，到最后听到母亲要丢弃他的话，虽然他还是一副无所谓的表情，但是我发现了他眼中有不甘与恨意。孩子都是渴望爱的，是不是这位母亲给孩子爱的方式让孩子无法接受呢？所以在改变孩子之前，我要和孩子母亲先沟通一下。

我需要先缓和孩子与母亲之间的僵局，为此我转移话题，对母亲说道："您看，小陈妈妈，您用了十多分钟就赶到了这里，还满头大汗的。来，拿张纸擦擦汗，喝杯水吧！孩子的事，我们慢慢说，先把事情弄清楚了，您再说他也行的。"

小陈妈妈确实也累了，不停地感谢着我的招待。但是还是时不时地插话责备着小陈，一副恨铁不成钢的样子。小陈并没有反抗母亲，但是满脸的冷漠与无视，让我觉得他与母亲的心越来越远，但是着急的母亲却用着她自己的方式教育着孩子。所以，小陈行为的改变还需要先从他母亲入手。但我也不能当着孩子面去教家长教育孩子的方法。那么，先慢慢引导小陈学会听进去一些母亲的教导，再引导母亲用一些孩子能接受的话去教育他。

现在，他们之间的沟通桥梁就是我这个班主任，如何搭建好这座桥真是一门艺术。于是，我先安慰着小陈的母亲，让她休息一下，先听听小陈的说话。我先问起小陈，"你有最喜欢的东西吗？""东西，物品吗？"小陈被我的话问得一愣，我点头。"我最爱家里的一个高达模型，那是我生日时我妈买给我的，它可精致呢……"说着自己最爱的东西，小陈仿佛变了一个人，眉飞色舞。我忽然又说："高达模型，哦，我知道了，就是你上次带到学校来，给同学看的，后来我让你不要再把它带到学校的那个模型呀，我觉得不好看，你的眼光也不行啊。"话没有说完，小陈立马嚷了起来："老师，你怎么都不懂啊，那个模型很贵的呀，还很酷啊。""哦，我说你心爱的东西不好你不开心，那么你想想你那样说小顾的妈妈，那是他的母亲，他是什么心情？"小陈沉默不语。我继续追问道："若是有人给你妈妈起外号、骂她，你会无动于衷吗？""当然不会"，小陈脱口而出。有时，点到为止即可，孩子并不是不懂，只是需要点拨与思考的时间。门外的上课铃声响起，我让小陈先去上课，我会和他妈妈谈谈，课后我再来问他对这件事的想法。

孩子走出办公室，小陈的妈妈看着孩子的背影沉默着。听了刚才小陈的回答，小陈妈妈也有了触动。没有不爱孩子的母亲，也没有不爱自己母亲的孩子，所以，我微笑着看着小陈妈妈说道："别看小陈平时脾气急，刚才还是很维护你的呀。""这孩子，哎！老师，其实我也是着急啊，我们家条件不好，他生活的环境也不好，我们周围都是菜贩子，平时说话粗鲁惯了，没想到他受了不少影响。"我静静地听着，不说任何话，"我不想他这样，我想他学习好点，以后文化高了工作就会好，生活圈子也会好的。"小陈妈妈说了对孩子的期望。我听后，回答道："做母亲期望自己孩子好是正常的，可是您有没有听过孩子自己的想法，他在学校的生活，他想做的事？"

"我没有问过他,我也没有想过这件事? 我……"小陈妈妈有点不知所措,"老师,我说的他听不进去。"

"其实,您和小陈缺少的还是沟通,那什么是沟通呢,不仅是让他听你的话,有时也需要大人听听孩子的心声。你疼爱他,我看出来了,但是你表达爱的方式却是不停地埋怨与责备,想想换作是你,你听得进这样的话吗?"一阵沉默过后,小陈妈妈看着我,无助地问:"老师,我该怎么做呢?"

"很简单,今天这件事也许是个契机,回去你不要骂他,事情我会在学校解决的。不过你可以和他一起探讨一下和同学相处的方式,问问他的想法,让他说,不论对与错,先让孩子觉得你会听他的想法,然后给一些点拨即可。"我建议道。"就这样简单?"小陈妈妈疑惑地问我。"就这样简单!您先试试,不行的话我们再想想其他办法。""好咧,谢谢您啊,我先去试试。"小陈妈妈又风急火燎地离开了。

第二天,我收到小陈妈妈的电话,她告诉我,昨晚回家她按照我说的,并没有责备孩子,小陈居然惊讶不已,她还让孩子自己说说平时自己是怎么交朋友的,孩子似乎感受到了母亲的变化,滔滔不绝地说着自己的做法。小陈妈妈与小陈之间的桥正在逐渐成形,我与小陈妈妈也时刻的保持着联系,一起商讨着让小陈转变脾气的方法。

【点评】

初中生之间出现口角和冲突本来也是正常的事。但是当班主任老师和家长在处理这类事件的时候,要教会孩子站在对方的立场上去思考问题,和孩子要做好沟通,不要一味指责,相反要用发展的眼光去看待孩子,转化他们的脾气性格。

(3) 讲究谈话的策略

把谈话建立在客观、全面的基础上。要让家长相信学校和教师,尊重并听取学校和教师的意见,要让家长感到教师在关注自己孩子的成长和进步,感到教师愿意深入地了解孩子。同时,要抓住时机向家长了解孩子的情况,以请教的态度耐心听取家长的意见,使家长产生信任感,从而乐意与教师进行充分的交流,以达到预期的效果。

【案例】

钱包丢失之后……

秋高气爽、风和日丽,正是出游好时机。

来到学校操场,清点好班级人数,我提前把晕车药下发给需要的学生,提醒他们赶快服下,又观察了一下学生的精神状态:都不错,脸上全是兴奋与开心。这时我班的导游走过来,与我和学生简单沟通了下,我们向着目的地——上海野生动物园出发了。

来到野生动物园,首先是猛兽区的参观,这是大家坐在密闭的大巴车上一起参观的。然后我们就解散了,学生按小组凭自己的喜好有选择地自己参观游玩。

下午2:45,按照导游早上规定的集合时间和地点,大部分同学来到指定的地方,只有小蒋和小张同学还没来。又等了10分钟,他们还是没来。离返程出发还有5分钟了,我心里有点着急了:这两个孩子平时做事挺稳重的,不是没有时间观念的人,是不是有什么事情?我正想打他们的手机问问情况。这时,有同学对我说:"王老师,那不是小蒋与小张吗?"果然,他们满头大汗地回来了。

出发时间到了,我也没有问太多,只关心地问了一句:"你们两个没什么问题吧?"小蒋低着头说了一句:"没事"。

坐上返校的车子,想想今天的秋游过程,其他还算顺利,唯独小蒋临上车时的那句"没事"让我感觉有点不放心,想想他当时的表情:有点害怕,有点失落,又有点不知所措。"肯定发生了什么",我想,于是我悄悄挪到了小蒋与小张的座位前面,回头小声地说:"有什么事吗?可不可以和王老师说说?"小蒋还是低着头,小张想了想,轻声说:"小蒋的钱包丢了。"我心里一惊,赶忙问:"知道在哪里丢的吗?有没有去找找?""可能是在看海狮表演的时候不小心钱包从裤袋里掉出来了,发现后我们就去找了,可是座位上没有,我们还去问了工作人员,可他们说没有看到过。"小张一股脑把他知道的全说了出来。"所以你们两个因为找钱包迟到了?"我问。"是的",一直没说话的小蒋回答道。

"钱包里有多少钱?"我问小蒋。"500元现金,还有一张200元的公交卡。"小蒋回答,"我担心被爸爸妈妈责骂,王老师,我该怎么办?"看着孩子一脸的紧张恐惧,我叹了一口气,说:"你先别担心,回学校后,我给你妈妈打个电话先把情况说明一下,应该没问题的。"听了我的话,他的表情缓和了许多,脸上露出一丝微笑。

车子到了学校,其他同学都回家了。小蒋与我来到办公室。我让他坐下,先给他倒了杯水。然后又向他详细地了解了一下丢失钱包的经过。

于是,我拨通了他妈妈的手机,从电话里我感觉出了她对于这个时间我给她打电话有点奇怪,问了一句:"王老师,小蒋是不是秋游的时候闯什么祸了?"我赶紧说:"小蒋妈妈不要着急,是有点事情,但不是你想象的那样。"她不解地问:"那有什么事情?""是这样,他在秋游的过程中把钱包弄丢了……"还没等我把话说完,电话那头就已经开始批评孩子了,"怎么回事?早上还给他说不要带那么多钱,非不听,这下好了,两个多月的零花钱没了,真是不让人省心……"等她把话说完,我又说:"小蒋妈妈,我特别理解你此时的心情。他也意识到自己的问题了,从丢了钱包到现在他一直很紧张害怕,回去以后不要把事情看得太严重了,再给他一次机会吧。"听了我的话,电话那头的小蒋妈妈不再批评孩子了,但似乎还是不能平静下来,说了一句:"情况我知道了,王老师,回去以后再和他算账。"

晚上回到家,想想小蒋的事情,心里还是有点隐隐地担心。忙好了家里的事情,我又拨通了小蒋妈妈的电话。电话一接通,小蒋妈妈就说因为钱包丢失的事情现在全家都在教育他。想象一下那个场景,我有点于心不忍,和她说:"事已至此,你再批评他,钱包也不会回来了。与其你们这样批评他让他更加自责懊悔,增加他的心理负担,还不如给他一次犯错的机会,然后教给他以后怎么避免此类事情的发生所起到的教育效果更加好呢。"听了我的话,小蒋妈妈说:"嗯,王老师讲得很有道理,如果因为这件事让他有了心理阴影,以至于影响到将来的为人处事那就得不偿失了。"感觉到她的态度软化了,我继续说:"对啊,损失已经造成了,我们就想想怎么补救这件事吧。你可以借这个机会让他下次不要再带贵重物品到学校里来了,另外,作为一个初二的学生,保管好自己的物品也是需要加强的一种能力,教给他今后如何做才能避免类似的事情不再发生才是最重要的。"

听了我的话,电话那头的小蒋妈妈似乎平静了许多,向我道谢后就把电话挂掉了。

第二天,我又看到了开心快乐的小蒋,问他昨天回家后发生了什么。他说:"王老师,昨天回家爸爸妈妈竟然没打我、骂我,这多亏了你。""那你爸爸妈妈说什么了?"我又问。他说:"停掉了我两个月的零花钱,虽然心里不开心,但这是对我的小小惩罚,毕竟是我错了呀;还说下次不准带那么多钱及贵重物品到学校,以后出去一定要长记性,管好自己的物品。"

看着一脸阳光的小蒋,我的心里似乎也有一道阳光照了进来,作为一名教育工作者,如何与家长沟通真是一门艺术,它不仅影响着家庭和谐,还关乎学生的健康成长。

【点评】

本案例中的小蒋在秋游活动时丢了钱包,这样的事本来也是习以为常。无奈钱包里现金数目不少,导致孩子不敢跟家长直说,怕家长指责。而班主任老师巧妙地与家长沟通,指出把这次偶发事件作为一次经验教训,有助于孩子慢慢学会保管财物的能力，同时尽量不要带那么多钱和贵重的物品到学校，让孩子取得进步成长。

（三）突发事件的预防措施

预防各类校园突发性事件的发生，是保持学校稳定的重要方面，及时掌握各种不稳定因素和信息，是预防突发性事件的基本保证。预防措施一般有以下几点：

1. 全员强化"安全第一"的意识

在教育教学中，教师要充分认识到学生安全关系到学校的发展、社会的稳定和每一位学生家庭的幸福。学生的安全教育管理工作是学校管理的重要组成部分，必须克服麻痹思想和侥幸心理，立足于防范，抓早、抓小，坚持"安全第一、预防为主、综合治理"的工作原则。

2. 班主任要全面准确掌握班级情况

要抓好班级安全管理工作，就必须全面掌握班级各方面的情况，做到：班级整体情况清楚明白，学生的学生学习、性格情绪、人际关系、行为习惯等心理健康问题的表现及其诱因等个体情况掌握清晰，学生家庭情况有所了解。重点要注意以下几项工作：了解班委干部、小组长或安全员的工作责任心及能力情况；了解特殊体质（癫痫、心脏病等）和特殊学生（离异、单亲、留守、成长困难等）情况；学生家长的沟通方式准确（电话号码必备、班级建有家长微信群或QQ群）。

3. 开展符合学生认知的安全教育

人在不同的年龄阶段，其生理特征、心理特征、认知特征是明显不同的。老师要认真学习、领会教育部制定的《中小学公共安全教育指导纲要》，根据初中各年级学生学习、生活的范围和特点，按照公共安全教育的六个模块内容，设立安全课堂教学目标，使学生逐步形成安全意识，掌握必要的安全行为的知识和技能，最大限度地预防安全事故发生和减少安全事故对学生造成的伤害。

教师作为学校的管理者之一，必须学会及时妥善地处理好突发事件，才能为学校消除隐患或不稳定因素，防止某些不良影响的蔓延。处理好突发事件，变被动为主动、化消极为积极、甚至变"坏事"为"好事"，是每一个教师智慧的体现。

4. 重视形成良好的班规班风

拥有良好班规班风，是保证学生学习、克服不良习惯、促其全面发展的有效手段。班主任通过组织学生制定班规，来约束和规范学生的行为，倡导优良的习惯和品行达到激励和鞭策学生的目的，以此形成健康良好的班风学风。

第四章

不同教师群体的家庭教育指导

一、学科教师

（一）家庭教育指导的理念与意识

家庭教育，是大教育的组成部分之一，是学校教育与社会教育的基础。婴幼儿时期的家庭教育是"人之初"的教育，在人的一生中起着奠基的作用。孩子上了小学、中学后，家庭教育既是学校教育的基础，又是学校教育的补充和延伸。

目前，家庭教育常见的问题有：对孩子过度保护、过分宠爱、过分专制、揠苗助长、嘲笑挑剔、放任自流等等，每个家庭的问题都不尽相同，这给学校和教师的教育带来了不少困难和挑战，易导致学校一套教育、家庭一套教育，教育"两张皮"的情况往往让学生无所适从，甚至有的学生会钻空子，误入歧途。苏联教育家苏霍姆林斯基曾说："教育的效果取决于学校家庭的一致性，如果没有这种一致性，学校的教学、教育就会像纸做的房子一样倒塌下来。"

我们常说，家长是孩子的第一任老师，其言行对孩子的影响深远。家长想让孩子成为怎样的一个人，自己就得先成为那样的人，至少，应当向那个目标努力！教师最想对家长说的心里话恐怕就是：身教重于言教。如今，有些父母自己大手大脚，却要求孩子勤俭节约；有些父母自己不常读书读报，却要求自己的孩子学有所成；有些父母一味地关心孩子的分数，却不关心孩子的品德……曾经当选南京"十佳家长"的艾莉的身教就让人叹服。有一次，她带孩子去游泳，游完之后，却发现自己的凉鞋不见了。孩子对妈妈说："妈妈，别人把你的凉鞋穿走了，那你就穿别人的鞋吧。"艾莉觉得这是个教育孩子的好机会。她硬是光着脚，带孩子走了二里路，脚都磨破了，还是坚持走回家。艾莉说，她就是要用自己的行动告诉孩子一个道理：不能损人利己。孔子有言："其身正，不令而行；其身不正，虽令不行。"父母的教育还包括说话算数、学会守时，父母坐得直，孩子行得正；父母喜欢，孩子才会喜欢；教育孩子不必要的花费就是浪费等等。家庭教育无小事，人们常说："学校教知识，家里教做人"，教师告诉家长应该主动与学校、教师配合，支持学校教育，保持教育的一致性。家长望子成龙、望女成凤心切，岂不知揠苗助长往往适得其反，家长要求孩子做到的自己首先要做到，一味地埋怨、呵斥，甚至打骂，都无济于事。家长要努力成为孩子的榜样，用自身良好的行为去引导孩子，为孩子营造良好的学习氛围，形成良好的家庭教育环境。

教师可以告诉家长除了注重孩子的学习成绩，还应注重培养孩子的兴趣爱好。教师可以与家长交流，让家长平时注意观察孩子的活动，发现其兴趣和天赋。孩子最初表现出来的对某一种事物的兴趣或在某一方面的天赋，做父母的不能熟视无睹或等闲视之，更不能横加指责、盲目否定，而要善加引导，进行表扬和鼓励，使孩子的兴趣沿着积极、健康的方向发展，以"提高兴趣"的策略让孩子多接触其他活动。教师可以利用各种适当的机会，让家长清楚，能对自己的兴趣有无穷无尽的好奇心，对于生命充满热情，是学生的核心素养之一。我们需要加强与家长的沟通，让家长树立正确的教育观念，才会使家长与学校共同唱好学校内外这一台戏，才会使我们的教育效果更佳。

教师还可以针对家长的实际情况和相关意愿，向家长推荐阅读《家庭教育手册》《好妈妈胜过好老师》《影响孩子一生的36种好习惯》《放手，让孩子去做》等有关家庭教育的书籍，让家长积累有关家庭教育的知识和方法。做教师的我们要切忌居高临下、好为人师，应该平等地与家长一起积极主动地去思考和寻找解决问题的方法。教师在接班伊始，可以通过查阅学生资料、家访、电联等方式，排摸学生家庭情况，了解家长的社会角色和育子观点，选择不同的方法、策略，这样与家长交流才具有针对性，实效性才会更好。

（二）如何发现学生的问题

初中阶段是人类个体生命全程中的一个极为特殊的阶段，初中学生的生理发育十分迅速，在2至3年内就能完成身体各方面的生长发育任务并达到成熟水平。但其心理发展的速度则相对缓慢，心理水平尚处于从幼稚向成熟发展的过渡时期，这样，初中学生的身心就处在一种非平衡状态，引起种种心理发展上的矛盾。由于多种因素的影响，初中学生的课堂问题行为要远远多于小学生和高中生。他们以多种不同的形式表现出来，不仅直接影响着老师的教学和个人的学业成绩，而且还影响着班级学风甚至整个学校教育水平的提高。通过归纳整理、资料查找，将学生的课堂问题归纳为以下几类：

1. 随意型课堂问题行为

据调查，25%以上的初中学生有在课堂上随意说话被老师批评的经历。他们随意讲话的内容多数与课堂教学无关，也从不顾忌是否会影响老师上课或同学学习，而随意讲话的行为，最容易打断老师的教学思路，分散学生的注意力，是影响教学效果的主要问题行为。除此之外，随意拉动桌椅弄出很大的响声、拉门窗、搞小动作，接老师话茬，甚至吹口哨等都是学生无意识的随意性课堂问题行为。

2. 故意型课堂问题行为

个别初中学生由于是非观念淡薄,自由散漫,经常无视课堂纪律,自尊心又较强,在课堂上受到老师批评,不但不认识错误,还故意顶撞老师。一些精力充沛但学习基础较差的学生,在课堂上因为跟不上学习,经常无事可做,实在无聊,就恶作剧,拉一下同学的衣服、在同学背后写字、传扔纸条、吃零食、转身和周围其他同学讲话,或者用小刀、涂改液等文具在课桌椅上故意刻画,损坏公物等。初中教室的课桌椅有刻画痕迹的不在少数。学生故意型课堂行为也是课堂问题行为中的常见的一种。

3. 心理型课堂问题行为

初中学生情绪复杂,情绪高涨或情绪低落在很大程度上影响到其课堂行为,表现出来的行为有:看课外书、发呆、做小动作等等。这些心理课堂问题行为特点是:对于其他学生的听课、学习以及对老师教学的妨碍与前两种问题行为相比要小一些,但毕竟会影响自己的学业成绩。还有一些学生因情绪问题表现出精神亢奋或情绪低落两种突出的心理不健康状况,具体表现有:心情烦躁不安、东张西望、多动、顶撞老师,甚至在课堂上与老师发生冲突。

绝大部分初中学生都有其自身的长处,他们也想好好表现给老师看,只不过自控能力和行为习惯较差。任课老师如果能够善于发现学生的长处并加以适当的引导,同时借助家长对这股力量的方向进行适当的调整,就可以减少许多不良影响,甚至成为有效的教育力量。

【案例】
一堂地理课引发的思考

进入初中,孩子不再像小学时特别相信权威,听父母老师的话,他们独立自主性加强,有摆脱家长和老师的倾向,对于父母的劝说、老师的教育,往往听不进去,甚至产生逆反心理。十二三岁,这个年龄段的学生正处于从童年期的幼稚向青年期的成熟的过渡阶段,自控能力、承受能力、正确处理问题的能力还不够强,看问题还不够全面,具有"半幼稚、半成熟、半独立、半依赖、自觉性和幼稚性错综交织"的特点。

这天,我在预备7班上课,碰到了一个看来有点不一样的孩子。这个孩子我就叫他小L,开学以来小L上课就没有拿出过书本,还经常回头与后面的孩子讲话,在看了他的名字后,我提问了他,没想到问题来了……

我上的内容是在地图上判别方向,刚刚学习了第一点:一般来讲,地图上的方向为"上北下南,左西右东",在这个基础上又可以分出东北、东南、西北、西南等方向。话音刚落,又看到小L转过头与后面孩子讲话,我就请他站起来回答"地图上的方向怎么确定?"全班的孩子都在帮助他,他却无所谓地说:"不知道"。我再重复了一遍,他却反问我:"你不知道吗?"我心里"咯噔"一下,好久没有碰到敢于在课堂上公然挑衅老师的孩子了,我就跟上说:"那你就当我什么都不知道,教教我吧!",小L马上说:"不教",说实话我的火气有点上来了,我说:"学生到学校来就是来学习和分享的,你既不好好学习,又不愿意分享,那你是来干什么的呢?"他说:"呼吸",我说:"呼吸也是一种分享,分享空气!"他愣了一下,马上说:"你说的方法是错的。"这让我看到一丝希望,我马上表扬他:"太好了,说明你正在认真地思考,只有认真思考才能得出这样的结论。那么你能告诉我,我错在哪里吗?"他马上说:"如果地图倒过来拿,你这种方法就错了!"我大声地表扬了他:"小L,你太棒了,这就是我要说的第二种在地图上判断方向的方法,当地图上标有指向标时,我们要根据指向标确定方向。如果地图倒过来拿,北方的指向标就指着下面了,我们要根据指着下面的北方确定方向。"小L马上说:"只要把方向标倒个个就行了。"我又大声地表扬了他:"你真是太棒了,原来你懂得这么多,老师真希望能多与你交流、分享,下次可不能这么吝啬了哦!"这时小L脸上露出了笑容,一场可能的"课堂危机"在表扬声中就此消弭。下课后,我原本想找他谈谈,但是看到他正在认真地做地理作业,看来课上的小插曲让他更喜欢地理了,那么我就点到为止吧!

课后,我在庆幸我的处理方式,如果大声地斥责可能引起更大的反弹,可能会影响这个孩子将来的学习以及品格的形成。事后,我悄悄联系了家长,也了解了孩子在家的情况。据家长反映,这个孩子就是倔脾气,你越要他怎样,他就越不愿意去做,最近学习成绩也一落千丈,家长也很烦恼。我就以此事为契机,帮助家长分析孩子情况,希望家长与老师一起,对于孩子进行鼓励,通过抓住他的一点点优点大力表扬,让孩子觉得自己是有优点的,帮助孩子找回信心,而不是一味地指责,让孩子丧失继续努力的意愿。教育,"疏"的效果与"堵"肯定大相径庭,作为老师真是要不断学习,不断调整,以面对新情况、新问题。

【点评】

本案例中的小L同学个性很强,但很聪明。面对这样的孩子往往先要给以鼓励,为他提供表现的机会和舞台,让孩子重拾信心,并不断地改正自己身上的缺点。这也是作为家长和老师都要共同学习的地方。

（三）如何与班主任合作

当我们在谈论如何与班主任沟通的时候，我们首先要明白班主任是什么？对班主任角色的定位将直接影响你沟通的心态和沟通的方式。

班主任是什么？班主任是学校中全面负责一个班学生的思想、学习、健康和生活等工作的教师，是一个班的组织者、领导者和教育者，也是一个班中全体任课教师教学、教育工作的协调者。

从教育教学的角度看，班主任和任课老师虽然所任教的学科不同，术有专攻，各有所长。但教学生成人的终极目标是一致的。这就很契合现代管理学上对团队的定义：两个或两个以上才能互补的、具有共同愿景，承诺共同规则，愿意为实现共同目标而努力的群体。也就是说，因为班级的存在，班主任和各个任课老师之间自觉地成为一个育人的团队。

因为职责的特殊性，班主任天然地成为各任课教师工作的协调者。有一句歌词是这么唱的：都说你是最小的主任，管着长不大的一群，……都说你是最大的官，管着未来的部长、将军……。歌词的逻辑性虽然未必严密，但却唱出了班主任巨大的影响力。和这世界上最小也是最大的"主任"相处，是需要一些智慧的。

1. 遇事换位思考，互相尊重

古人言："在貌为恭，在心为敬"。敬不是自卑者的敬畏，更不是避世者的敬而远之。敬是一种内心的需要，是一种自我谨慎修持的态度。班主任是班级教育教学的统筹者，事无巨细，责任重大。任课老师即使不能分担，也要理解、支持。遇事要能够设身处地换位思考，适当妥协，合理让步。即使彼此意见相左，也要学会尊重。公开的对抗不仅让学生无所适从，而且还会折损自己的形象。

2. 精于研究课堂，坚守阵地。

任课老师要守好自己的术业，钻研自己的学科，提升自己的专业水平。这是获得学生和同事信任的基础。一个对自己的专业敷衍了事的人，谁又愿意与他合作呢？

任课老师要守好自己的课堂。你的课堂你做主，你要有足够的能力让学生信服，你要有足够的魅力让学生折服。不要课堂一出现问题就去找班主任帮你解决。频繁的求助不但建立不起自己的威信，而且徒增了班主任的负担，其实质和狐假虎威并没有不同。聪明的学生一眼便能识破。课堂这块阵地，任课老师是千万不能失守的。

守，就是守"口"如瓶。任课老师一定要守得住自己的抱怨。班级和人一样，有不同的秉性。任课老师和班级也有兴味相投那么一说。遇到与自己风格相似的班级,自然配合默契,如鱼得水。班级也和人一样,有自己优势的学科也有自己弱势的学科。但教学生涯那么漫长,你总会遇到一些和自己不那么投缘的班级。怎么办呢?有些老师会不自觉的抱怨起来。常常听到他们会这样说:"……就你们班级成绩最差";"人家班级作业都交了,就你们班没交齐";"想都不用想我就知道,只有你们班级会出这种事"……诸如此类的"你们班级"把错误都归咎到班主任那里,把自己的责任推卸的干干净净。抱怨就像往自己的鞋子里灌水,越灌自己越累。抱怨非但不能解决任何问题,还会树立起重重敌意,最后拖累自己。所以当你在某个班级的教学遇到问题的时候,要多检视自己,去寻找解决的办法。切不可口无遮拦,肆意抱怨。记住,只有跳舞不好的人,才会总是去抱怨鞋子。

3. 勤于交流沟通,和谐包容

"痛则不通,通则不痛"这是中医的话。是说凡筋骨痛症,多是因为血气运行不畅而疼痛不已。班级和人体一样,也常常因为信息沟通不畅而出毛病。所以疏通血脉,增强任课老师和班主任之间的交流就尤为重要。

(1) 沟通要主动

有些班级的学生,迫于班主任的威严。在班主任面前谨小慎微,战战兢兢。在任课老师面前就放松自如许多,一些毛病就不自觉地显露出来。比如手机上网传递暗号、作业答案互通有无、嘲笑捉弄同窗,还有一些错误思想的萌生滋长。任课老师即便妥善处理了,也应该主动和班主任交换意见,告知处理的结果,让班主任引起重视。星星之火容易扑灭,要是等到它发展要燎原之势,损失就惨重了。

(2) 沟通要及时

构成班级的每一个学生都有自己的个性。学生与学生、学生与老师之间的矛盾常常是突发的。当有学生在任课老师的课上发生情绪波动而又无法及时疏导的时候,任课老师一定要与班主任及时沟通。如果不良的情绪没有及时疏导,就会像决堤的洪水,难以挽回。

(3) 沟通要巧妙

沟通的方式很多,对于简单直爽的班主任,交流起来不妨打个"短平快";对于有些城府的班主任,交流的时候可以委婉一点,幽默一点。不必总是一本正经地汇报反映,午餐时的无心泄露,散步时的随便提起,都是让人乐意接受的方式。

(4) 沟通要周到

任课老师和班主任之间单纯学科上的交流是不多见的,大多数的交流都是关乎班级学生的表现。有些学生与班主任的相处比较拘谨,却往往和某个任课比较投缘,于是便把那个任课老师作为自己的知己,心里有话愿意与任课老师倾诉。

我曾经碰到这样一个学生,他不那么守规矩,成绩也让人担忧。有一次,我表扬了他敢在作文里讲真话,抒真情。难得的表扬在他那里是弥足珍贵的。于是他就把作文、随笔当做倾吐的家园。我在他的文章里读到了被家人的忽略,读到了被老师误解的委屈,读到了被同伴捉弄和嫁祸的无助。当我了解真相后,我有责任告知班主任,不让他们的误会和隔阂更深。但是我也有保护他隐私的义务,一旦他得知我们的秘密被泄露的时候,他就不再信任你了。当任课老师遇到这样的情况,与班主任沟通前就要深思熟虑。既要顾忌到班主任,更要注意呵护孩子的心灵。想得周到是为了避免伤害。

(5) 沟通要包容

国不和,不宜远伐;军不和,无以为战。众人同心才能合力断金。当然合作并不排斥个性。君子和而不同,小人同而不和。在互相尊重的前提下,求同存异、保持自我也是一种自信。任课老师和班主任只有相互合作、相互包容、取长补短,互通有无才能形成一股合力,才能让一个班级健康的成长,才能真正成为学生人生的引导者。

二、职初教师

(一) 职初教师家庭教育指导的常见问题

要做好职初教师家庭教育指导工作,首先要认识职初教师在家庭教育指导方面的问题。调查表明,职初教师工作热情高、学习能力强,更愿接受新的工作内容,更容易亲近初中学生,心理上更接近于初中生,有较好和较新的家庭教育理论及知识储备等。但也存在一系列的问题:由于年轻、经验不足而产生的理念认知与实践不能对接;易受错误思潮引导;缺少相关的教育定型,因而遇挫时常放弃追求,追逐短期功利,失去探究动力,在实践中缺乏先进教育理念引领。

因此,职初教师开展家庭教育指导,自身要重视理念和意识在实践中如何应用的学习。这对于职初教师发挥自身优势,尽快形成适合自身和初中学生家长的家庭教育指导能力,克服短板,成为稳定成长型的教师,都有着重要的意义。

(二) 职初教师如何提升家庭教育指导素养

1. 要在实践锻炼中定型育人理念

职初教师并不缺少先进的育人理念和意识,但能否付诸行动,又在考验着职初教师对这种理念和意识的认同。比如:组织爱国主义活动时体现强烈的爱国情怀,组织爱心活动中体现教师的爱心,组织责任感教育活动时体现对班级和同学的责任感,当家长和初中学生参与这些活动时,都能感同身受。把年轻人本能的亲和力、感染力、活力体现出来,通过多次的家校指导实践活动,使自身先进育人理念定型,这对将来成为一名优秀的家庭教育指导能手尤为重要。实践锻炼能丰满并坚定职初教师的正确育人理念。

2. 要在解决家庭教育指导的问题中提升能力

职初教师在家庭教育指导中会遇到各种各样的困难,有来自家长的疑虑,有来自初中学生的不以为然,有来自同事的轻视,有来自学校的不放心,也有来自自身遇到困难时的茫然等等。要通过与初中学生的广泛接触实现职初教师对教育中各类工作的热爱。爱一个事业不是表个态或听几场感人报告就能做到的,一定是要亲身去磨炼,使职初教师在困难中坚守,在坚守中体味。体味自己的付出使初中学生成长快乐,体味苦尽甘来的教育途径,体味自己的爱对初中学生的影响,体味爱初中学生后得到初中学生爱的回报,体味爱在教育中的地位,品尝爱的教育对自身心灵的滋养,从而使职初教师重新认识到于漪等师德楷模为何如此钟情于把心放在对初中学生的爱上,明白用心投入到教育中才是教育者最终的归宿,最大的成功。正是在这些困难中努力解决好一个又一个问题,才能成为成熟教师,才能达到有良好教育境界的教师,才能从普通跃向优秀,使职初教师在指导家庭教育中更自如。

3. 要学会坚守

职初教师在教育工作中,体会最多的是教育的重复性特征,反复是初中学生教育的特点,这说明改变不良习惯、建立良好品行之不易。这种难熬中坚守锤炼的是人的意志和品质,升华的是人的教育境界,能坚守做好初中学生的教育,尤其是遇到家庭教育指导的挫折后后仍能坚守做好指导工作的教师,一定能成为有教育境界的教师,也一定能成为好的家庭教育指导者,职初教师要认清这条路并不好走,坚守是走对走好这条路的保证。

4. 要把自身的发展与工作联系起来

职初教师要想成为优秀的家庭教育指导者,要把个人的发展与这项工作联系起来,这样才能增强做好这项工作的积极性和主动性。有了工作积极性和主动性,职初教师能力才会不断提高,工作才有成就感。要使职初教师在参与家庭教育指导工作中受益,使其个人发展中在精神层面、能力层面、发展机会上形成共振。

(三) 职初教师如何尽快与家长建立互信关系

作为一名职初老师,如何与家长进行沟通,建立一种互信的关系是一件棘手的事情。职初老师若承担班主任工作,一定会被学生和家长寄予相当高的期望,更多的要求和更重的压力也会随之而来。现在的家庭大都以孩子为中心,对子女的教育和培养往往摆在家长心中的首要位置。站在他们的立场思考,家长希望将自己的孩子交给一位拥有丰富人生经验和深厚的教学经验的老师也是人之常情,若恰巧遇到职初教师,难免也会在心里打一个问号:他(她)能管得住我的孩子吗?

面对这样的疑问,若职初教师可以平衡好家校之间的关系,并建立一种互信的模式,那会对今后班主任工作的开展、班级的管理以及教学任务的完成等各个方面打下坚实的基础,家长和老师的互信关系也能为学生的成长和发展保驾护航。若职初教师无法解答家长心中的疑虑,或者很难获得家长的信任,那今后教学工作的开展也将会变得困难重重。

职初教师如何尽快与家长建立互信关系,可以从以下几个方面去思考:

1. 认真对待"第一次"

职初教师与家长之间建立互信关系的前提就是要互相尊重。爱子心切是家长天性使然,当有一些家长表现出不信任的态度时,我们一定要继续保持作为教师应具备的耐心和责任心。冷静地去思考问题:家长之所以会有这样的态度并不是针对我们,而是出于他们对子女的爱。千万不要因为这样而打退堂鼓。

其次,第一次和家长对话,要做好充分的准备去和家长进行沟通。所谓充分的准备,即对学生在校的情况要非常了解,对学生的家庭情况要非常了解,以及对和家长谈话的目的要非常明确。职初教师在每次和家长沟通前,不妨把谈话的原因、目的和谈话想取得的效果罗列在一本册子上,这样能帮助厘清自己的思路。

再者,要时刻告诉自己,虽然刚步入教师岗位的我还欠缺经验,但是我们拥有深厚的专业背景,这些足以支撑我们去自信地走近学生,走近家长,也正因为我们年轻,所以我们更了解现在的学生的内心世界。拥有足够的自信,摆正心态,无所畏惧,职初教师们要率先迈出和家长沟通交流地第一步。

2. 注重交流"小细节"

许多职初教师都是青年教师,还没有为人父母的经验。但是我们可以去学着换位思考,假设这些学生是你的孩子,你会如何去关爱他们,帮助他们?相信有这样将心比心的思考方式,我们能更多地站在家长的立场去处理问题。这样才能让家长感觉到,作为教师的你是和他们站在同一战线的,你是他们孩子的老师,也是家长的好帮手,可以帮助他们一同关爱教育子女。以真心换取真心,是建立老师和家长之间的互信模式的关键。

当然,我们要注意的是,不能仅仅把关爱学生当做一句口号挂在嘴边。而是要通过实际行动让家长和孩子感受到我们对教育事业的热情和对学生的爱。实际行动可以表现在诸多方面,但更多的应体现在细节之处,例如:注意与学生谈话时的措辞和语气;当学生身体不适时及时关心;当学生生活上遇到困难及时提供帮助等等。孩子的心是敏感的,有时你对他的微笑抑或是整理红领巾这样的小动作,他们都会感受到你的关心,也会把这种感觉带回家告知自己的父母。

3. 深入了解"近距离"

许多家长虽然对自己子女的学习非常上心,但是因为采取的教育方法的不妥当,往往带来适得其反的效果,于是渐渐对孩子失去信心,甚至把责任推卸给学校。这时候,老师和家长之间的互信关系的建立就显得尤为重要了,职初教师要抓住机会尽可能多地主动与家长进行沟通。我们可以采用多种沟通方式和平台,如家访、家长会、微信电话等等。在日常的微信朋友圈也可以适当地更新上传学生在校的活动照片,记录孩子在学校成长的每一瞬间。在这一过程中,让家长感到我们是真的关心学生,陪伴他们成长。

【案例】

真情实意　赢得信任

今年9月,小高老师又迎来了新一届预备班的学生,为了和新生的家长尽快建立互信关系,小高老师制订了一套工作计划。

第一步,在拿到新生档案后,小高老师将新生的基本信息——姓名、住址、父母联络方式、毕业学校、爱好特长等——做成一张新生基本信息表,然后将新生的小学成绩和老师评语仔细阅读一遍。在暑假中,小高老师做好了家访计划,分批对班级同学进行了家访。在家访之前,小高老师会将此次家访的学生的基本信息再次回顾。尽管对新生家访主要是为了了解新生的基本情况以及和新生认识一下,但是老师先了解一些新生的基本信息,家访时更容易找到切入的话题。同时,家长也会觉得老师很重视新生的家访工作,容易获得家长的好感。在家访时,小高老师特意选择了比较得体的衣服,而不是随意的休闲服装,因为第一印象非常重要!得体的装扮能显示出教师专业人士的气质,能提升家长对老师的好感。

有了好的开头,后续工作也要跟进。预备新生刚进入中学,家长和学生对中学的生活学习都很陌生,他们可能会四处打听进入中学要注意什么,但是家长的心里总是不踏实的。小高老师的第二步计划就是建立家长群,用来发布各种通知和提醒事项。比如,新生开学前有三天军训,在军训前两天,小高老师会在家长群里发出"温馨提示",提醒家长军训的日期和时间,学生所穿的服装以及要注意的事项,这样家长就会很清楚要为孩子做些什么。再比如,在9月1号开学前一天,小高老师又会在家长群里发布"温馨提示",提醒家长学生的到校和放学时间、是否需要自己带好餐具等等。

对预备年级的家长来说,第一次的家长会尤为重要。他们非常重视第一次进入中学的家长会,他们希望在家长会上听到老师给予他们实质性的建议,帮助他们指导自己的孩子尽快适应中学生活并能健康成长。作为班主任来说,这第一次在家长面前正式亮相的大事可是不能马虎的。小高老师首先写下家长会的教案,向家长介绍班集体建设的目标、班级的日常工作、班级所进行的活动,让家长对孩子的校园日常生活有所了解。接来下,小高老师介绍了班级开学以来一些值得表扬的现象以及需要改进的现象,让家长了解班级存在的一些共性的问题。最后,小高老师向家长们介绍了同学们开学至今的学习情况,并给予家长一些可操作的建议。家长会上如果只是老师站在讲台上滔滔不绝地讲,时间长了家长也会觉得枯燥无趣,所以小高老师制作了PPT,一边讲述时一边用PPT演示,让家长有更直观的感受。

作为教师,我们相信每一对父母都会尽心教育好自己的子女。那么家长呢?面对陌生的老师,家长是否能信任这些即将教育自己子女的老师,尤其班主任?这需要教师做好一些工作,和家长尽快建立互信关系。要和家长建立互信关系,首先要让家长感受到老师的责任心和专业素养。所谓"知己知彼,百战百胜",在和家长见面之前,教师就要先做功课,对学生要有一些初步的了解。老师也要注意第一印象的重要性,如果一个老师打扮得过分新潮,又或者不修边幅,那么家长在见到老师的第一眼就会产生类似"这个老师怎么这样?""他(她)是老师?能教好我的孩子吗?"这样的疑问。所以,教师得体的打扮也是赢得家长信任的重要因素。

如果说教师的外表是赢得家长信任的重要因素,那么教师的专业素养则是赢得家长信任的决定性因素。教师的专业素养包括师德和教育教学水平,而前者尤为重要。一个真心爱自己学生的教师一定会赢得家长的信任,那么教师要想家长所想,急家长所及急。教师要换位思考,从家长的角度想一想家长需要什么。教师应当避免"自己是专业人士"、"我比你懂教育"这样的想法,更不能用高高在上地语气教训家长。教师和家长是互相信任和互相合作的关系,要彼此尊重,这一点是教师首先应该意识到并做到的。在平时和家长的沟通中,不要从不联系家长,一联系就是"告状",教师和家长的沟通应该是关注孩子各个方面的成长,而不是只是关注学习。比如,孩子在学校生病了,老师要给予关心,哪怕只是给学生一句问候、给学生递一杯水,孩子回去和家长说了之后,家长也会感激老师的关心。在学生病假期间,老师可以发短信问家长孩子的病情,让家长感受到老师对孩子的关心。这些生活中细微末节的小事都能让家长感受到老师对孩子的关爱,这样的老师自然能获得家长的信任。

总之,教师需要设身处地地为学生、家长着想,把工作做实、做细,就一定能在最短的时间内和家长建立起互信关系。

【点评】

班主任老师给家长和学生的第一印象特别重要。本案例中的小高老师很清楚地认识到这一点,他从新班级家访、军训到第一次家长会,都在之前做好了充分准备,所谓知己知彼,百战不殆,相信教师只要一心为孩子和家长考虑,认真做好自己的本职工作,一定能让学生和家长尽快地接受你,认可你。

(四) 职初教师如何与不同需求的家长打交道

对于一个班主任来说,家校沟通的顺畅和成功与否直接影响学校教育和家庭教育的有效性,但是在职初教师最初担任班主任期间,往往事与愿违,而原因往往是职初教师难以面对不同需求的家长。

其实,天下没有不"望子成龙,望女成凤"的家长,老师也都对学生们抱以殷切的期待,既然教育目标都一致,那么究竟怎样的家长会让职初教师感到沟通困难呢? 对于不同需求的家长如何进行沟通呢?

职初教师比较害怕沟通的家长通常有两种,其实这两种家长都是在家庭教育中有所缺失的。

第一种情况:这类家长通常文化水平较低,经济实力较为薄弱,在日常生活中为生计疲于奔命,往往由于工作或者其他特殊的原因对于孩子的学习和生活不甚关心。职初老师与其交流时总有一种一拳打在软棉花上之感,家长口头上答应得好好地,一到实际行动中又难以兑现,使得家校沟通半路瘫痪,如果老师反复家访、电访以及要求家长来校沟通就会引起此类家长的反感,交流的态度会越变越差,越来越没有耐心,甚至蛮不讲理,更容易产生分歧,严重者可能会导致家校反目,更不利于孩子的成长。

第二种情况:这类家长通常有较高的文化水平,经济条件也较为优越,在各自的工作单位担任较为重要的岗位,具有一定的教育理念并且对于孩子的成长和培养极为关注,甚至关注到一些过于细枝末节的事情,这些家长往往会对孩子在校发生的问题反应过度,将老师的表扬或批评无限扩大,在家庭教育时也多会把这种情绪带给孩子,孩子又作为媒介把这种情绪带到学校影响老师,这样的家校沟通就在一次又一次的小摩擦中变得难以进行下去,职初教师害怕教育孩子引来家长的过度反应,家长则觉得老师不重视孩子,渐渐的家校沟通会受到巨大的影响。

这两类家长,在与孩子交流的过程中,通常会把自己对学校和教师的负面情绪带给孩子,影响孩子在校与教师的配合;职初教师在家校沟通中也多受到阻碍,会形成家校对孩子教育的恶性循环。

那么身为职初教师,首先要学会在与家长的交流中不要过于激动,控制情绪,做到必要的保护自己,事事皆应有理有据。除了保护自己以外,遇到这样的家长究竟应该怎么做才能够不处于被动,从而达到自己想要的交流结果呢?

1. 以退为进,主动联系

面对不同需求的家长,职初教师首先不能畏惧,不能退缩,不能因为害怕与其沟通就把学生的事情置于一边,想着拖一拖再来解决,这种想法是十分不可取的。越是家长难以沟通,老师就越要主动,老师要试着迈开家校沟通的第一步,埋下一颗好种子,这样才能够打开家校沟通的大门,同时也能让家长感受到老师对孩子的关心和诚意。

2. 交流之前,充分准备

"知己知彼,百战不殆。"对于不同需求的家长,职初教师一定要做足准备。首先,职初教师在和家长"交锋"之前,要通过各种途径尽可能多地了解学生的家庭状况,然后根据所掌握的情况,具体设计沟通方式、交流的问题。要把沟通中可能会出现的问题都一一罗列出来,并准备好相应的解决方案。只有自己准备了一块丰茂的土地,才能在接下来的家校沟通中游刃有余。

3. 讲究策略,艺术交流

职初教师在与不同需求家长交流之前,一定要先把"门"打开,消除他们的抵触心理,取得某些共识,另外在交流的过程中一定要坚持就事论事的原则,"哪里错了哪里了结",既不夸大,也不缩小,充分地摆事实、讲道理,进行科学分析。如同给这颗种子灌溉肥沃的养料,让其沿着一条健康正确的道路成长,这样家长也会心悦诚服,引领出接下来的良好交流。

4. 坚持沟通,细水长流

职初教师一定要认清,学生的问题不是一天形成的,"冰冻三尺非一日之寒",

那么解决问题也不可一蹴而就。对待家长要像对待学生一样有耐心,因为家长也需要在交流中慢慢改变自己,如果操之过急,三方都会因为这种急功近利而毛躁不安,要坚持阳光普照,清水洗涤,这样才能有"源头活水来"的一天。

【案例】

给孩子一块更好的成长土壤

第一年担任班主任时,我与许多职初教师一样,满怀憧憬和热情,想象着和学生们欢声笑语,成为学生的良师益友,怀揣着这样的想法,我开始了第一次接新班的家访工作。

当我第一次站在小沈同学家楼下时,看到的是一个门小得都快找不到的小楼,电话怎么打也没有人接听,便心中隐隐不安,这时我只好扯开嗓子喊起了学生的名字,终于有一扇窗户打开了,隔空聊了两句才发现这不是小沈的家长,只是他们家的邻居,原来家长已经忘记了与我有约,带着孩子回了老家。我当时已然有些恼火,但也无法,只能暂时离开。

经过一个暑假的反复电话和反复的无人接听,再一次家访已经是开学以后。预备年级一开学,小沈就呈现了诸多问题,来校经常迟到,上课总是打瞌睡,作业每天都交不上来,看着这个眉清目秀的女孩每天迷迷糊糊的样子,我决心要将这些问题在这次家访中一次性好好解决一下。走进小沈的家中,我就被周围的环境所震惊了,一间斗室之中只有一张床,一张桌子,桌子上摊满了各种生活用品,地上是黑乎乎的,灯是昏暗的。小沈的母亲招呼我坐在一张小木凳上,我又看到了黑乎乎的地上原来散着凌乱不堪的各种垃圾,顿时我好像明白了一切,也不知道该如何开口了。就在我丧失话语权的一瞬间,孩子的母亲已经滔滔不绝地讲起了孩子的各种劣迹:天天上网玩游戏,晚上很晚回家,不给她玩游戏就大哭大闹,甚至于为了此事出动过110民警,母亲讲得激动万分,唾沫横飞。女孩则站在旁边,没有丝毫羞愧,只是用冷冷的眼神时不时地瞟着他的母亲。第一次家访就在这样混乱的氛围中结束了。

这次家访之后,母亲就将我当成了孩子的救命稻草,孩子有时早上不起来上学,就打电话给我,让我和孩子通话,甚至有几次让我到家去接孩子来上学,有时为了不影响班级工作和教学拒绝她,让她和孩子父亲解决时,她就在电话中哭哭啼啼,甚至把孩子送到校后,待在办公室里向我哭诉家事。

原来小沈的父亲除了上班时间之外,都泡在麻将桌上,母亲经常要去麻将桌上找父亲吵架,夫妻关系极其恶劣,处于离婚的边缘。而小沈从小学起就经常一个人晚上在家，没有人监督做作业，甚至有的时候都吃不上饭，所以小时候孩子就天天晚上看电视，现在进入中学学会了上网，就会去网吧，或者回家玩手机，通宵达旦地不睡觉，引发了上课迟到和睡觉的情况。

刚开始，我只觉得母亲是为了与初中新接班的老师多沟通才这样，后来这样的事情渐渐变多，甚至影响到了我的正常工作，让我发现问题并没有我想象的这么简单。孩子的母亲虽然天天叫嚷着管不了女儿，但是当我无法到家去接她上学时，她也能将孩子送到校，回家之后也能把女儿的生活安排好再去工作，天天到校来缠着我，一有风吹草动就联系我，其实是想给自己省点劲，能在家庭教育这一方面少管一些，省力一些。

了解了这样的情况以后，我决定主动出击，我认为母亲之所以不愿意管孩子，多半是由于父亲不管孩子让她心里产生了不平衡，我又一次打电话约孩子的父母来校，这次特别请父亲也一定要来校交流，到校以后我没有向父母细数孩子在校的"罪状"，只是让孩子的父母站在教室后窗观察女儿一节课，父母观察着孩子，脸色越来越沉重。父亲也终于认识到了问题的严重性，但此时父亲做的不是自我反省，而是拼命地责怪母亲没有管教好女儿，夫妻二人眼看就要在办公室里吵开了，我及时制止了他们，并且给他们更换了一个会议室，在比较安静的环境中，父母的情绪也平和了一些，愿意和我好好地沟通如何来解决孩子的现有问题，我们达成了以下协议：第一，家里暂时断网，减轻网络对孩子带来的影响；第二，上学放学安排人接送，杜绝孩子迟到和放学不回家的问题；第三，晚上有一人陪同孩子完成力所能及的作业。

协议达成后，学生的情况的确有所好转，但是在转变的过程中学生仍旧多有反复，家长也有过丧失信心，难以坚持的时候。在反复的鼓励、沟通、磨合中，家校沟通建立起了一个通畅的桥梁，学生也能够在其中找到栖身之地和成长的空间，渐渐比初入校时有了不少好转。孩子开始能够准时到校并上交一些力所能及的作业，能够听课并且回答一些简单的问题，甚至班级活动中能够主动给同学出主意，担责任，性格开朗了许多，也在班级中找到了好朋友。就这样，班级少了一个边缘学生，更加团结，也给了我在家校沟通上的一点反思：如果我能在第一次家访未果时就去联系所有能了解到这个孩子的渠道，是不是要比一味打电话要好一些？如果提前了解到这个学生的问题，能不能在家访时有所准备，这样第一次家访是不是就不会在混乱中结束呢？

家校沟通是一个大课题，它是人与人的沟通，学校与家庭的沟通，教师和家长的沟通，是为了给孩子一块更好的土壤来成长。家校沟通，任重而道远。

【点评】

  本案例中的小沈同学和他母亲的非常规举动引起了班主任老师的注意,孩子父亲天天打麻将,母亲与父亲一直争吵,家庭环境不和谐是造成孩子学习问题的主要原因。班主任真诚地走进了孩子的家庭,放弃说教,让学生父母站在教室后窗观察女儿一节课,帮助家长认识到问题的严重性,及时制止学生父母的相互指责,与家长达成教育的共同协议,并在反复的鼓励、沟通与磨合中,见证了孩子的转变,班主任的冷静和坚持是促进家校沟通、形成家校合力的根本保障。

后　　记

《教师法》规定:"教师是履行教育教学职责的专业人员。"每一位老师都深知,教书育人是自己天然的职业使命。学校是专门从事教育的组织机构,为人民大众提供教育公共服务,而教师则是学校组织中最重要的专业人员。那教师是不是只需要在学校里站稳三尺讲台?他们需要熟悉家庭教育,开展家庭教育指导吗?毕竟,众所周知,家庭是私生活的场所,而家庭教育是私人领域的教育活动。

答案当然是否定的。在厘清家庭、家庭教育和家庭教育指导三者概念的基础上,教师需要明晰家庭教育指导的价值与意义所在,从而深刻理解教师与家庭教育指导的关系:家庭教育必离不开教师的指导;教师工作无法游离于家庭教育。

然而,教育现实与教育理想总是有较大的距离,目前教师的家庭教育指导意识和能力还远不能胜任基础教育内涵发展的要求。由于教师家庭教育指导能力不足而导致的舆论事件也屡见于报端。

2015年10月,教育部颁布《关于加强家庭教育工作的指导意见》,意见中明确规定:"中小学幼儿园要建立健全家庭教育工作机制,逐步建成以分管德育工作的校长、幼儿园园长、中小学德育主任、年级长、班主任、德育课老师为主体,专家学者和优秀家长共同参与,专兼职相结合的家庭教育骨干力量。将家庭教育工作纳入教育行政干部和中小学校长培训内容,将学校安排的家庭教育指导服务计入工作量。"2017年3月,上海市相应出台了《关于进一步加强家庭教育工作的实施意见》,再次强调需要加强家庭教育指导的队伍建设:编撰既有理论支撑又有实训内容、符合家庭教育指导工作特点和要求的"上海市家庭教育指导系列培训丛书(教师卷)"。读者现在看到的一套四册《教师家庭教育指导实务》即是上海市教科院普通教育研究所家庭教育研究与指导中心积极落实文件精神,在上海市教委德育处的支持下,组织市、区、校三级家庭教育研究和实践的骨干力量编撰而成的教师培训用书。

改革开放四十年来,上海一直是家庭教育指导理论研究和实践推进的先行者。

《上海市家庭教育指导大纲》是我国第一部针对家庭教育指导工作的工作大纲。《上海市0-18岁家庭教育指导内容大纲(试行)》是我国第一部系统阐述不同年龄段家庭教育指导内容的大纲。而这套丛书的出版,作为国内第一套适用于在岗中小学幼教师、家庭教育指导者的开展家庭教育指导的通俗读本,希冀能够直接服务于上海中小学幼儿园教师的家庭教育指导专业培训,并在全国产生较好的示范和引领作用。

丛书是多方合作的科研成果。真诚感谢上海市教委德育处江伟鸣处长和上海市教科院普教所汤林春所长对丛书的策划出版给予的关心,两位领导多次参与书稿框架的研讨,并对丛书的出版和后续使用给予了支持。上海市教科院普教所家庭教育研究与指导中心成立了课题组,选择了静安、杨浦、虹口三个实验区,获得了实验区多方校长、教师的热情参与。从接到研究项目到成果付梓,历时两年多,历经调查问题、设计框架、撰写文稿、反复修改,汇集了众人的智慧,篇幅限制,不一一列举,在此深表感谢。感谢上海社科院杨雄研究员、华东师范大学李家成教授、上海市中小学德育研究协会副会长陈镇虎特级教师三位专家为丛书出版提供了诸多建议。尤其是杨雄老师,不辞辛苦欣然应允为本书作序!

由于时间仓促及认识上的局限,文稿的不足在所难免,还望读者朋友不吝赐教。最后希望这套既有理论阐释又有大量真实案例的丛书能够真正从书斋走向教育现场,成为教师的案头书,成为教师开展家庭教育指导工作的良师益友,对教师有实质的帮助。

编　者

2018年夏